Elisabeth Gebhardt

Riskante Freiheit(en)?

I0876759

TVZ

Christentum und Kultur

Basler Studien zu Theologie und Kulturwissenschaft des Christentums
Herausgegeben von
Albrecht Grözinger, Georg Pfleiderer und Ekkehard W. Stegemann

---

Elisabeth Gebhardt

Riskante Freiheit(en)?

Das Individuum in Karl Barths Ethik. Eine Relektüre anhand Ulrich Becks Individualisierungstheorem

TVZ
Theologischer Verlag Zürich

Gedruckt mit freundlicher Unterstützung der Graduiertenschule für Geisteswissenschaften Göttingen, der Evangelischen Kirche in Deutschland und der Union Evangelischer Kirchen in der Evangelischen Kirche in Deutschland, der Evangelischen Kirche Berlin-Brandenburg-schlesische Oberlausitz und der Karl Barth-Gesellschaft.

Bibliografische Information der Deutschen Nationalbibliothek
Die Deutsche Nationalbibliothek verzeichnet diese Publikation in der Deutschen Nationalbibliografie; detaillierte bibliografische Daten sind im Internet über http://dnb.dnb.de abrufbar.

Umschlaggestaltung
Simone Ackermann, Zürich

Druck
ROSCH-BUCH, Scheßlitz

ISBN 978-3-290-17864-2

www.tvz-verlag.ch

Vorwort

Diese Arbeit wurde im Wintersemester 2013/14 von der Theologischen Fakultät der Georg-August-Universität Göttingen unter dem Titel «Riskante Freiheit(en)? – Die Stellung des Individuums in Karl Barths Ethik. Eine Relektüre der Ethik im Rahmen der Gotteslehre (KD II/2) und der Schöpfungslehre (KD III/4) anhand Ulrich Becks Individualisierungstheorem» als Dissertation angenommen. Für den Druck wurde sie geringfügig überarbeitet.

Ich bedanke mich herzlich bei allen, die mich beim Schreiben dieser Arbeit begleitet und unterstützt haben. Der intensive inhaltliche Austausch mit meinem Doktorvater Prof. Dr. Reiner Anselm und die offene Gesprächsatmosphäre, die er an seinem Lehrstuhl pflegt und ermöglicht, haben mein Denken bereichert und diese Arbeit immer wieder vorangebracht. Wichtiger Gedankenanreger und Kritiker war mir auch Prof. Dr. Martin Laube, der das Zweitgutachten erstellte, und in der Disputation Prof. Dr. Jan Hermelink.

Meinen Freunden Prof. Dr. Maren Bienert und Hannes Langbein danke ich ganz herzlich für die vielen Gespräche und ihre wertvollen Hinweise.

Die Mühen des Korrekturlesens nahmen Angelika Ruf, meine Schwester Maike Gebhardt und Oliver Männich auf sich. Eine große Hilfe war mir außerdem die Unterstützung von Johanna Thies und Niklas Schleicher.

Für die Aufnahme meiner Arbeit in die Reihe «Christentum und Kultur» danke ich den Herausgebern Prof. Dr. Albrecht Grözinger, Prof. Dr. Georg Pfleiderer und Prof. Dr. Ekkehard W. Stegemann.

Ermöglicht wurde diese Publikation durch Zuschüsse der Graduiertenschule für Geisteswissenschaften Göttingen, der Evangelischen Kirche in Deutschland und der Union Evangelischer Kirchen in der Evangelischen Kirche in Deutschland, der Evangelischen Kirche Berlin-Brandenburg-schlesische Oberlausitz und der Karl Barth-Gesellschaft. Vielen Dank dafür.

Ich danke auch meinem Freund Christian. Mit seiner Gabe, die großen und kleinen Schönheiten des Lebens zu genießen, hat er mich immer wieder auch an die schönen Dinge erinnert, die jenseits des Schreibtischs liegen.

Meinen Eltern danke ich von Herzen dafür, dass sie mich stets unterstützt haben, meinen Weg zu gehen. Ihnen widme ich dieses Buch.

Berlin, 31. Dezember 2015

Inhaltsverzeichnis

EINLEITUNG

Die Theologie Karl Barths gehört wahrscheinlich zu einem der meist erforschten Gebiete systematisch-theologischer Wissenschaft. Dass dies vorrangig auf die dogmatischen Teile seines Werkes zutrifft, weniger hingegen – mit Ausnahme seiner Studien zu sozialethischen Themen[1] – auf die ethischen, ist ein Umstand, auf den in den letzten Jahren immer wieder hingewiesen wurde.[2] In besonderer Weise gilt dies für die Ethik im Rahmen der Kirchlichen Dogmatik (KD), wie das Urteil von Hermann Fischer, dass mit Ausnahme der Tauflehre «aufs Ganze gesehen [...] ihre Wirkung begrenzt geblieben ist»[3], beispielhaft verdeutlicht.

Erste Schritte, diese Forschungslücke zu schließen, wurden in den letzten Jahren vor allem im englischsprachigen Raum unternommen.[4] Die vorliegende Arbeit versteht sich einerseits als ein Beitrag, in diese Richtung weiter voranzuschreiten. Andererseits unternimmt sie den Versuch, Gründe für die gerade im Gegenüber zur umfänglichen Wirkungsgeschichte der Barthschen Dogmatik geringe Rezeption aufzuzeigen.

Die Tatsache, dass erst seit den 90er-Jahren die von Barth im Rahmen der KD dargelegte Ethik verstärkt Beachtung findet und zudem vorrangig von Forschern aus dem englischsprachigen Raum, erlaubt bereits erste Mutmaßungen über die Gründe für die bis dahin zurückhaltende Rezeption der Ethik innerhalb der Gottes- und Schöpfungslehre (KD II/2 und III/4) der KD: Der größer gewordene historische Abstand ermöglicht offensichtlich einen neuen Blick auf die Barthsche Ethik und dieser führt auch zu einem zunehmenden Interesse an der Ethik in KD II/2 und KD III/4. Angesichts

—

1 Dies trifft vor allem auf folgende Schriften Barths zu: «Evangelium und Gesetz» (1935), «Rechtfertigung und Recht» (1938) und «Christengemeinde und Bürgergemeinde» (1946). Vgl. Fischer, Protestantische Theologie, 90f.

2 So zuletzt auch Alexander Maßmann, Bürgerrecht, 11. Er bietet zudem eine Übersicht über die wenigen Publikationen aus dem deutschsprachigen Raum, die sich seit 1968 mit dem ethischen Werk Barths beschäftigt haben.

3 Fischer, Protestantische Theologie, 90. Zu Barths Tauflehre vgl. Eberhard Jüngel, Karl Barths Lehre von der Taufe; Fritz Viering/Joachim Beckmann/Eberhard Jüngel, Zu Karl Barths Lehre von der Taufe; Trutz Rendtorff, Der ethische Sinn der Dogmatik.

4 Eine Übersicht über die entsprechenden Veröffentlichungen bietet Maßmann, Bürgerrecht, 11f. Etwas ausführlicher, wenn auch nur in exemplarischer Auswahl, behandelt Hans G. Ulrich englischsprachige Publikationen zu Barths Ethik in seinem Literaturbericht (vgl. Ulrich, Karl Barths Darstellung theologischer Ethik).

dessen legt sich der Rückschluss nahe, dass die deutschsprachige Auseinandersetzung mit der Barthschen Theologie lange Zeit stark beeinflusst war durch den Eindruck, den die Äußerungen und das Auftreten Barths im Zusammenhang des Kirchenkampfs, aber auch in den theologischen und politischen Diskussionen der Nachkriegszeit hinterlassen hatten. Hierin liegt wohl eine wichtige Ursache dafür, dass sich die Rezeption der Barthschen Ethik durch Zeitzeugen des Wirkens Barths bzw. durch die auf diese unmittelbar nachfolgende Wissenschaftlergeneration vor allem auf seine sozialethischen Einzelstudien und Stellungnahmen vornehmlich zu politischen Fragen konzentrierte.

Das vorrangige Ziel dieser Arbeit ist es jedoch, Potentiale des von Barth in der KD dargelegten Ethikkonzeptes für die Gegenwart offenzulegen. Daher ist sie weniger an seinen materialen Ausführungen interessiert, noch daran, diachrone Veränderungen der Theorie Barths zu identifizieren. Sie verfolgt stattdessen bewusst eine synchrone Vorgehensweise und beschränkt sich deshalb auf ethiktheoretische Darlegungen Barths, die in einer bestimmten überschaubaren Zeitspanne entstanden sind. Konkret handelt es sich dabei um die bisher wenig erforschten §§ 36–39 der Gotteslehre der Kirchlichen Dogmatik (KD II/2) und seine Ethik in der Schöpfungslehre (KD III/4), die 1942 und 1951 publiziert wurden. Hinzu kommt der Vortrag «Das Geschenk der Freiheit. Grundlegung evangelischer Ethik», den Barth 1953, also kurz nach Erscheinen von KD III/4, hielt und den er selbst als Kurzfassung seiner in der KD dargelegten Theorie bezeichnet hat.[5]

Um überhaupt Potentiale der Barthschen Ethiktheorie identifizieren zu können, bedarf es zunächst einer Analyse der für die Gegenwart maßgeblichen ethischen Herausforderungen. Eine solche Zeitdiagnose und Problembeschreibung kann Ethik indes nicht selbst leisten, sondern sie ist hierfür auf die Soziologie als Hilfswissenschaft angewiesen.[6]

—

5 Vgl. Barth, Das Geschenk der Freiheit, 16. Barth hielt diesen Vortrag im September 1953 in Bielefeld bei der Gesellschaft für evangelische Theologie. Er erschien noch im selben Jahr in den Theologischen Studien, Heft 39.

6 Vgl. Rendtorffs Forderung, «ethische Theologie» müsse «offen sein für die Lebenswirklichkeit, in der sich die ethische Frage stellt» (Rendtorff, Ethik, 59). Da sie zur «Beschreibung der Lebenswirklichkeit» auf andere Wissenschaften angewiesen sei, gehöre es «zur Aufgabe einer ethischen Theologie, für die verschiedenen wissenschaftlichen Kompetenzen offen zu sein» (a.a.O., 73). Zu Rendtorffs Konzept einer ethischen Theologie vgl. ausführlich a.a.O., 44–77 und einführend Reiner Anselm, Ethische Theologie. Zu Rendtorffs Verhältnisbestimmung von Theologie und Soziologie im Rahmen seiner Christentumstheorie vgl. Martin Laube, Theologie und neuzeitliches Christentum, 90–96.401–404.

In dieser Arbeit wird, um die Potentiale der Barthschen Ethik zu erkennen, daher eine soziologische Zeitdiagnose zum heuristischen Prinzip erhoben: Sie dient als leitende Interpretationsperspektive, anhand derer die Ethik Barths einer Relektüre unterzogen wird. Die Perspektivität der Arbeit wird somit nicht nur offen gelegt, sondern zum Leitprinzip erhoben.[7] Dieses Vorgehen ist zum einen in der Meinung begründet, dass das Offenlegen der jede Forschungsarbeit prägenden und also unhintergehbaren spezifischen Perspektive die Transparenz gegenüber den Lesern fördert. Zum anderen ermöglicht eine solche Leitperspektive auch eine bewusste Fokussierung der Lektüre auf bestimmte Aspekte – hier die Aufgabe, die Individuen in ethischen Prozessen zugesprochen wird. Der Vorteil eines solchen Vorgehens besteht darin, dass die Konzentration auf bestimmte Fragen den Blick auch auf solche Theoriebestandteile lenken kann, die bei einer breit angelegten Lektüre kaum wahrgenommen werden.

Gemäß der hermeneutischen Grunderkenntnis, dass die Perspektive stets die Lektüre des Textes prägt, können, je nachdem welche der zahlreichen soziologischen Zeitdiagnosen zur lektüreleitenden erhoben wird, ganz unterschiedliche Aspekte erkennbar werden.[8] An zwei soziologischen Großtheorien, der Systemtheorie Niklas Luhmanns[9] und Jürgen Habermas' «Theorie des kommunikativen Handelns»[10], soll dies – in der in diesem

---

7 Damit geht die Arbeit bewusst noch über Stefan Holtmanns berechtigte Forderung hinaus, Barth-Deutungen müssten dem «Kriterium der Transparenz» (Holtmann, Karl Barth als Theologe der Neuzeit, 425) Genüge leisten: «Von jeder theologiehistorischen Rekonstruktion ist die Darlegung der eigenen Prämissen zu verlangen. Perspektivität ist eine unumgängliche Einschränkung jedes Beobachterstandortes, zunächst durch die gewählte thematische Fokussierung, sodann auch durch konstruktive theologische Interessen – ein bestimmtes Theologieverständnis –, welche in einer durch die Wirkungsgeschichte der Barthschen Theologie maßgeblich geprägten Situation die Rekonstruktion beeinflussen. Die Voraussetzungslast der eigenen Position ist in ‹reflektierte Positionalität› zu überführen – nur so wird sie kontrollierbar.»

8 Einen Überblick über die soziologischen Theorien seit 1945 sowie eine Einführung in diese bietet Hans Joas/Wolfgang Knöbl, Sozialtheorie.

9 Vgl. hierzu bes. Luhmanns Hauptwerk «Soziale Systeme. Grundriß einer allgemeinen Theorie» (1984). Eine kompakte Einführung in Luhmanns Werk und eine kritische Reflexion bietet Joas/Knöbl, Elfte Vorlesung. Ebenso etwas ausführlicher Georg Kneer/Armin Nassehi, Niklas Luhmanns Theorie sozialer Systeme.

10 So der Titel von Habermas' wirkmächtigem Werk von 1981. Vgl. hierzu Joas' und Knöbls Übersicht über Habermas' Theorie seit den 70er-Jahren (Joas/Knöbl, Zehnte Vorlesung); sowie den von Axel Honneth und Hans Joas

Rahmen angemessenen Knappheit und somit zwangsläufig einhergehenden Vereinfachung – exemplarisch verdeutlicht werden: Eine Relektüre der Ethik Barths anhand der Luhmannschen Systemtheorie würde die Aufmerksamkeit auf Barths Beschreibung von Subsystemen einer Gesellschaft und ihrer Verhältnisbestimmung lenken. Eine leitende Frage wäre dann, ob Barth mit der Möglichkeit einer Beeinflussung z.B. des politischen Systems durch die Kirche und umgekehrt rechnet. Läse man hingegen Barths Ethik aus der Perspektive der von Habermas in seinem Hauptwerk von 1981 dargelegten Zeitdiagnose, so stünde das Verhältnis von Staat und Bürgern, die Funktion von staatlichen Gesetzen sowie die Bedeutung von Sprache für ethische Orientierung im Blickpunkt.

Auch wenn dies einige Leser aufgrund Barths Betonung der unhintergehbaren Sozialität des Individuums zunächst überraschen mag: Unter Beachtung des besonderen Profils der Barthschen Ethik, besonders seiner kritischen Haltung gegenüber einer Fixierung von Handlungsnormen, ist indes eine dritte soziologische Theorierichtung inhaltlich noch naheliegender: diejenige, die moderne Gesellschaften durch das Phänomen einer zunehmenden Individualisierung charakterisiert sieht. Unter den verschiedenen Deutungsrichtungen wiederum verspricht der Strang von Individualisierungstheorien für Barths Ethik am erkenntnisreichsten zu sein, der den Individualisierungsprozess als ein *ambivalentes* Phänomen beschreibt (Georg Simmel, Norbert Elias und Ulrich Beck):[11] Die von ihnen positiv bewertete Herauslösung aus den traditionalen Sozialbeziehungen wird von den Theoretikern dieser Richtung zugleich als risikoreich beschrieben, da sie zu neuen Zwängen und Abhängigkeiten führe. Beck charakterisiert die neuen Wahlmöglichkeiten daher als «‹riskante Freiheiten›»[12]. Eine Relektüre anhand einer die Ambivalenzen von Individualisierung betonenden Theorie ermöglicht einen neuen Blick auf Barths Freiheitsverständnis mit dem besonderen Fokus auf der Frage nach Barths Verhältnisbestimmung von Freiheit und Ri-

---

herausgegebenen Sammelband, der Beiträge zu verschiedenen Aspekten des Buches enthält (Honneth/Joas, Kommunikatives Handeln).

11 Vgl. Markus Schroer, Das Individuum der Gesellschaft. Er unterteilt die Individualisierungstheorien in drei Kategorien: Theorien, die Individualisierung negativ bewerten – dazu rechnet er z.B. Weber –, positiv – darunter fällt Schroer zufolge z.B. Durkheim – oder eben ambivalent.

12 Beck/Beck-Gernsheim, Individualisierung, 11. Diese Aussage aus dem von Ulrich Beck zusammen mit Elisabeth Beck-Gernsheim verfassten Aufsatz war zugleich namensgebend für den von beiden herausgegebenen Sammelband «Riskante Freiheiten. Individualisierung in modernen Gesellschaften» (1994).

siko. Dementsprechend und in Anlehnung an das von Beck und Beck-Gernsheim herausgegebene Buch lautet der Titel dieser Arbeit: «Riskante Freiheit(en)? Die Stellung des Individuums in Karl Barths Ethik».

Es sprechen folgende Gründe dafür, von den drei genannten Becks Individualisierungsthese als Grundlage der Relektüre der Bartschen Ethik heranzuziehen: Das von Beck in den 80er-Jahren dargelegte Individualisierungstheorem[13] ist von den zur Auswahl stehenden nicht nur das aktuellste, sondern auch das, welches innerhalb der Soziologie, aber auch weit darüber hinaus, am meisten – teils auch kritische – Beachtung gefunden hat.[14] Zudem wird sich die Relektüre mit Becks Individualisierungstheorem als leitende Interpretationsperspektive auch deshalb als besonders gewinnbringend erweisen, da durch die drei Dimensionen, die nach Beck für Individualisierungsprozesse kennzeichnend sind – die Freisetzung des Individuums, die damit einhergehende Verunsicherung und Risikosteigerung, eine Reintegration durch neue Kontrollmechanismen – Aspekte der Ethik Barths sichtbar werden, die in Barths Theorie bereits *implizit* angelegt sind, ohne dass dieser sie explizit macht. Liest man Barths Ethik anhand dieser drei Dimensionen von Individualisierung, so wird erkennbar, welche Probleme durch bestimmte Inhalte der Barthschen Ethik gelöst werden können. In Anlehnung an das Anliegen Falk Wagners lässt sich daher sagen: Becks Theorie hilft bei der «Rekonstruktion der Konstruktion der Theologie Barths»[15]. Dabei wird sich zeigen, dass Barths Ethik innerhalb der KD – anders als Wagner dies für die gesamte KD zu erkennen meint – nicht allein

---

13 Beck legte seine These erstmals 1983 in seinem Aufsatz «Jenseits von Klasse und Stand? Soziale Ungleichheiten, gesellschaftliche Individualisierungsprozesse und die Entstehung neuer sozialer Formationen und Identitäten» dar. Große Beachtung, auch über die Fachgrenzen hinaus, fand sie aber erst durch sein 1986 erschienenes Buch «Risikogesellschaft. Auf dem Weg in eine andere Moderne».

14 Instruktiv zu Becks Individualisierungstheorem und die gegen sie vorgebrachten Kritikpunkte Schroer, Das Individuum der Gesellschaft, 381–420. Vgl. hierzu ausführlich I.

15 Wagner, Christologie, 10. Das Ziel dieses Ansatzes, mit dem sich Wagner auf das Buch «Theologie und Sozialismus. Das Beispiel Karl Barths» von Friedrich-Wilhelm Marquardt bezieht, beschreibt er folgendermaßen: «Denn indem die Konstruktion der Barthschen Theologie durch ihre Rekonstruktion noch einmal erzeugt wird, werden die zur Konstruktion angezogenen dogmatischen Stoffe ihrer unmittelbaren Positivität und Gegenständlichkeit entkleidet und so auf ihre Funktion für die sie tragende Konstruktion hin durchsichtig gemacht» (Wagner, Theologische Gleichschaltung, 10f.).

durch *ein* «Konstruktionsprinzip»[16] geprägt ist. Die *Hauptthese* dieser Arbeit lautet dementsprechend: Indem man Barths Ethik mit dem Individualisierungstheorem Becks als Referenztheorie betrachtet, wird hinter Barths Konzept der Versuch wahrnehmbar, *mehrere* teils zueinander *nicht spannungsfreie* Probleme zu lösen. Es zeigt sich, dass Barth Fragen umtreiben, die bis heute Aktualität für theologische Ethik haben, zum Beispiel: Wie können Individualismus sowie voluntative Akte verhindert werden? Wie kann der Einzelne sich in konkreten Situationen ethisch orientieren, wenn Normen ihre Bindungskraft verlieren? Wie kann er Gewissheit über die Richtigkeit seiner Handlung erlangen? Gibt es ethische Kontinuitäten zwischen den Einzelhandlungen? Wie lassen sich Diskontinuitäten erklären und welche Auswirkungen haben sie für die eigene Identität? Oder zusammengefasst: Welche Stellung sollte dem Individuum bei ethischen Entscheidungen zukommen?

Durch den hier gewählten Lektürefokus wird sichtbar, dass Barth zwar eine zunehmende Individualisierung skeptisch bewertet und ihr entgegenzuwirken versucht – unter anderem indem er das Eingebundensein des Einzelnen in die Gemeinde und die Stetigkeit des Gebotenen betont –, dass er aber durch sein Ethikkonzept Individualisierung dennoch unbeabsichtigt fördert, da er aufgrund der geschichtlich deutlich gewordenen Gefahren einer Unterordnung des Einzelnen unter fixierte Normen keine andere Möglichkeit sieht, als das Handeln des Einzelnen unmittelbar an das aktuale Gebot Gottes zu binden.

Betrachtet man Barths Ethik mit Becks Theorie, wird ebenfalls erkennbar, dass die Aspekte, die in Barths Konzept zunächst widersprüchlich erscheinen, auf divergierenden Interessen Barths beruhen. Die Ergebnisse dieser Arbeit legen zwar nahe, dass Barth selbst kein klares Bild der Probleme hat, die er durch seine Theorie einfangen möchte. Dennoch scheint er ein diffuses Empfinden für die Ambivalenzen einer zunehmenden Individualisierung zu haben und somit von einer Problemlage, die sich in den 40er- und 50er-Jahren, also zur Zeit der Verfassung von KD II/2 und III/4, erst in Ansätzen zeigte.[17]

Auch *innerhalb der Forschungslandschaft* verspricht diese thematische Fokussierung der Arbeit ein vielversprechendes Vorgehen zu sein. Denn betrachtet man die Publikationen zu Barths Theologie unter diesem Fokus, so

—

16 Wagner, Christologie, 15; ohne Hervorhebung. Als das eine «Konstruktionsprinzip» der KD identifiziert Wagner die «selbstbestimmende[ ] Selbstdefinition des Wortes Gottes».

17 Beck konstatiert eine deutliche Zunahme von Individualisierung erst ab Anfang der 60er-Jahre. Vgl. I. 1.

zeigt sich, dass die Frage nach der Stellung, die Barth dem Individuum zuspricht, zwar zumeist nicht im Zentrum der Aufmerksamkeit stand, sie sich aber dennoch wie ein roter Faden durch die Beiträge der verschiedenen Phasen und Themen der Barth-Forschung zieht. Diese Beobachtung soll nun exemplarisch anhand von drei thematischen Debatten-Schwerpunkten verdeutlicht werden:

a) In den Auseinandersetzungen um Barths politische Ethik wurde vorrangig seine Staatsdeutung, meist unter dem Schlagwort «Königsherrschaft Christi»[18], diskutiert. Die Debatte konzentrierte sich dabei lange Zeit auf die von Barth in «Christengemeinde und Bürgergemeinde» anhand von zwölf Beispielen dargelegte Methode der Analogie.[19] Doch war damit zugleich – im Anschluss an die durch Urs von Balthasar angeregte Diskussion[20] – die Frage verbunden, ob Barth gegen das von ihm selbst gezeichnete Bild dem Menschen doch eine größere Beteiligung bei der Bestimmung des Guten einräumt. Herbert Lindenlauf wendet sich vor allem gegen eine kasuistische Deutung der Barthschen Analogiebeispiele: Auch wenn durch diese «das formale Handlungskriterium […] bis zu einem gewissen Grade methodisierbar [ist; E.G.], so ermöglicht es doch andererseits keine politisch-ethische Kasuistik, denn seine [d.h. Barths; E.G.] materialen Konkretionen sind nicht mit modellhaften Entscheidungsfällen zu verwechseln»[21]. Entsprechend schlussfolgert er, die von Barth genannten formalen Handlungskriterien «können die geforderte Entscheidung weder vorwegnehmen noch ersetzen.» Helmut Thielicke bewertet eben dies äußerst kritisch und wirft Barth vor, mit seinem Ansatz menschliche Willkürentscheidungen zu

—

18 Auch wenn Barth selbst die Grundausrichtung seiner politischen Ethik nicht mit dem Terminus «Königsherrschaft Christi» bezeichnete, wurde sie bereits früh unter entsprechende Ansätze subsumiert. So z.B. Ernst Wolf, Königsherrschaft Christi und lutherische Zweireichelehre, 211. Herbert Lindenlauf hingegen legt überzeugend dar, dass Barth zwar «einen christozentrischen Ansatz der politischen Ethik» (Lindenlauf, Karl Barth, 468) vertritt, aber die «Entwicklung der ‹Lehre von der Königsherrschaft Christi›» eine Weiterentwicklung der Barthschen Ethik des Politischen bedeutet, die sich zudem «nicht ungebrochen als ‹Fortschritt›, sondern zumindest auch als Rezessions- und Simplifizierungsprozeß darstellt» (a.a.O., 476).

19 Vgl. Barth, Christengemeinde und Bürgergemeinde, 65–72 (= Abschnitt 15–26) und Lindenlauf, Karl Barth, bes. 233–242.249–257.

20 In seiner 1951 publizierten Monographie «Karl Barth. Darstellung und Deutung seiner Theologie» hatte der katholische Theologe Hans Urs von Balthasar die These vertreten, die von Barth behauptete analogia fidei habe die analogia entis zur notwendigen Voraussetzung.

21 Lindenlauf, Karl Barth, 241.

ermöglichen. Seine rein «formalen Analogien» seien, «in sich völlig vieldeutig und sagen also nichts oder alles; man kann ihnen folglich entnehmen, was man *will*»[22].

b) Ebenfalls im Zusammenhang mit seiner politischen Ethik wurde überdies die Aufgabe erörtert, die Barth der Kirche im gesellschaftlichen Diskurs zuschreibt. Auch in dieser Forschungsdebatte, die vorrangig unter dem Schlagwort des «prophetischen Wächteramt[es] der Kirche»[23] erfolgte, wurde die Frage nach der Bedeutung des Individuums in der Ethik mitbehandelt. Friedrich Wilhelm Graf zufolge hebt Barth zwar die «Endlichkeit und Fehlbarkeit des prophetischen Zeugnisses der Gemeinde» hervor, dennoch könne der Wächter, der im Auftrag der Kirche spreche, «die Rätsel der gegenwärtigen Weltlage lösen und die Zeichen der Zeit deuten»[24] und ist damit dem Individuum in seiner ethischen Entscheidungskompetenz überlegen. Im Gegensatz dazu betont Wolfgang Huber, dass die Deutung, Barth leite aus der «Vorstellung vom *munus propheticum Christi* [...] ein prophetisches Amt der Kirche ab»[25] und spreche somit der Kirche oder einzelnen ihrer Vertreter bei ethischen Fragen eine herausgehobene Position zu, eine Verkürzung des Sachverhaltes darstellt. Vielmehr ist, so Huber, nach Barth die *ganze* Gemeinde zum «prophetischen Handeln» aufgefordert, das «den Charakter einer kritischen Wahrnehmung der geschichtlichen Gegenwart im Licht der Zukunft, die Gott der Welt verheißen hat», habe.

c) Ein ähnliches Bild zeigt sich bei den Studien, die in dem von Trutz Rendtorff 1975 herausgegebenen Band «Die Realisierung der Freiheit» erschienen. Obgleich die Pointe der Aufsätze darin liegt, die Neuzeitlichkeit der Theozentrik der Barthschen Theologie aufzuzeigen, so thematisieren die Autoren auch die Konsequenzen derselben für die Stellung des Individuums. Dabei kommen sie zu durchaus unterschiedlichen Ergebnissen. Wagner zufolge nimmt die Selbstbestimmung Gottes in Barths Theologie, da sie «als

---

22 Thielicke, Ethik II/2, 717 (zitiert wird unter Angabe der Band- und Seitenzahl): Müsste zwischen der katholischen und der Barthschen Fassung des Analogiegedankens gewählt werden, «dann», so folgert Thielicke, «möchten wir lieber die Analogien nehmen, die dem katholischen Naturrecht zugrunde liegen. Denn hier werden immerhin auf Grund fragwürdiger und [...] nicht akzeptabler Prämissen Schlüsse gezogen, die der Willkür des Denkenden einigermaßen entnommen sind».

23 So z.B. Friedrich Wilhelm Graf, Munus Propheticum, bes. 97. Vgl. zudem Martin Honecker, Staatsproblem, 21.

24 Graf, Munus Propheticum, 97.

25 Huber, Prophetische Kritik, 117.

unbedingt, allgemein und souverän behauptet wird, [...] die Züge von Gewaltherrschaft an.»[26] In ähnliche Richtung weist die Feststellung Walter Sparns, dass «die Erwählungslehre als Theo-Logie den Gegenstand der allgemeinen Anthropologie aufhebt. In der *Verinnerlichung der Entäußerung Gottes in der Erwählung Jesu Christi* ist das geschichtliche Subjekt nur der ‹Durchgangspunkt› im ‹Triumph der Gnade›»[27]. Etwas zurückhaltender fällt Grafs Urteil aus. Er beschränkt sich auf die Feststellung, dass die Betonung der «absoluten Subjektivität Gottes»[28] der «Kritik der unmittelbar selbstgewissen und sich selbst exklusiv etablieren wollenden individuellen Subjektivität»[29] dient. Hingegen hebt Rendtorff – der als einziger explizit auch die Ethik Barths, konkret seine Tauflehre (Fragment der KD IV/4), untersucht – hervor, dass die Autonomie Gottes bei Barth nicht mit einer Negation einer Eigentätigkeit des menschlichen Subjektes einhergehe. Vielmehr schließe Barth zwar eine Beteiligung bei der inhaltlichen Bestimmung des Guten aus, erachte aber eine tätige Anerkennung des Inhalts durch das Subjekt für notwendig:[30] «Der Gewinn einer Objektivierung des Subjektes aller Wirklichkeit muß darin eingebracht werden, daß diese Objektivierung sich als die Selbsttätigkeit des Menschen an sich selbst vollzieht, als seine eigene Tat,in der er sich zum Faktum wird.»[31] Das Verhältnis von der Tätigkeit Gottes und des Menschen beschreibt Barth dementsprechend, so betont Rendtorff, nicht als das «von Ursache und Folge», sondern als «Entsprechung»[32].

—

[26] Wagner, Theologische Gleichschaltung, 38. Instruktiv zu Wagners Barthdeutung Holtmann, Karl Barth als Theologe der Neuzeit, 173–257.

[27] Sparn, «Extra internum», 71 – nach eigener Angabe unter Bezugnahme auf KD II/2, 159 sowie 152 und 214.

[28] Graf, Die Freiheit der Entsprechung zu Gott, 78.

[29] A.a.O., 116. In Bezug auf Barths Theologie der 20er- und 30er-Jahre urteilt Graf 1988: «Daß Karl Barth alle traditionellen theologischen Themen von einem einzigen Explikationsprinzip, dem Prinzip der absoluten Autonomie Gottes her zu entwickeln sucht, bedeutet eine radikale Theologisierung des gesamten Wirklichkeitsverständnisses. [...] Die darin sich ausdrückende Prädominanz des Allgemeinen vor dem Besonderen läuft, zumindest der Tendenz nach, auf eine Vernichtung der Selbstständigkeit des Individuellen hinaus» (Graf, Die «antihistorische Revolution», 395). Einen ausführlichen und informativen Überblick über Grafs wichtigste Veröffentlichungen zu Barths Theologie bietet Holtmann, Karl Barth als Theologe der Neuzeit, 259–329.

[30] Vgl. Rendtorff, Der ethische Sinn der Dogmatik, 128.

[31] A.a.O., 131.

[32] A.a.O., 132. Weiterführend und aufschlussreich zu Rendtorffs Barthinterpretation Holtmann, Karl Barth als Theologe der Neuzeit, 21–157.

Barths Ethik im Rahmen der KD erlangte, wie erwähnt, erst in der jüngeren vornehmlich englischsprachigen Barth-Forschung größere Aufmerksamkeit. Ein umstrittenes Thema ist dabei die Verhältnisbestimmung von rationaler Reflexion und aktualer Ethik innerhalb Barths Konzept. Erneut wird somit darum gerungen, welche Aufgabe Barth dem Individuum in ethischen Situationen zuschreibt: Seiner aktualen Lesart der Barthschen Ethik im Rahmen der KD gemäß spricht Paul T. Nimmo in seinem Werk «Being in Action» (2007) rationalen Erwägungen innerhalb des Barthschen Konzeptes nur eine marginale Bedeutung zu.[33] Ethik könne für Barth demnach keine normativen Vorgaben bieten, sondern nur das jeweilige Handlungssubjekt zum Hören auf das aktuale Gebieten Gottes auffordern.[34] Auch Nigel Biggar («The Hastening that Waits», 1993) zufolge vertritt Barth ein aktuales Ethikkonzept – allerdings nur in KD II/2.[35] Ab KD III/4 hingegen komme es zu einer Neuausrichtung, da Barth der ethischen Reflexion in diesem Band eine größere Bedeutung einräumt:[36] Aufgrund der Kontinuität göttlichen Gebietens ließen sich aus diesem ethische Prinzipien ableiten und ein entsprechendes ethisches System entwickeln.[37] Den Menschen kommt in Barths System, so Biggar, die Aufgabe zu, die jeweilige Handlungssituation zu analysieren, das entsprechende ethische Prinzip zu eruieren und danach zu handeln.[38] Auch Alexander Maßmann stellt in seiner 2011 erschienenen Monographie zum ethischen Werk Barths («Bürgerrechte im Himmel und auf Erden») einen Widerspruch zwischen KD II/2 und KD III/4 fest. Der «Aktualismus»[39] tritt nach Maßmann im einleitenden § 52 von KD III/4

---

33 Vgl. Nimmo, Being in Action, 65.

34 Vgl. a.a.O., 62–67, hier 66f.: «On this way to action, theological ethics will, for Barth, never be able to offer more than guidance to ethical action.»

35 Anders a.a.O., bes. 41–61. Er stellt auch für KD III/4 fest: «[I]t remains the case that his actualistic intentions not only drive the structure but also control the logic of his entire presentation of special ethics» (a.a.O., 58).

36 Vgl. Biggar, The Hastening that Waits, 25f.

37 Vgl. a.a.O., 27–30.

38 Biggar kommt zu dem Ergebnis, dass trotz Barths expliziter Ablehnung kasuistischer Ethik «all of the elements of such an account as we propose are present in Barth's thought» (a.a.O., 45).

39 Z.B. Maßmann, Bürgerrecht, 14. Außer – wie hier geschehen – bei der Wiedergabe von Forschungspositionen von Autoren, die selbst auf diesen Begriff zurückgreifen, wird aufgrund der abwertenden Konnotation von «Aktualismus» in dieser Arbeit auf seine Verwendung verzichtet und stattdessen von «aktualer Ethik» gesprochen.

zunächst teilweise, ab § 53 jedoch vollständig zugunsten einer größeren Berücksichtigung empirischer Beobachtungen[40] und einer stärkeren Betonung der Verantwortung der einzelnen Handlungssubjekte[41] zurück.[42]

Trotz der Differenzen ist allen drei Deutungsperspektiven gemeinsam, dass sie – zumindest innerhalb bestimmter Teile der KD – mit einer einheitlichen Ausrichtung der Barthschen Ethik rechnen.

In Anbetracht dessen erscheint es aussichtsreich, eine von Rendtorff in dem bereits erwähnten Aufsatz «Der ethische Sinn der Dogmatik» aufgezeigte Spur erneut aufzugreifen und weiterzuverfolgen – und damit auch die dieser Fährte zugrundeliegende These auf ihre Richtigkeit hin zu überprüfen: Die Unterscheidung Ernst Troeltschs zwischen «subjektive[r]» und «objektive[r] Ethik»[43] aufnehmend kommt Rendtorff dort in Bezug auf die Barthsche Ethik innerhalb der KD zu dem Ergebnis, dass innerhalb des Konzeptes Unstimmigkeiten zu erkennen sind. Demnach gelänge es Barth mit seinem Ethikkonzept nicht, die von ihm eigentlich verfolgten Ziele zu erreichen: «Barth unternimmt es, die ‹subjektive Ethik› dadurch als ‹objektive Ethik› zu entwerfen, daß über die Bestreitung des menschlichen Subjektes als kompetentem Grund einer wirklichkeitsmächtigen Ethik Gott in die ‹Rolle› des Subjektes eingesetzt wird. Die Aporetik einer ‹nur› subjektiven Ethik wird so an der Problemstelle des Subjektes überhaupt aufgenommen.»[44] Doch trotz der objektiven Fassung seiner Ethik gelingt es Barth Rendtorff zufolge nicht, die «Probleme der objektiven Sittlichkeit»[45] zu lösen. Mit Blick auf die materialethischen Äußerungen Barths stellt Rendtorff vielmehr – ähnlich wie auch Thielicke – fest, dass Barth diese zwar mit dem

---

40 Vgl. a.a.O., 199.

41 Vgl. a.a.O., 253f. Insgesamt erkennt Maßmann in KD III/4 einen konsequentialistischen Grundzug (vgl. a.a.O., 246) und eine Nähe zu einer Ethik der Verantwortung (vgl. a.a.O., 253f.).

42 Vgl. a.a.O., 199–208. Eine theoretische Behandlung materialethischer Themen, wie sie in §§ 53–56 (KD III/4) geschehe, sei demnach mit dem aktualen Gebotsverständnis aus KD II/2 und dem einleitenden § 52 von KD III/4 unvereinbar. Dass sich Barth in der Schöpfungsethik dennoch materialethischen Fragen widmet, erklärt Maßmann mit einer Abkehr Barths vom «Aktualismus», für die er in § 52 bereits erste Anzeichen erkennt, die aber erst in den materialethischen Ausführungen (§§ 53–56) vollständig vollzogen sei (vgl. a.a.O., 201–208). Biggar zufolge ist dieser Umschwung auf der Theorieebene bereits in § 52 vollständig vollzogen (vgl. Biggar, The Hastening that Waits, 25f.).

43 Troeltsch, Grundprobleme der Ethik der Ethik, 621.

44 Rendtorff, Der ethische Sinn der Dogmatik, 127f.

45 A.a.O., 133.

Anspruch auf objektive Gültigkeit vorträgt, sie aber dennoch im Bereich der Subjektivität verharren.[46]

Dementsprechend wird das bereits genannte Ziel dieser Arbeit erweitert: In ihr sollen nicht nur die hinter der Barthschen Ethik im Rahmen der Gottes- und Schöpfungslehre erkennbar werdenden Interessen aufgezeigt werden, sondern es soll auch kritisch geprüft werden, ob es Barth mit seinem Ethikkonzept gelingt, diese Interessen tatsächlich zu verwirklichen. Dabei soll im Anschluss an Martin Laube und anders als in der Forschung oft geschehen – wie auch die oben dargestellten Beispiele verdeutlicht haben – die Ethik Barths nicht vorschnell sich scheinbar ausschließenden Kategorien zugeordnet werden: Souveränität Gottes *oder* Selbsttätigkeit des Menschen; Willkürentscheidung *oder* Unterordnung der einzelnen Handlungssubjekte unter ethische Prinzipien bzw. Forderungen eines mit prophetischer Autorität ausgestatteten Individuums. Laube hat für den erstgenannten Diskussionspunkt in seiner Göttinger Antrittsvorlesung «Tätige Freiheit» 2012 aufgezeigt, dass die mit Antagonismen arbeitende Deutung dem Barthschen Ansatz nicht gerecht wird. Barth wolle in der KD gerade kein Gegen- oder Nacheinander, sondern vielmehr «das sich im Glauben realisierende *Ineinander* von göttlicher Aktuosität und menschlicher Aktivität»[47] zum Ausdruck bringen.[48]

Aus diesen einleitenden Überlegungen ergibt sich für den *Aufbau der Arbeit*, dass in einem *ersten Teil* das Individualisierungstheorem Ulrich Becks[49] dargestellt wird. Individualisierungsprozesse sind demnach durch drei ineinandergreifende Dimensionen gekennzeichnet: Zunächst kommt es zu einer Herauslösung des Individuums aus klassischen Sozialformen wie

---

46 Vgl. ebd.: «Folgerungen [Barths; E.G.], die darauf abzielen [das Problem der objektiven Sittlichkeit zu lösen; E.G.], haben und behalten hier ein hohes Maß an Willkür; sie können nur in einer Anspruchshaltung vorgetragen werden, der die originäre theologische Ableitung fehlt, die vielmehr aus anderen Zusammenhängen des Wissens übernommen wird.» Ursächlich hierfür sieht Rendtorff, dass Barth eine Offenlegung und selbstkritische Reflexion der Quellen, aus denen sich seine materialethischen Positionen speisen, schuldig bleibt.

47 Laube, Tätige Freiheit, 344; Hervorhebung E.G.

48 Am Beispiel der Erwählungslehre (KD II/2) verdeutlicht Laube seine These und konstatiert: «Die Erwählung kann […] nicht so verstanden werden, als setze Gott hier seine Vorherbestimmung gegen die menschliche Selbstbestimmung durch. […] Stattdessen spricht er [Barth; E.G.] selbst von einem ‹Bestimmtwerden unserer Selbstbestimmung› und sucht damit göttliches und menschliches Handeln so zu verschränken, dass die göttliche Erwählung nicht anders denn in einem ihr entsprechenden menschlichen Tun Ereignis wird» (a.a.O., 347).

49 Vgl. Beck, Risikogesellschaft, 205–220.

z.B. der Familie («Freisetzungsdimension»[50]). Damit einher geht nicht nur eine Zunahme an Wahlmöglichkeiten, sondern auch der Verlust der unhinterfragbaren Bindungskraft von den durch die soziale Bezugsgruppe vorgegebenen Normen («Entzauberungsdimension»[51]). Als Besonderheit des von ihm für Deutschland seit den 1960er-Jahren diagnostizierten Individualisierungsschubs benennt Beck die eigentlich der Absicherung dienende, aber unbeabsichtigterweise die Handlungsoptionen des Einzelnen erneut beschränkende Eingliederung in sozialstaatliche Sicherungssysteme («Kontroll- bzw. Reintegrationsdimension»[52]).

In einem *zweiten Teil* dienen diese drei Dimensionen als heuristisches Mittel, um einen neuen Blick auf Karl Barths Ethik, mit dem speziellen Schwerpunkt auf der Frage nach Stellung und Aufgabe des Individuums, zu erlangen. Zunächst werden die vorrangig fundamentalethischen Abschnitte[53] aus den Bänden KD II/2 und III/4 sowie der Vortrag «Das Geschenk der Freiheit» einer Relektüre anhand der drei Individualisierungs-Dimensionen unterzogen. Demgemäß stehen Barths Verständnis von Freiheit (Kapi-

---

50 A.a.O., 206.

51 Ebd.

52 Ebd.

53 Barth selbst unterscheidet zwischen seinen Ausführungen in der Gotteslehre, die er als «‹allgemeine› Ethik» (Barth, KD III/4, 2) bezeichnet und denen in der Schöpfungslehre, die er der «‹speziellen› Ethik» (a.a.O., 3) zurechnet. Letztere zeichnet sich laut Barth dadurch aus, dass in ihr die ethische Frage in Bezug auf den «handelnden [...] Menschen» thematisiert wird, während sie in der ‹allgemeinen Ethik› vorrangig «im Blick auf Gottes Handeln in seinem Gebot» behandelt wird. Aufgrund der großen Übereinstimmungen zwischen den hier als fundamentalethisch charakterisierten Passagen sowohl in der Gottes- als auch in der Schöpfungslehre, bei gleichzeitigen deutlichen Unterschieden innerhalb von KD III/4 ist es jedoch naheliegend, als heuristisches Prinzip eher auf die in der Ethik übliche Differenzierung zwischen Ethiktheorie (Fundamentalethik) und angewandte Ethik (Materialethik) zurückzugreifen: Auch wenn sich diese Einteilung nicht immer durchhalten lässt, weisen die meisten Passagen doch einen deutlichen Fokus entweder auf theoretische Grundlegung oder materiale ethische Themen auf. Auf diese Unterscheidung aufbauend, werden in dieser Arbeit zu Passagen mit vorrangig fundamentalethischem Charakter die ethischen Paragraphen aus KD II/2 (§§ 36–39) gerechnet, aus KD III/4 der einleitende Paragraph § 52, aus § 56 («Freiheit in der Beschränkung») der erste Abschnitt über «[d]ie einmalige Gelegenheit» und der dritte über «[d]ie Ehre» sowie der Vortrag «Das Geschenk der Freiheit»; als materialethische Abschnitte gelten hingegen § 53 («Freiheit vor Gott»), § 54 («Freiheit in der Gemeinschaft»), § 55 («Freiheit zum Leben») und der mittlere Abschnitt über den Beruf aus § 56.

tel 1), von Gebot (Kapitel 2) und seine Verhältnisbestimmung von Individuum und Gemeinschaft (Kapitel 3) im besonderen Fokus der Betrachtung. Auch wenn diese für die Barthsche Ethik zentralen Aspekte in drei verschiedenen Kapiteln behandelt werden, impliziert diese Unterscheidung keine Trennung. Vielmehr soll gerade durch die Unterscheidung ihr für Barths Ethik typisches Ineinander reflexiv gemacht werden.

Der dreigliedrige Aufriss des zweiten Teils ergibt sich also auch ganz unabhängig von Becks Theorem. Deutlich wird dies auch an den für Barths Ethik entscheidenden Begriffen «Freiheit», «Erlaubnis», «Individualität», «Gebot», «Ereignis», «Entscheidung», «Gehorsam», «Ehre», «Führung», «geformter Hinweis» und «Direktive», die ebenfalls das Spannungsfeld von Freiheit und Gebundensein (Kapitel 1 und 2) sowie von Individuum und Gemeinschaft (Kapitel 3) beschreiben. Diese Begriffe – in ihrer zum Teil originellen Konnotation durch Barth – bedürfen im Laufe der Arbeit weiterer Erläuterung.

Nach der im *Übergang* erfolgten Übersicht über die in der Relektüre anhand der Individualisierungs-Dimensionen hinter Barths Ethiktheorie sichtbar gewordenen vielfältigen und zueinander teils spannungsvollen Interessen – bezogen auf die Aufgabe des Individuums in ethischen Entscheidungssituationen – werden im *dritten Teil* die vorrangig materialethischen Teile aus KD III/4 in den Blick genommen. Erneut soll nach den Absichten gefragt werden, die hinter Barths Darlegungen erkennbar werden und die ethische Aufgabe des Individuums betreffen. Dadurch kann die im zweiten Teil gewonnene Beschreibung weiter vervollständigt werden. Als zentral erweist sich dafür ein Spezifikum der Barthschen Ethik, die Figur des «Grenzfalls».

Erst nachdem die Funktion der Grenzfall-Figur aufgezeigt worden ist, ist im abschließenden *vierten Teil* eine Beantwortung der diese Arbeit leitenden Frage nach der Stellung des Individuums in Barths Ethik möglich. Daran anknüpfend sollen dann die Aspekte der Barthschen Theorie aufgezeigt werden, die für die aktuelle Ethikforschung von bleibender Aktualität sind, sowie Möglichkeiten für einen weiterführenden Diskurs mit (sozial)philosophischen Ansätzen.

I. Das Individualisierungstheorem Ulrich Becks

Dem Ansatz dieser Arbeit gemäß, die Ethik Karl Barths einer Relektüre unter der Perspektive der Individualisierungsthese Ulrich Becks zu unterziehen, wird diese zunächst dargestellt. Da es hier nicht um den Nachweis oder die Widerlegung der Richtigkeit der von Beck beschriebenen Phänomene geht, sondern Becks Individualisierungsthese als heuristisches Mittel für eine Neudeutung der Ethik Barths dient, geschieht dies bewusst in knapper und auf diesen Zweck hin pointierter Form.[1] Die Darstellung konzentriert sich demgemäß inhaltlich auf diejenigen Aspekte, die für eine Neudeutung der Ethik Barths von Relevanz sind.[2]

Zu Beginn sei auf einen grundlegenden Aspekt hingewiesen: Auch wenn Beck selbst den Begriff «Individualisierungs*theorem*»[3] verwendet, kann er leicht zu dem Missverständnis führen, Beck entwickle primär eine soziologische *Theorie* im engeren Sinne. Er selbst hingegen hebt im Vorwort seines 1986 erschienen Buches «Risikogesellschaft», durch das sein Theorem auch über die Soziologie hinaus Beachtung fand, explizit hervor, dass seine Absicht in erster Linie darin bestehe, eine *Diagnose* der Gegenwart zu liefern.[4] Darin zeigt sich sein Interesse an der Beschreibung und Deutung des Vorfindbaren. Erkennbar wird darin aber auch Becks Prägung durch seinen Doktorvater Karl Martin Bolte. So versteht sich Beck bewusst als Vertreter einer von Bolte angestoßenen «subjektorientierte[n] Soziologie»[5], die «das wechselseitige Konstitutionsverhältnis von Mensch und Gesellschaft ins Blickfeld»[6] rücken möchte. Innerhalb dieser Forschungsrichtung besteht das Spezifikum der Beckschen Arbeiten darin, dass er zwar den Einfluss der

—

1 Um dies zu verdeutlichen, wird bei der Wiedergabe der Beckschen Position verstärkt der Konjunktiv verwendet. Aufgrund der besseren Lesbarkeit wird in dieser Arbeit ansonsten nach einem einleitenden Verweis auf den Autor der jeweils dargestellten Position der Indikativ bevorzugt.

2 Die kritische Auseinandersetzung mit Becks Theorem erfolgt in den Fußnoten. Eine einführende und instruktive Überblicksdarstellung der Beckschen Theorie einschließlich eines Überblicks über die Hauptkritikpunkte, die gegen Becks Individualsierungstheorem innerhalb der Soziologie vorgebracht wurden, bietet Markus Schroer: Schroer, Das Individuum der Gesellschaft, 381–420.

3 Beck, Risikogesellschaft, 205; Hervorhebung E.G.

4 Vgl. a.a.O., 12. Erstmals legte Beck seine These, wie erwähnt, bereits 1983 in seinem Aufsatz «Jenseits von Klasse und Stand?» dar.

5 Bolte, Subjektorientierte Soziologie; vgl. Beck, Jenseits von Klasse und Stand? (1994), 26–32, bes. 27.

6 Bolte, Subjektorientierte Soziologie, 15.

sich verändernden gesellschaftlichen Rahmenbedingungen auf das Individuum beschreibt, jedoch die Besonderheit dieser Veränderungen gerade darin sieht, dass das Individuum durch den in den 1960er-Jahren einsetzenden Individualisierungsschub aus vorgegebenen sozialen Strukturen *heraus*gelöst wurde.

«Individualisierung» ist ein schillernder Begriff. Dies gilt gerade auch für seine Verwendung innerhalb der Soziologie, wo mit ihm sehr unterschiedliche Phänomene bezeichnet werden.[7] Deshalb soll im Folgenden Becks Verständnis dieses Begriffes kurz erläutert werden:

Beck betont, dass er keine ideengeschichtliche, sondern eine realgeschichtliche Entwicklung als «Individualisierung» bezeichne: Es handle sich um eine «strukturelle Transformation sozialer Institutionen und der Beziehung zwischen Individuum und Gesellschaft»[8], die sich aus seiner Sicht historisch tatsächlich ereignet hat. Daher möchte er Individualisierung vom «Individualismus» unterschieden wissen, der ideengeschichtlichen Betonung der Autonomie und Würde des Individuums.[9] Ebenso wenig dürfe Individualisierung mit Individuation gleichgesetzt werden, dem Prozess, durch den der Einzelne aus Sicht der Psychologie ein autonomes Individuum werde. Auch Gemeinsamkeiten mit der negativ bewerteten Konzentration auf das Individuum, wie sie z.B. im Begriff «Egogesellschaft» zu finden ist, oder der Gleichsetzung von Individualisierung mit Narzissmus oder Egozentrik weist Beck von sich.[10] Nach Becks eigener Aussage sind folglich nur die beschreibbaren Lebenslagen Gegenstand seiner Untersuchungen, nicht aber das subjektive Bewusstsein der Menschen.[11]

—

7 Eine Übersicht über die Verwendung des Begriffs «Individualisierung» und die verschiedenen Interpretationsrichtungen innerhalb der Soziologie bieten in knapper Form Schroer, Individualisierung, ausführlicher Schroer, Das Individuum der Gesellschaft und Thomas Kron/Martin Horáček, Individualisierung.

8 Beck, Art. Individualisierung, 227.

9 Vgl. ebd.

10 Vgl. ebd. sowie ders., Das Zeitalter der Nebenfolgen, 21, Fußnote 9 und ders., Risikogesellschaft, 157.

11 Vgl. a.a.O., 206f. – Hinter Becks Abgrenzung der Real- von der Ideengeschichte sowie der «(objektive[n]) Lebenslage» vom «(subjektive[n]) Bewußtsein» (a.a.O., 206) zeichnen sich jedoch zwei kritisch zu bewertende Vorstellungen ab: Zum einen ist dies die Trennung von ‹real›- und ideengeschichtlichen Entwicklungen. Zum anderen handelt es sich um die Vorstellung von Soziologie als objektiver Wissenschaft, die (vermeintliche) Fakten beschreibt, während sich andere Wissenschaftszweige mit subjektiven Veränderungen des Individuums befassen. Becks Individualisierungstheorem widerlegt eine solche Sichtweise. Vielmehr zeigt sich an ihm – ebenso wie an der kritischen Auseinandersetzung

Beck konstatiert, Indidivualisierung sei ein entscheidendes Charakteristikum der Lebenslagen der Menschen in der Bundesrepublik,[12] auch wenn historisch betrachtet Individualisierung kein neues Phänomen sei. Bereits seit der Renaissance ließen sich individualisierte Lebensformen feststellen. Jedoch unterscheide sich die Form von Individualisierung, deren Beginn Beck in den 1960er-Jahren erkennt und die er für die Gegenwart charakteristisch hält, in dreierlei Hinsicht deutlich von früheren Erscheinungsformen: Zum einen in der Schnelligkeit, mit der es zu einer starken Zunahme an Individualisierung kam. Sodann im Ausmaß und der Reichweite: Individualisierte Lebensformen seien nicht mehr nur einigen wenigen vorbehalten, sondern der Normalfall geworden.[13] Zum dritten – und dies sei ein weiteres Novum gegenüber bisherigen Formen – sei die das Handeln des Individuums normierende Gruppe nicht durch eine neue ersetzt worden. Die Individuen seien vielmehr aus Familien und sozialen Klassen als den bis dahin entscheidenden Bezugsgrößen herausgelöst worden, ohne dass eine andere an ihre Stelle getreten sei. Es handle sich – wie zu Beginn des Kapitels bereits angedeutet – um eine Freisetzung ohne erneute Wiedereinbettung.

—

mit seinen Inhalten innerhalb der Soziologie –, dass auch eine Analyse nicht rein deskriptiv ist, sondern stets eine Interpretation von Fakten bedeutet. So auch Joas: «In der Art und Weise, wie Beck ‹objektive› und ‹subjektive› Prozesse auseinanderreißt, liegt gerade das Verfehlen des sozialwissenschaftlichen Witzes in den Theorien der Ich-Identität und ihrer Entwicklung, der Individuierung» (Joas, Risiko, 3). Es wundert daher kaum, dass Beck die Unterscheidung dieser beiden Ebenen selbst nicht immer gelingt. Eine Differenzierung zwischen objektiver und subjektiver Ebene ist sachlich zudem wenig sinnvoll, da beide Ebenen stets ineinandergreifen.

12 Becks Aufsatz «Jenseits von Klasse und Stand?» erschien erstmals 1983, sein Buch «Risikogesellschaft», in dem er sein Individualisierungstheorem noch ausführlicher darlegte, 1986. Becks Analyse darin bezieht sich nur auf die Situation in der Bundesrepublik, nicht aber auf die Gesellschaft der DDR. Letztere ist nach Beck vielmehr von Kollektivierungszwängen geprägt. Individualisierung sei hingegen als Subjektivismus abgelehnt worden. Dies habe sich in der Zeit nach 1989 geändert. Demnach habe nach dem Mauerfall auch Ostdeutschland ein Individualisierungsschub erfasst. Diese Entwicklung habe sich jedoch in noch viel schnellerem Maß vollzogen als diejenige in der BRD (vgl. a.a.O., 10f.). Anders als in Deutschland seien in anderen Industriestaaten Westeuropas – Beck nennt Großbritannien als Beispiel – auch noch in den 90er-Jahren klassenspezifische Unterschiede erkennbar. Vgl. Beck, Jenseits von Klasse und Stand? (1994), 60, Anm. 1.

13 Vgl. Beck, Art. Individualisierung, 227 und Beck, Risikogesellschaft, 206.

Bevor genauer ausgeführt wird, worin nach Beck die *Besonderheiten* dieses Individualisierungsschubes bestehen (2.), sollen zunächst die *Faktoren* beleuchtet werden, die Beck für *ursächlich* für diesen Schub hält (1.).

1. Die Ursachen des Individualisierungsschubes seit den 1960er-Jahren

Nach dem Zweiten Weltkrieg, genauer seit Anfang der 1960er-Jahre – und somit nach der Entstehungszeit von KD II/2 und III/4 –, kam es Beck zufolge zu erheblichen Veränderungen in der Lebenssituation in der Bundesrepublik: Es kam zu einer Verbesserung der ökonomischen Lage, einer Bildungsexpansion und einem Ausbau des Sozialstaates und infolge dessen zu einem Zuwachs an Freizeit, einer Erleichterung sozialen Aufstiegs, einer Mobilitätssteigerung, Veränderungen der Wohnformen und einer zunehmenden Konkurrenz zwischen Arbeitnehmern. Allen diesen hier nur schlagwortartig benannten Prozessen, die nachfolgend weiter expliziert werden, schreibt Beck eine individualisierungsfördernde Wirkung zu. Nur in ihrem Zusammenspiel hätten sie zu dem aus seiner Sicht in seinem Ausmaß geschichtlich bisher einmaligen Schub an Individidualisierung geführt.[14]

—

14 Beck, Jenseits von Klasse und Stand? (1994), 48. – Beck schränkt jedoch ein, dass sich deutliche Unterschiede zwischen städtischen und ländlichen Gebieten erkennen ließen. Dennoch dringe die Individualisierung Beck zufolge auch in dörfliche Lebenskontexte ein. Die städtischen Lebensstile fänden sich, wenn auch «gebrochen und anders eingefärbt», gleichfalls auf dem Land. Zudem interpretiert Beck das Festhalten bzw. die Rückbesinnung auf alte Formen und Strukturen als Akt der Abgrenzung und Opposition zu individualisierten Lebensformen. Sie seien damit ein deutliches Zeichen, dass die fortgeschrittene Individualisierung auch in ländlichen Regionen ihre Spuren hinterließe. Vgl. Beck/Beck-Gernsheim, Individualisierung, 16. – Hingegen verwehrt sich Beck gegen den Vorwurf zahlreicher Kritiker, die Individualisierung für ein alleiniges Mittelschichtphänomen halten (z.B. Karl Ulrich Mayer, Soziale Ungleichheit sowie Günter Burkart, Individualisierung und Elternschaft). Für Beck besteht gerade in dem milieuübergreifenden Charakter ein entscheidendes Spezifikum des von ihm beschriebenen Individualisierungsschubs. Schroer deutet – höchst plausibel – angesichts diesen Vorwurf widerlegender empirischer Untersuchungen (er bezieht sich u.a. auf Judith Stacey, Zurück zur postmodernen Familie) die kritische Anfrage bezüglich der gesellschaftlichen Reichweite der Individualisierung als «ein typisches intellektuelles Selbstmißverständnis. Während sich Intellektuelle diese Fähigkeit zur Selbstinterpretation und Selbstdarstellung wie selbstverständlich zutrauen, sprechen sie es anderen Gruppen schlichtweg ab»

Als Ausgangspunkt der Veränderungen sieht Beck den *wirtschaftlichen Aufschwung* im Nachkriegsdeutschland. Die Zahl der Beschäftigten habe stetig zugenommen. Zugleich seien sie für ihre Arbeit kontinuierlich besser bezahlt worden.[15] Insgesamt sei es zu einer deutlichen Verbesserung der Lebensbedingungen aller Schichten der Gesellschaft gekommen, auch wenn die sozialen Ungleichheiten beibehalten wurden. Beck bezeichnet dies als «‹Fahrstuhl-Effekt›»[16].

Die schon von Josef Mooser konstatierte «‹sozialgeschichtlich revolutionäre[ ] Einkommensverbesserung›»[17] hätte, so führt Beck fort, aber auch dazu geführt, dass ein immer geringerer Teil des Einkommens für den Lebensunterhalt aufgewandt werden musste. Die neuen finanziellen Spielräume hätten es immer mehr Menschen ermöglicht, ein Fernsehgerät oder eigenes Auto anzuschaffen und ins Ausland zu reisen.[18] Das neue Informationsmedium und die Ausweitung des eigenen Bewegungsradius hätten zu einer zunehmenden Wahrnehmung der Vielfalt von Lebensformen und Wertvorstellungen geführt.

(Schroer, Das Individuum der Gesellschaft, 427). An diese Einsicht anknüpfend stellt er – unter Rückgriff auf Michael Vester und bewussten Anschluss an Beck – die These auf: «Individualisierung als allgemeines kulturelles Muster wird individuell, unter je spezifischen Bedingungen und je spezifischen Ressourcen, angeeignet und umgesetzt» (a.a.O., 428).

15 Beispielhaft verdeutlicht Beck dies am Reallohn von Industriearbeitern, der sich zwischen 1880 und 1970 mehr als verdreifacht habe. Der größte Anstieg sei dabei in die Zeit nach 1950 gefallen. Vgl. Beck, Risikogesellschaft, 122f.

16 A.a.O., 122. Ohne Hervorhebung. Beck hat immer wieder darauf hingewiesen, dass damit soziale Ungleichheiten nicht aufgehoben worden, sondern konstant geblieben seien. Es sei demnach zu einer allgemeinen Anhebung der Lebensstandards und des Bildungsniveaus gekommen, die die Differenzen jedoch nicht nivellierten (vgl. Beck, Jenseits von Klasse und Stand? (1983), 36f. Ingrid Drexels Vorwurf, Beck ignoriere, dass weiterhin soziale Herkunft die Bildungsbiographie beeinflusse, läuft daher ins Leere (vgl. Drexel, Gruppierungen jenseits der Individualisierungsthese, 17f.).

17 Beck, Risikogesellschaft, 123; Hervorhebung E.G. Beck rekurriert hier auf einen Artikel von Mooser, in dem dieser für die 60er-Jahre einen «sozialgeschichtlichen Kontinuitätsbruch», die «endgültige[ ] Auflösung der […] bindenden sozialmoralischen Milieus», konstatiert und diesen in den Zusammenhang bringt mit dem «Schub einer historisch beispiellosen Anhebung des Lebensstandards» und «eine[r] verstärkte[n] Mobilität» (Mooser, Auflösung, 306).

18 Vgl. Beck, Risikogesellschaft, 123.

Seit den 60er-Jahren sei es zudem vor allem im städtischen Raum zu einem Wandel der *Wohnformen* gekommen, dem Beck ebenfalls eine individualisierende Wirkung zuschreibt.[19] Beck bezieht sich dabei vor allem auf die Errichtung urbaner Wohnsiedlungen mit Mehrfamilien- und Hochhäusern. Die Architektur der Gebäude habe in doppelter Hinsicht die Individualisierungstendenzen gefördert: indem sie mehr Privatsphäre und zugleich eine Horizonterweiterung ermöglichten. Anders als im dörflichen Raum wohnen in einer solchen Siedlung nicht nur die (Groß)Familien, sondern Menschen aus verschiedenen sozialen Kontexten. Sozialkontakte seien dadurch nicht mehr auf die Familie und Arbeitskollegen beschränkt gewesen, sondern konnten nun leicht auf Personen mit anderem sozialen Hintergrund ausgeweitet werden. Auch konnten im nachbarschaftlichen Umfeld verschiedene Formen der Lebensgestaltung betrachtet werden. In besonderem Maße gelte dies für die Formen des kommunalen Zusammenlebens. Die neue Arten des Wohnens hätten, so Beck, aber noch eine weitere Veränderung mit sich gebracht: Freundschaften und Bekanntschaften müssten im städtischen Kontext nun aktiv gesucht und geknüpft werden.

Hinzu komme ein «Umbruch im Verhältnis von Arbeit und Leben»[20], der Individualisierung ebenfalls beschleunigt habe. Durch die Einführung der 5-Tage-Woche und damit der Einführung des arbeitsfreien Samstags und die Verringerung der Wochenarbeitszeit sei dem Einzelnen immer mehr Zeit zur freien Gestaltung geblieben. Verstärkt worden sei diese Tendenz dadurch, dass die Menschen durch verlängerte Ausbildungszeiten später ins Berufsleben eingetreten seien, früher in Rente gingen und immer älter wurden und so mehr Lebenszeit zur Verfügung hatten.

Auch die *Bildungsexpansion* in den 60er- und 70er-Jahren habe zum Individualisierungsprozess beigetragen.[21] Durch den erleichterten Zugang zu Bildungsangeboten für weitere Bevölkerungsschichten sei das allgemeine Bildungsniveau gestiegen.[22] Der Einzelne käme zudem während seiner

—

19 Vgl. hierzu Beck, Jenseits von Klasse und Stand? (1994), 50f. und Beck, Risikogesellschaft, 137f.

20 A.a.O., 124.

21 Vgl. a.a.O., 125–130.

22 Beck verdeutlicht dies zum einen an der Zahl der Volksschulabgänger, die sich eklatant verringert habe, während sich gleichzeitig die Realschul- und Gymnasialabschlüsse zwischen 1952 und 1981 fast verdoppelt hätten. Vgl. a.a.O., 128.

(Aus)Bildungszeit mit neuen Denkmodellen und Lebensweisen in Kontakt.[23] Dadurch würden «traditionale Orientierungen, Denkweisen und Lebensstile durch universalistische Lehr- und Lernbedingungen, Wissensinhalte und Sprachformen relativiert oder verdrängt»[24].

Nach abgeschlossener Ausbildung hätten dem Einzelnen im Vergleich zu der Vorkriegsgeneration außerdem deutlich mehr und neue Berufsfelder offen gestanden. Dazu habe auch der Ausbau des Dienstleistungssektors in den 60er- und 70er-Jahren im Zuge der Bildungsexpansion und der Zunahme wohlfahrtsstaatlicher Einrichtungen beigetragen. Die neugeschaffenen Stellen seien mit Bürgern aus unteren sozialen Schichten besetzt worden, die inzwischen über eine entsprechende Qualifikation verfügt hätten. Vielen von ihnen sei so der soziale Aufstieg gelungen. Besonders profitiert hätten von dieser Entwicklung Menschen, deren Eltern aus der Arbeiterklasse stammten.[25]

Der Arbeitsmarkt habe, so führt Beck weiter aus, nicht nur *«[s]oziale Mobilität»*[26] gefördert, sondern – wie sich indirekt aus seinen Schriften schließen lässt – verstärkt seit den 90er-Jahren[27] auch die *räumliche Mobilität* gefördert: Von Arbeitnehmern werde die Bereitschaft zum Arbeitsortwechsel einschließlich beruflich bedingter Umzüge erwartet. Die Zahl der Wochenendpendler habe zugenommen. Auch hierdurch sei es zu einer Ausweitung der Erfahrungsräume gekommen.

Der Markt erwartet nach Becks Analyse aber nicht nur mobile, sondern auch flexible Arbeitnehmer. Sie sollen sich auf wechselnde Arbeitgeber und berufliche Aufgaben einstellen können. Diese gedankliche Flexibilität be-

—

23 Ähnlich wie Michel Foucault (vgl. bes. Foucault, Überwachen und Strafen, 238–250) weist auch Beck auf den selektierenden und dadurch individualisierenden Charakter von Prüfungen und Bewertungsverfahren hin: Prüfungsergebnisse entschieden darüber, wer die nächste Stufe auf der Bildungsleiter erklimmen darf und wer nicht. Vgl. Beck, Risikogesellschaft, 129. Jedoch bewertet Beck Individualisierung insgesamt positiver als Foucault. Instruktiv zu Foucaults Sichtweise zur Stellung des modernen Individuums Schroer, Das Individuum der Gesellschaft, 81–123.

24 Beck, Risikogesellschaft, 128f.

25 Vgl. Beck, Risikogesellschaft, 125.

26 A.a.O., 125.

27 Beck nennt zwar nicht explizit diesen Zeitraum, doch legen seine Schriften diesen Schluss nahe: In seinem Buch «Risikogesellschaft» von 1986 erwähnt er lediglich die soziale Mobilität, während er in seiner Neubearbeitung des Aufsatzes «Jenseits von Stand und Klasse?» aus dem Jahr 1994 auch die räumliche Mobilität anführt (vgl. Beck, Jenseits von Klasse und Stand? (1994), 47).

deutet für den Einzelnen die Bereitschaft zur ständigen Reflexion, Abwägung und Veränderung. Er sei nun gezwungen, auf sich ändernde Umstände – wie z.B. eine Verschlechterung der wirtschaftlichen Lage – schnell und flexibel zu reagieren und seine Entscheidungen permanent zu hinterfragen.

Diese neuen Forderungen des Arbeitsmarktes hätten dazu geführt, dass Menschen Bindungen zu Personen, Arbeitsstellen und Orten nur noch für eine bestimmte Zeit eingehen könnten. Einzige Konstante der verschiedenen Lebensstationen des Einzelnen sei, dass es Abschnitte seines individuellen Lebens seien. Beck bilanziert: «Mit all diesen Arten von Mobilitätsvorgängen und insbesondere in ihrer Summe sind immer wieder Individualisierungsschübe relativ zu Familien–, Nachbarschafts–, Kollegen–, Berufs– und Betriebsbindungen sowie Bindungen an eine bestimmte regionale Kultur und Landschaft verbunden. Die Lebenswege der Menschen verselbstständigen sich gegenüber den Bindungen, aus denen sie stammen oder die sie neu eingehen, und gewinnen diesen gegenüber eine Eigenrealität».[28]

Individualisierend wirkt nach Beck aber auch der gestiegene *Konkurrenzdruck* auf dem Arbeitsmarkt. Dieses Phänomen sei besonders in den 80er-Jahren spürbar geworden. Beck sieht darin eine Kehrseite der erfolgreichen Bildungsinitiative der 60er-/70er-Jahre.[29] Es habe damals genug gut ausgebildete Arbeitnehmer gegeben, die untereinander nun grundsätzlich auswechselbar geworden seien. Dadurch sei die Notwendigkeit entstanden, sich gegenüber anderen Gleichqualifizierten hervorzuheben und sich mit besonderen Fähigkeiten und seiner Persönlichkeit zu profilieren. Dieser Prozess habe zu einer «Vereinzelung innerhalb homogener sozialer Gruppen» geführt, zur «Individualisierung unter Gleichen».[30]

Aber erst zusammen mit den Errungenschaften des Sozialstaates – wie z.B. der Arbeitslosenversicherung – habe der Arbeitsmarkt seine individualisierende Wirkung voll entfalten können. Die Individuen würden «vor dem Hintergrund der inzwischen erkämpften sozialen und politischen Rechte aus lebensweltlichen Klassenzusammenhängen herausgelöst und zur Beschaffung ihres Lebensunterhaltes verstärkt auf sich selbst verwiesen.»[31] Weder die Familie noch die Zugehörigkeit zu einer Klasse biete mehr Sicherheit vor sozialen Risiken. Vielmehr seien die sozialen Sicherungssysteme an ihre Stelle getreten. Jedoch richteten sich die Unterstützungen des Sozial-

—

28 Beck, Risikogesellschaft, 125f.

29 Vgl. a.a.O., 138f.

30 Beck, Jenseits von Klasse und Stand? (1994), 48.

31 Beck, Risikogesellschaft, 131.

staates primär an Einzelne – jeder einzelne Arbeitnehmer zahle in die Sozialsysteme ein und die Unterstützungsleistungen würden jedem Einzelnen seiner individuellen Situation entsprechend ausgezahlt – und konstituierten diese eben damit als Individuen.

All diese Faktoren, so konstatiert Beck, stünden in unmittelbarem Zusammenhang mit dem Arbeitsmarkt. Folglich sieht er den Arbeitsmarkt als treibende Kraft des von ihm beschriebenen Individualierungsschubes an und spricht daher auch von einer «Arbeitsmarkt-Individualisierung».[32] In dieser Dependenz erkennt Beck ein weiteres Spezifikum gegenüber Individualisierungsprozessen vorangegangener Zeiten.[33]

Eine weitere Besonderheit sieht Beck darin, dass diese Entwicklung weder vorhergesehen worden noch Ergebnis planvollen Handelns sei. Er bezeichnet diesen Individualisierungsprozess zwar als «Produkt der Reflexivität»[34], jedoch meint er mit «Reflexivität» gerade nicht Reflexion als Voraussetzung intentionaler Handlungen. Um dies verständlich zu machen, soll nun kurz auf Becks «Theorie reflexiver Modernisierung»[35] Bezug genommen werden, in der er diesen Gedanken ausführt: Zentral für die Becksche Modernisierungstheorie ist die Annahme, dass es zu einer «ungewollten, latenten Auf- und Ablösung der ersten industriellen Moderne durch das scheinbar Selbstverständliche» gekommen sei. Die «reflexive Modernisierung»[36], wie er diese Entwicklung nennt, zeichne sich dadurch aus, dass sie eine «‹normale›, eigendynamische Modernisierung [ist; E.G.], deren Nebenfolgen (Gefahren) Basisselbstverständlichkeiten der ersten Moderne auflösen». Die Individualisierung in dem von ihm beschriebenen Sinne ist nach

—

32 Ebd. – Ohne die Bedeutung der Verbesserung der ökonomischen Verhältnisse und der Veränderungen des Arbeitsmarktes für die zunehmende Individualisierung in Frage stellen zu wollen, sei kritisch darauf hingewiesen, dass Beck andere naheliegende individualisierende Faktoren wie z.B. den Zuzug von Flüchtlingen und Vertriebenen sowie später von ausländischen Arbeitsmigranten unbeachtet lässt.

33 Als Beispiel nennt Beck das 18. und 19. Jahrhundert. Damals sei die Individualisierung wesentlich vom Bürgertum vorangetrieben worden. Die Bestrebung «beruhte im wesentlichen auf Kapitalbesitz und entwickelte ihre soziale und politische Identität im Kampf gegen die feudale Herrschafts- und Rechtsordnung» (ebd.).

34 A.a.O., 251.

35 Ausführlich dargelegt hat Beck diese Theorie in seinem Beitrag «Das Zeitalter der Nebenfolgen» (dort bes. 19–34.64–69) in dem 1996 von ihm zusammen mit Anthony Giddens und Scott Lash herausgegebenen Buch «Reflexive Modernisierung. Eine Kontroverse».

36 Beck, Das Zeitalter der Nebenfolgen,19.

Beck eine wichtige Neuerung der «zweiten Moderne»[37] gegenüber der Industriegesellschaft, der «ersten Moderne».

Beck möchte sein Verständnis von «Reflexivität» unterschieden wissen von einer «Reflexion», die zu einer absichtsvollen Handlung führt, die auf umfassendem Wissen basiert und deren tatsächliche Folgen im Vorhinein absehbar sind.[38] Reflexivität bedeute demnach vielmehr: Selbst wenn sich jemand mit einer bestimmten Absicht nach reichlicher Abwägung gezielt für eine Handlung entscheidet (Reflexion), folgten aus ihr unbeabsichtigte und überraschende «Nebenfolgen», die mit der ursprünglichen Handlung gar nicht intendiert waren. Letztere bezeichnet Beck als «Reflex» und deutet sie als «Wirkung bzw. Präventivwirkung des Nicht-Wissens»[39]. Gewisse Handlungskonsequenzen und eben auch gesellschaftliche Veränderungen seien nicht «bewußt und gewollt, sondern eher unreflektiert, ungewollt»; sie ereigneten sich «mit der Kraft verdeckter [...] ‹Nebenfolgen›.»[40] Dies gelte auch für Modernisierungsprozesse: Modernisierung sei nicht oder besser gesagt könne gar nicht das unmittelbare Ergebnis von Reflexion und Planung sein, sondern umfasse immer auch nichtintendierte Nebenfolgen. Beck bezeichnet sie daher auch als «unreflektierte Modernisierung»[41]. Auch der Individualisierungsschub nach 1960 ist Beck zufolge Teil dieses Modernisierungsprozesses und weist daher dieselben Merkmale auf: Die zunehmende Individualisierung sei weder geplant noch intendiert gewesen. Vielmehr sei sie eine unerwartete ‹Nebenfolge› der Veränderungen des Arbeitsmarktes und der verbesserten wohlfahrtstaatlichen Leistungen infolge des wirtschaftlichen Aufschwungs.[42]

—

37 A.a.O., 45.

38 Damit grenzt er sich zugleich von Giddens, einem weiteren, die Ambivalenzen von Individualisierung hervorhebenden, Soziologen (vgl. Schroer, Individualisierung, 153f.), ab, mit dem er (und Scott Lash) in dem bereits erwähnten gleichnamigen Buch eine Diskussion über ihr jeweiliges Verständnis von «reflexive[r] Modernisierung» führte. Den Hauptunterschied sieht Beck darin, dass Giddens anders als er selbst«‹reflexive› Modernisierung (wortkonsequent, sinnentsprechend) wesentlich an Wissen (Reflexion) über Grundlagen, Folgen, Probleme von Modernisierungsprozessen» binde (Beck, Wissen oder Nicht-Wissen?, 289).

39 Ebd.

40 Beck, Das Zeitalter der Nebenfolgen, 27.

41 Beck, Wissen oder Nicht-Wissen?, 289.

42 Nach Beck blieben die reflexive Modernisierung und die Veränderungen, die sie mit sich brachte, lange unbemerkt. «Die Unerheblichkeit, Vertrautheit, oft Gewünschtheit der Veränderungen verdeckt ihre gesellschaftsverändernde Reichweite» (Beck, Das Zeitalter der Nebenfolgen, 31).

2. Die Merkmale des Individualisierungsschubes seit den 1960er-Jahren

Der aus Becks Sicht nichtintendierte und in seiner Stärke historisch bisher einmalige Individualisierungsschub, zu dem es in der Bundesrepublik seit den 1960er–Jahren gekommen sei, weist Beck zufolge – wie alle Formen von Individualisierung – drei ineinandergreifende Dimensionen auf: Der Einzelne werde nicht nur aus seinem bisherigen normierenden sozialen Bezugsrahmen herausgelöst. Sondern mit dieser für Beck zunächst entscheidenden und positiv zu bewertenden «‹Freisetzungsdimension›» (2.1) gingen zugleich – und darin zeigt sich, dass Beck Individualisierung als ambivalentes Phänomen versteht – eine «‹Entzauberungsdimension›» (2.2) und eine «‹Kontroll- bzw. Reintegrationsdimension›»[43] (2.3) einher. Im Folgenden werden in dieses Dreier-Schema die spezielle historische Ausprägung dieses Individualisierungsprozesses eingetragen, um so dessen Besonderheiten sichtbar werden zu lassen.

2.1 Freisetzungsdimension: Die Herauslösung aus Klasse, Stand und Familie oder die Normalbiographie wird zur Wahlbiographie[44]

Die Freisetzungsdimension von Individualisierung besteht nach Beck darin, dass der Einzelne bei jedem der verschiedenen historisch feststellbaren Individualisierungsprozessen aus Sozialformen herausgelöst worden sei, die bisher sein Handeln normierten. Jedoch sei bei bisherigen Prozessen die jeweilige soziale Bezugsgruppe durch eine neue ersetzt worden – zum Beispiel Stände durch soziale Klassen. Diese träfe auf den von ihm beschriebenen Indidivualisierungsschub in der Bundesrepublik jedoch nicht mehr zu: Bis in die 60er-Jahre seien Familie und Klasse die entscheidenden Bezugspunkte bei Entscheidungen des Einzelnen gewesen. Durch die Bildungsexpansion und die Ausweitung des Dienstleistungssektors seien die Klassengrenzen in den 60er- und 70er-Jahren immer durchlässiger geworden und schließlich vollständig verschwunden. Das gestiegene Einkommen und die wohlfahrtsstaatlichen Absicherungen hätten es dem Einzelnen, der nun von der Familie

—

43 Beck, Risikogesellschaft, 206. Schroer weist darauf hin, dass auch für Simmel Individualisierung diese drei Dimensionen umfasst. Eine direkte Beeinflussung Becks kann er jedoch nicht erkennen (vgl. Schroer, Das Individuum der Gesellschaft, 433).

44 Die Titel der drei folgenden Teilkapitel greifen Formulierungen Becks aus Beck, Risikogesellschaft, 206 und Beck/Beck-Gernsheim, Individualisierung, 12f. auf bzw. sind an sie angelehnt.

ökonomisch unabhängig war, seitdem zudem ermöglicht, sich aus familialen Bindungen zu lösen. Familien hätten dadurch ihre unhinterfragbaren identitätsstiftenden und handlungsnormierenden Kräfte verloren. Damals sei «ein Prozeß der Individualisierung und Diversifizierung von Lebenslagen und Lebensstilen in Gang gesetzt [worden; E.G.], der das Hierarchiemodell sozialer Klassen und Schichten unterläuft und in seinem Wirklichkeitsgehalt in Frage stellt.»[45] Der Einzelne lebt nun «jenseits von Klasse und Stand», aber auch jenseits von normativen familialen Vorgaben. Es entstünden «der Tendenz nach individualisierte Existenzformen und Existenzlagen», in denen sich die Menschen «zum Zentrum ihrer eigenen Lebensplanung und Lebensführung»[46] machen müssten.

Historisch einmalig daran sei, streicht Beck heraus, dass die Individuen aus sozialen Klassen und Familien herausgelöst worden seien, ohne dass eine neue soziale Bezugsgruppe an ihre Stelle getreten sei. Es habe nicht nur eine Herauslösung, sondern tatsächliche eine Freisetzung im Sinne einer «Freisetzung *ohne* Wiedereinbettung»[47] stattgefunden: «Der oder die einzelne selbst wird zur lebensweltlichen Reproduktionseinheit des Sozialen.»[48] Die Individuen würden «innerhalb und außerhalb der Familie zum Akteur ihrer marktvermittelten Existenzsicherung und der darauf bezogenen Biographieplanung und -organisation»[49]. Der Einzelne könne heute selbst entscheiden, wie er sein Leben gestalten möchte und dabei frei zwischen verschiedenen Handlungsoptionen und Lebensformen wählen.

Ein weiteres hier bereits angeführtes Spezifikum dieses Individualierungsschubes besteht Beck zufolge darin, dass es dieses Mal zu einer «Demokratisierung von Individualisierungsprozessen»[50] kommt. Das, was früher wenigen vorbehalten gewesen sei – sich für eine bestimmte Lebensform frei entscheiden zu können – sei heute von jedem gefordert. Unter Bezugnahme

—

45 A.a.O., 122; ohne Hervorhebungen.

46 Beck, Jenseits von Klasse und Stand? (1994), 45.

47 Beck, Art. Individualisierung, 228.

48 Beck, Risikogesellschaft, 119. Ohne Hervorhebung.

49 Ebd. Becks Hauptanliegen besteht darin, die Tatsache herauszustellen, dass sich individuelle Entscheidungsspielräume vergrößert haben. Die Frage, welcher Fähigkeiten der Einzelne bedarf, um mit den neuen Optionen umgehen zu können und wie er sie entwickeln kann, bleibt hingegen unterbelichtet (vgl. Honneth, Aspekte der Individualisierung, 25). Er bezeichnet die Befähigungs-Prozesse als «Autonomisierung» und unterscheidet sie von dem Vorgang der «Individualisierung», unter den er lediglich die «fortschreitende Differenzierung von Lebenslagen» (a.a.O., 24) subsumiert, und der «Privatisierung oder Vereinzelung» (a.a.O., 25).

50 Beck/Beck-Gernsheim, Individualisierung, 21.

auf die von Katharina Ley geprägten Begriffe spricht Beck davon, dass die «Normalbiographie» zur «‹Wahlbiographie›»[51] werde. Auch hierbei spielten Arbeitsmarkt und Sozialstaat eine entscheidende Rolle: Jeder, der am Arbeitsmarkt und an sozialstaatlichen Systemen teilhabe und somit der weitaus größte Teil der Bevölkerung, werde als Individuum angesprochen und müsse daher auch als solches agieren. Denn sowohl die Beiträge als auch im Bedarfsfall die Höhe der wohlfahrtsstaatlichen Unterstützungsmaßnahmen würden jeweils abhängig von der Berufsbiographie und der individuellen Situation erhoben bzw. gezahlt.

Die «Freisetzungsdimension» ist für Beck der entscheidende Aspekt der Individualisierung. Er streicht aber ebenso heraus, dass die für alle Individualisierungsprozesse typischen ambivalenten Folgen sich bei dem Individualisierungsschub in der zweiten Hälfte des 20. Jahrhunderts als besonders schwerwiegend erwiesen: Die Freisetzung führte zu einem bisher unbekannten Ausmaß an Stabilitätsverlust und damit einhergehenden Risiken für das Individuum (2.2) sowie einer neuen institutionellen Abhängigkeit desselben (2.3).

2.2 Entzauberungsdimension: Der Verlust traditionaler Normen oder die Wahlbiographie als Risikobiographie

Dank der Freisetzung aus normierenden Sozialgruppen stehen dem Einzelnen gemäß Beck zwar zahlreiche neue Handlungsmöglichkeiten und Lebensformen offen. Jedoch betont er, dass damit zugleich die *Sicherheiten* und die *Stabilität verloren* gingen, welche die jeweils entscheidende soziale Bezugsgruppe und ihre Traditionen dem Individuum bis dahin geboten hätten. Für das freigesetzte Individuum hätten Traditionen und Handlungsanweisungen keinen normativen Charakter und keine Bindungskraft mehr. Sie stünden nun in Konkurrenz zu anderen Lebensentwürfen und könnten nicht mehr unreflektiert übernommen werden, sondern müssten ihren Wahrheitsgehalt und ihre Gültigkeit für den Einzelnen erst erweisen. Dadurch, dass die Vorgaben und Normen der sozialen Bezugsgruppe nun grundsätzlich hinterfragbar und austauschbar seien, entfiel aber auch ihre Entlastungs-

---

51 Vgl. Beck/Beck-Gernsheim, Individualisierung, 13. Die Begriffe übernimmt Beck aus Leys 1984 in dem von Martin Kohli und Günther Robert herausgegebenen Buch «Biographie und soziale Wirklichkeit» veröffentlichtem Aufsatz «Von der Normal- zur Wahlbiographie?».

funktion. Beck charakterisiert sie näher als «Gnade des Hinnehmenmüssens»[52]. Sei der Lebensweg früher bereits mit der Geburt durch die Traditionen und Normen der Familie und der sozialen Klasse vorgegeben gewesen, so müsse sich der Einzelne heute zwischen verschiedenen Optionen selbstständig und *aktiv* entscheiden.[53] «Nachdenken, Überlegen, Planen, Abstimmen, Aushandeln, Festlegen, Widerrufen (und alles fängt immer wieder von vorne an)»[54]. Das seien die Imperative der neuen Freiheiten.

Beck schlussfolgert, dass Individualisierung einen *Zwangscharakter* angenommen habe. (Fast) alles stehe zur Wahl – und das täglich aufs Neue: alles, außer der Wahlbiographie selbst. Das moderne Individuum habe paradoxerweise selbst keine andere Möglichkeit, als zu wählen. Individualisierung sei «eine gesellschaftliche Dynamik, die nicht auf einer freien Entscheidung der Individuen beruht.» In Anlehnung an Sartre formuliert Beck: «Die Menschen sind zur Individualisierung verdammt.»[55] Selbst der Versuch, sich der Wahl zu entziehen, ist laut Beck demnach Ergebnis einer Wahl.

—

52 Beck/Beck-Gernsheim, Individualisierung,18.

53 1994 hob Beck primär die religionskritischen «Nebenfolgen» dieses neuen Grades an Individualisierung hervor (Beck/Beck-Gernsheim, Individualisierung, 20): «Mit der Durchsetzung der Moderne tritt in kleinen und großen Schritten an die Stelle von Gott, Natur, System das auf sich selbst gestellte Individuum.» In seinen jüngeren Publikationen hingegen betont Beck, dass diese Entwicklung nicht zu einem «Ende der Religion» geführt habe. Vielmehr diagnostiziert er «den Einstieg in die widerspruchsvolle Erzählung der ‹säkularen Religiosität›» (Beck, Gott, 31), als deren maßgebliches Kennzeichen er die «Glaubensform des ‹eigenen Gottes›» (a.a.O., 30) nennt: Auch der Glaube ist nicht mehr durch Familie oder Tradition vorgegeben, sondern wählbar. «Das Individuum entscheidet über seinen Glauben» (a.a.O., 31). In der Folge kommt es, so Beck, nicht zu einem Verschwinden von Religionen, sondern zu ihrer Individualisierung. Einerseits verlieren demnach religiöse Institutionen an Bedeutung und Bindungskraft, andererseits kommt es zu einer Zunahme individueller Religiosität (vgl. a.a.O., 59).

54 Beck/Beck-Gernsheim, Individualisierung, 18. – Becks strikte Ablehnung eines Einflusses von Gemeinschaften und Traditionen auf die Wertegenerierung ist – unter Bezug auf die von Rendtorff aufgenommene These von Odo Marquard – kritisch zu hinterfragen: «[K]ein Mensch kann absolut von vorn anfangen, jeder muß […] an das anknüpfen, was schon da ist: Zukunft braucht Herkunft» (Marquard, Ende des Schicksals?, 16; vgl. Rendtorff, Ethik, 148). Schließt man eine Prägung durch ethische Traditionen kategorisch aus, besteht die Gefahr einer Verschleierung tatsächlich vorhandener Prägungen. Außerdem geht damit einher, dass der Möglichkeit eines prüfenden und kreativen Umgangs mit ethischen Traditionen zu wenig Beachtung geschenkt wird.

55 Beck/Beck-Gernsheim, Individualisierung, 14.

«Man kann den Fragen und Entscheidungen, die aus dem Boden der Lebensführung emporsteigen, weder entkommen, noch kann man sie zurückverwandeln in schweigenden Grund, auf dem sich leben lässt. Jedenfalls gelingt dies immer nur zeitweise, vorläufig, durchsetzt mit Fragen, die jederzeit erneut aufbrechen können.»[56]

Die Wahlmöglichkeiten seien nicht auf die großen Entscheidungen des Lebens beschränkt, sondern hätten selbst den Alltag erfasst. Auch hier fehle die Entlastungsfunktion unhinterfragbarer Normen. Solche «Routinen», die Beck der «Ebene von vorbewußten ‹kollektiven Habitualisierungen›»[57] zuordnet, seien in der Moderne nicht mehr vorhanden.

Stattdessen, konstatiert Beck unter Bezug auf einen Gedanken Zygmunt Baumans, habe sich eine «Landstreicher-Moral»[58] etabliert. «An die Stelle selbstverständlicher, vorgegebener, oft erzwungener Bindungen tritt das Prinzip ‹Bis auf weiteres›»[59]. Bestimmte Handlungen könnten zwar zeitweise den Charakter einer Gewohnheit annehmen. Dennoch müssten sie ständig auf ihre Nützlichkeit hin überprüft werden und könnten daher jederzeit durch neue Gewohnheiten abgelöst werden. Dieses Prinzip gelte auch für zwischenmenschliche Beziehungen. Eine Bindung würde stets unter dem Vorbehalt ‹bis auf Widerruf› eingegangen.[60]

—

56 A.a.O., 18.

57 A.a.O., 17.

58 A.a.O., 13. Vgl. Bauman, Wir sind wie Landstreicher. Zur Erläuterung dieses Gedankens zitieren Beck/Beck-Gernsheim folgende Passage aus Baumans Artikel (zitiert nach Beck/Beck-Gernsheim, Individualisierung, 13): «Der Landstreicher ‹weiß nicht, wie lange er dort, wo er ist, noch bleiben wird [...]. Er weiß nur, daß seines Bleibens sehr wahrscheinlich nicht lange sein wird. Was ihn forttreibt, ist die Enttäuschung über den Ort seines letzten Verweilens sowie die nie versagende Hoffnung, der nächste Ort, von ihm noch nicht besucht, oder vielleicht der übernächste möchte frei sein von Mängeln, die ihm die bisherigen verleidet haben.»

59 A.a.O., 13.

60 Beck hebt hervor, dass es auch zu gemeinschaftlichen Zusammenschlüssen (z.B. zur Durchsetzung gemeinsamer politischer Anliegen wie Umweltschutz) kommt. Jedoch hätten diese zumeist Projektcharakter. Es handle sich daher ebenfalls um Bindungen auf Zeit (vgl. Beck, Risikogesellschaft, 159; Beck/Beck-Gernsheim, Individualisierung, 35). Den Aspekt, dass Bindungen heute stets potentiell auflösbar sind, beachtet Heinrich Bedford-Strohm m.E. nicht ausreichend, wenn er in bewusster kritischer Abgrenzung zu Beck eine «Neubelebung von Gemeinschaft» konstatiert und diese als «Ausdruck einer neuen Kultur kommunikativer Freiheit» (Bedford-Strohm, Gemeinschaft aus kommunikati-

Indem die Entscheidung nun alleine beim Individuum liege, trage es Beck zufolge auch die Verantwortung für die Folgen seiner Entscheidung. Die Wahlbiographie sei, folgert Beck, nicht nur die Normalbiographie, sondern zugleich eine «Risikobiographie»[61]. Das Individuum gerate in einen «Zustand, der (teils offenen, teils verdeckten) Dauergefährdung»[62]. Beck deutet die neuen Freiheiten daher als «riskante Freiheiten»[63].

Beck weist zudem darauf hin, dass sich diese Gefährdung noch dadurch gesteigert habe, dass sich die persönlichen Ziele und Ansprüche seit Kriegsende deutlich verändert hätten. Dazu verweist Beck auf eine Untersuchung, nach der in den 50er- und 60er-Jahren der Großteil der Befragten auf die Frage, was sie in ihrem Leben für erstrebenswert hielten, geantwortet hätten: ein zufriedenes Familienleben, ein Eigenheim, ein neues Auto und eine gute Ausbildung für die Kinder. Mitte der 80er-Jahre zeigte sich demnach ein deutlich anderes Bild. Die Befragten, und besonders häufig die jüngeren unter ihnen, nannten nun als Ziele Selbstverwirklichung, Entwicklung der eigenen Fähigkeiten, Flexibilität und einem «‹ausgefüllten Leben›».[64]

Individualisierung führt laut Beck daher auch zur Ausbildung einer neuen Ethik. Denn die Kriterien eines erfüllten Lebens müssten die Individuen selbst aufstellen und für ihre Umsetzung Sorge tragen. Anders als in traditionellen Ethikansätzen habe der Einzelne dadurch nicht nur Pflichten gegenüber Dritten, sondern ebenso gegenüber sich selbst. Auch wenn Beck diese Entwicklung nur kurz skizziert, bewertet er sie grundsätzlich positiv.[65] Dabei stellt er auch fest, dass sich viele Menschen nicht in der Lage sähen, dieser neuen Aufgabe alleine nachzukommen und daher zur Entscheidungsfindung auf andere Instanzen zurückgriffen. Mit Rückgriff auf eine Aussage des Soziologen Ansgar Weymann konstatiert Beck: «Das überforderte Individuum ‹sucht, findet und produziert zahllose Instanzen sozialer und psychischer Interventionen, die ihm professionell-stellvertretend die Frage nach dem ‹Was bin ich und was will ich› abnehmen und damit die Angst vor der

---

ver Freiheit, 132) deutet. Seinem Hauptkritikpunkt, Beck schenke dem autonomiefördernden Potential von Gemeinschaften zu wenig Beachtung, ist hingegen zuzustimmen (ähnlich Honneth, Aspekte der Individualisierung, 27f.).

61 Vgl. Beck/Beck-Gernsheim, Individualisierung, 13.

62 Vgl. ebd.

63 A.a.O., 11. Der Begriff wurde auch namensgebend für das von den beiden 1994 herausgegebene Buch, in dem dieser Beitrag erschien.

64 Vgl. Beck, Risikogesellschaft, 156. Beck führt auch diese Veränderung auf die gute Ausbildung und den gestiegenen Lebensstandard zurück. 1986 seien demnach die Wünsche der Älteren für die jüngere Generation bereits Wirklichkeit und sogar selbstverständlich geworden.

65 Vgl. a.a.O., 157.

Freiheit mindern.›»[66] Dadurch sei ein neuer Markt von Experten und Beratern entstanden, von denen sich der Einzelne vor allem Hilfe erhoffe bei Entscheidungen, die die Lebensführung betreffen.[67]

Dem Individuum falle nicht nur die Verantwortung für die Einzelentscheidung zu, sondern auch für den Zusammenhang zwischen den einzelnen Handlungen. Darauf haben *Wilhelm Vossenkuhl* und *Stephan Sellmaier* in einem u.a. von Beck herausgegebenen Sammelband des der Vertiefung der Diskussion um die Theorie der «Reflexive[n] Modernisierung» dienenden gleichnamigen Sonderforschungsbereichs[68] hingewiesen: Da sich das Individuum nicht mehr an ethische Instanzen gebunden fühle, könnten deren Normen auch nicht mehr seine «moralische Identität»[69] sichern. «Die Individuen sind in der Zweiten Moderne Träger inkompatibler Moralen, die nicht mehr durch ihre unterschiedlichen sozialen Rollen vom Normenkonflikt entlastet werden.»[70] Demnach habe der Einzelne auch in der Ersten Moderne verschiedene Rollen inne gehabt. Aber eine klare Hierarchisierung der verschiedenen Rollen habe geholfen, Konflikte zwischen konkurrierenden Normen zu vermeiden oder zu lösen. «Sie [die Rollenhierarchie; E.G.] fungiert wie eine Normenstruktur zweiter Ordnung, die die Normen erster Ordnung – entsprechend den eingenommenen Rollen – nach ihrer Wertigkeit festlegt.»[71] In der Zweiten Moderne obliege es hingegen dem Einzelnen, nicht nur die für eine bestimmte Rolle maßgeblichen Normen selbst zu bestimmen, sondern auch einer der unterschiedlichen Rollen, die ihm in seinem Leben zukommen bzw. die er einnimmt, in der jeweiligen Handlungssituation den Vorrang einzuräumen. Es werde damit möglich, dass der Einzelne in ähnlichen Situationen seine sich möglicherweise widersprechenden «Moralen» unterschiedlich gewichte und so je verschiedene Handlungen präferiere; je nachdem, welcher Rolle und damit einhergehenden Normen

---

66 Beck/Beck-Gernsheim, Individualisierung, 18f. Dies zeige sich im «Psychoboom» und dem Erfolg von «Ratgeber-Literatur». Vgl. auch Beck, Risikogesellschaft, 156.

67 Ronald Hitzler/Anne Honer weisen darauf hin, dass der Einzelne für die unterschiedlichen Bereiche seines Lebens die Aussagen verschiedener sinngebender Instanzen zu Rate zieht: «Er ist nicht mehr ‹zu Hause› in einem bestimmten Sinn-Kosmos, er ähnelt eher einem Vagabunden (oder allenfalls einem Nomaden) auf der Suche nach geistiger und gefühlsmäßiger Heimat.» Dem Einzelnen obliege damit auch die Aufgabe, diese verschiedenen Bereiche zu einem «Lebens-Ganzen» (Hitzler/Honer, Bastelexistenz, 311) zusammenzufügen.

68 Vgl. Beck/Bonß, Vorwort.

69 Vossenkuhl/Sellmaier, Situative Ethik, moralische Identität und Moralkonflikte.

70 A.a.O., 141.

71 A.a.O., 140.

er jeweils den Vorrang gebe. Die Autoren sehen daher die Sicherung der «moralische[n] Identität» als zentrale Herausforderung moderner Individuen – und der Ethiktheorie. Individuen und Ethik müssten sich folgender Frage stellen: «Wie ist heute eine moralische Identität bei wechselnden Entscheidungen und sich verändernden normativen Gewichtungen innerhalb vergleichbarer Situationen möglich?»[72]

Darüber hinaus nennt Beck noch eine weitere Ursache dafür, dass die Wahlbiographie zur Risikobiographie geworden sei. Demnach gelte die Grundprämisse der Theorie reflexiver Modernisierung auch für die individuelle Biographieplanung und für Einzelentscheidungen: In der zweiten Hälfte des 20. Jahrhunderts, in der «zweiten Moderne», sei der Optimismus der Industriegesellschaft («erste Moderne»), der auf der Vorstellung, umfassendes Wissens zu besitzen, beruhte, brüchig geworden. An die Stelle der «Linearitätsannahme» sei das «Selbstgefährdungsargument»[73] getreten. Auf Biographien angewendet heißt das: Ihr Verlauf sei zwar nicht mehr durch den sozialen Bezugsrahmen vorgegeben, aber eben auch nicht planbar. Ziele, auch Etappenziele, ließen sich aufgrund unabsehbarer ‹Nebenfolgen› nicht intentional erreichen und seien daher auch nicht planvoll erreichbar. Entscheidungssituationen seien außerdem – nicht nur für den Einzelnen – häufig zu komplex und unüberschaubar geworden, um alle relevanten Komponenten in Entscheidungen einbeziehen zu können. Die Individuen stehen laut Beck somit vor dem Problem, dass sie «angesichts der hohen Komplexität der gesellschaftlichen Zusammenhänge vielfach kaum in der Lage sind, die notwendigen Entscheidungen fundiert zu treffen, in Abwägung von Interesse, Moral und Folgen.»[74] Trotz dieser Überkomplexität und der unabsehbaren Risiken obliege jedoch dem Einzelne die Aufgabe, Entscheidungen zu treffen.

Nachdem die erste Kehrseite der von Beck grundsätzlich positiv bewerteten Vergrößerung der Handlungs- und Entscheidungsspielräume der Individuen dargestellt wurde, wenden wir uns im folgenden Kapitel dem zweiten der «immanente[n] Widersprüche im Individualisierungsprozeß»[75] zu: Den neuen Abhängigkeiten, die der Individualisierungsschub neben den neuen Freiheiten Beck zufolge mit sich gebracht hat.

—

72 A.a.O., 143.
73 Beck, Das Zeitalter der Nebenfolgen, 50; ohne Hervorhebung.
74 Beck/Beck-Gernsheim, Individualisierung, 15.
75 Beck, Risikogesellschaft, 211; ohne Hervorhebung.

2.3 Kontroll- bzw. Reintegrationsdimension:[76] Die Einbindung in gesellschaftliche Sicherungssysteme oder die Wahlbiographie als institutionenabhängige Biographie

Die Freisetzung des Einzelnen aus den bisher handlungsnormierenden Sozialformen ist Beck zufolge, wie bereits erwähnt, nur möglich geworden durch den freiheitsfördernden Einkommenszuwachs und den Ausbau sozialstaatlicher Sicherungssysteme.

Jedoch bewertet Beck die Auswirkungen des Arbeitsmarktes, des Bildungssystems und staatlicher sozialer Sicherungssysteme auf das Leben der Individuen insgesamt als ambivalent. Alle diese «Institutionen»[77] wirkten seiner Meinung nach nicht nur individualitätsfördernd, sondern zugleich auch normierend. Der Einzelne sei abhängig geworden von der Entwicklung und den Erfordernissen des Arbeitsmarktes sowie des Sozialstaates. «An die Stelle *traditionaler* Bindungen und Sozialformen (soziale Klasse, Kleinfamilie) treten *sekundäre* Instanzen und Institutionen, die den Lebenslauf des einzelnen prägen und ihn gegenläufig zu der individuellen Verfügung, die sich als Bewußtseinsform durchsetzt, zum Spielball von Moden, Verhältnissen, Konjunkturen und Märkten machen.»[78] Es gebe nun zwar *individuelle*

—

76 An Becks Bezeichnungen der drei Dimensionen von Individualisierung lassen sich exemplarisch Vor- und Nachteile seines zum Teil essayistisch anmutenden Schreibstils aufzeigen: Auch aufgrund seiner pointierten Sprache erreichte Beck mit seinen Texten ein breite Leserschaft weit über die Grenzen der Soziologie hinaus und schaffte es, dass seine Überlegungen auch in gesellschaftlichen Diskussionen aufgegriffen wurden. Jedoch handelt er sich mit seinem Stil zugleich begriffliche Unschärfen ein. Besonders deutlich deutlich wird dies an der Bezeichnung der dritten Dimension von Individualisierung, der «‹Kontroll- bzw. Reintegrationsdimension›». Mit diesem Begriff gelingt es Beck einerseits pointiert die von ihm beobachteten neuen Abhängigkeiten der Individuen zum Ausdruck zu bringen. Andererseits besteht aufgrund diese Pointiertheit die Gefahr, dass das Ineinander von Freisetzung und neuartiger Kontrolle aus dem Blick gerät. Dies ist jedoch aus Becks Sicht gerade das Spezifikum der von ihm beschriebenen Entwicklungen.

77 A.a.O., 211. Vgl. hierzu ausführlich den Abschnitt «Institutionalisierung von Biographiemustern», a.a.O., 211–219. Auch wenn Beck in seinen Ausführungen keine eindeutige Definition von «Institutionen» bietet, zeichnet sich ein weites und umfassendes Institutionenverständnis ab. So bezeichnet er sowohl Arbeitsmarkt, Bildungssystem, sozialstaatliche Regelungen als auch den fachlich ausdifferenzierten Beratungssektor als Instiutionen (vgl. a.a.O., 210).

78 Ebd. Diese dritte Dimension von Individualisierung wird von Beck am wenigsten ausgeführt und hat vor allem thetischen Charakter. Dies mag auch erklären,

Lebensläufe, aber nur innerhalb des Rahmens, der durch die institutionellen Regelungen vorgegeben sei. Biographien wiesen demnach ein «widersprüchliche[s] Doppelgesicht institutionenabhängiger Individuallagen»[79] auf: Die individualisierungsfördernden Faktoren (wie z.B. Arbeitsmarkt, Bildung, Geld) führten auch zu einer Standardisierung der Lebenslagen, die nun von außen steuerbar seien.[80] Moderne Lebensläufe «können auch dann, wenn den Menschen selbst das Bild individueller Autonomie im Kopf herumgaukelt, nur in der Teilhabe und der Abhängigkeit von vielfältigen Institutionen geführt werden.»[81] Ein von institutionellen Vorgaben unabhängiges Leben hingegen sei nicht möglich. Die zur Wahl stehenden Möglichkeiten seien bereits durch institutionelle und gesellschaftliche Vorgaben beschränkt. Es entstünden *«Bausätze biographischer Kombinationsmöglichkeiten»*[82]. Beck erkennt darin eine *«institutionenabhängige Kontrollstruktur* von Individuallagen»[83].

Unter Rückgriff auf die von ihm verwendeten Begriffe lässt sich die dritte von Beck beschriebene Dimension von Individualisierung folgendermaßen pointiert zusammenfassen: Die Wahlbiographie als Normalbiographie ist zur *institutionenabhängigen Biographie* geworden.

Diese Ausführungen sollten verdeutlichen, dass Beck den in den 1960er-Jahren in Deutschland einsetzenden Individualisierungsschub als ein ambivalentes Phänomen bewertet, dessen drei Dimensionen er aufs engste miteinander verwoben sieht: Der arbeitsmarktvermittelte Einkommenszuwachs und der Ausbau der wohlfahrtsstaatlichen Sicherungsmaßnahmen haben zu

wieso die Reintegrationsdimension nicht- bzw. nur unvollständig rezipiert wurde. Auf dieses Phänomen weist Schroer hin (vgl. Schroer, Das Individuum der Gesellschaft, 404f., Fußnote 102). Zugleich lässt er selbst in seiner Darstellung der Beckschen These, der er grundsätzlich positiv gegenübersteht, dessen kritische Beurteilung institutioneller und der Einflussnahme entzogener Vorgaben außen vor (vgl. a.a.O., 402–407).

79 Beck, Risikogesellschaft, 210; ohne Hervorhebungen.

80 Vgl. a.a.O., 210–212. Demnach könne z.B. die Politik auf bisher neue Art und Weise Lebensläufe kontrollieren und individuelle Spielräume beschränken. Allerdings, so wendet Beck ein, seien auch entsprechende Regelungen dem Problem der zweiten Moderne unterworfen: Die genauen Folgen bestimmter Maßnahmen seien nicht absehbar. Es gäbe immer eine Diskrepanz zwischen dem, was mit rechtlichen Regelungen beabsichtigt werde und ihrer tatsächlichen Wirkung. Vgl. a.a.O., 215.

81 Beck, Das Zeitalter der Nebenfolgen, 91.

82 Beck, Risikogesellschaft, 217.

83 A.a.O., 210.

einer Freisetzung des Individuums aus traditionellen Sozialformen und somit zur Auflösung der Bindungskraft der von ihnen vertretenen Normen geführt. Das Individuum muss sich nun selbstständig und stets aufs Neue zwischen verschiedenen ihm nun offenstehenden Handlungsoptionen entscheiden. Die neuen Freiheiten führen aus Becks Sicht zugleich zu einem Stabilitätsverlust und neuen Risiken für die Individuen. Er deutet sie daher als «riskante Freiheiten»[84]. Darüber hinaus hebt er hervor, dass das durch institutionelle Veränderungen erst freigesetzte moderne Individuum von diesen Institutionen gleichsam erneut abhängig und in seinen Handlungsoptionen begrenzt wird.

—

84 Beck/Beck-Gernsheim, Individualisierung, 11.

II. Relektüre der Ethik Karl Barths

Die drei Individualisierungs-Dimensionen Ulrich Becks (vgl. I) werden im Folgenden als *heuristisches Mittel* verwendet, um die diese Arbeit leitenden Fragen zu beantworten: Welche Stellung hat Barth dem Individuum in seiner Ethik in den 40er- und 50er-Jahren zugesprochen? Und welche dahinter stehenden Absichten werden erkennbar?[1] Die Relektüre beschränkt sich dabei zunächst auf die fundamentalethischen Darlegungen Barths.[2] In einem weiteren Schritt (III) wird sich jedoch zeigen, dass die vielfältige Interessenslage, die bei der Relektüre zum Vorschein kommt, auch in den vorrangig materialethischen Passagen von KD III/4 ihren Niederschlag findet und der Figur der «Grenzfälle» dabei eine entscheidende Rolle zukommt.

Zu Beginn jedes der folgenden Kapitel wird die jeweilige lektüreleitende Dimension von Indiviualisierung in knapper Form in Erinnerung gerufen. Um zu verdeutlichen, dass die Becksche Theorie in dieser Arbeit nicht mit normativem Anspruch vorgetragen wird, sondern sie lediglich als *Interpretations*perspektive dient, werden diese Textpassagen kursiv gesetzt.

Da es sich Beck zufolge bei den drei Dimensionen um ineinanderverwobene Aspekte *eines* Prozesses handelt,[3] wird auch bei der Relektüre zwar jeweils eine der drei Dimensionen als leitende Interpretationsperspektive verwendet, zugleich aber immer auch Aspekte der anderen beiden mit behandelt. Diese Vorgehensweise bringt es zum einen mit sich, dass einige Bestandteile der Barthschen Ethik aus der Perspektive mehrerer Individualisierungs-Dimensionen thematisiert werden. Deshalb sind einige Wiederholungen unvermeidbar. Zum anderen können die für diese Arbeit leitenden Fragen erst nach allen drei Relektüre-Durchgängen angemessen beantwortet werden.

Die erste Dimension der Individualisierung, die Freisetzung des Einzelnen aus handlungsnormierenden Sozialformen, lenkt den Blick zunächst auf

---

1 Wünschenswert wäre eine gesellschaftsgeschichtliche Verortung des Barthschen Konzeptes. Aufgrund des besonderen Fokus dieser Arbeit kann dies in diesem Rahmen jedoch nicht geleistet werden. Insgesamt stellt die Erforschung deutschsprachiger Ethikkonzepte, die nach Ende des Zweiten Weltkrieges entstanden sind, in ihrer Wechselwirkung zur Gesellschaftsgeschichte bislang ein Forschungsdesiderat dar. Diese Lücke wird derzeit der von der DFG-Forschergruppe «Der Protestantismus in den ethischen Debatten der Bundesrepublik Deutschland 1949–1989» (FOR 1765) geschlossen.

2 Zur Unterscheidung zwischen fundamental- und materialethischen Abschnitten vgl. Einleitung.

3 Vgl. I. 2.

einige anthropologische Grundannahmen Barths, besonders auf seine Deutung menschlicher Freiheit. Mit der Frage, worin die noch näher zu bestimmende Freiheit des Menschen für Barth begründet ist, kommt zugleich auch seine Gottes- und Erwählungslehre in den Blick. Dabei wird sich zeigen, dass für Barth menschliche Freiheit des Gebotes Gottes bedarf. Die Frage nach der genauen Verhältnisbestimmung von menschlicher Freiheit und göttlichem Gebot wird sich durch die beiden ersten Kapitel ziehen, mit dem Ziel, der Beziehung der beiden Korrelate immer mehr Kontur zu geben. Als Grundlage des zweiten Kapitels dient die ‹Entzauberungsdimension› von Individualisierung: Mit der Freisetzung geht nach Beck ein Stabilitätsverlust einher, da ethische Normen, die zuvor die Handlungen des Individuums maßgeblich beeinflusst haben, keine bindende Kraft mehr haben. Wie erlangt nach Barth das Individuum ethische Orientierung? Erneut wird die Verbindung zwischen Gebot Gottes und menschlicher Freiheit in Barths Konzept thematisiert. Dieses Mal wird das Gebot Gottes und seine stabilisierende Funktion im Zentrum stehen und auf seine Besonderheiten hin untersucht. Aus dem Blickwinkel der von Beck unter dem Stichwort ‹Kontroll- bzw. Reintegrationsdimension› thematisierten Aspekte von Individualisierung wird im dritten Kapitel die Relation von Individuum und Gemeinschaft in Barths Ethik im Zentrum stehen.

1. Barths Freiheitsverständnis: Die Entscheidungsbiographie ist nur als Erwählungsbiographie eine Freiheitsbiographie

Die erste Dimension des Individualisierungsprozesses charakterisiert Beck als «Herauslösung [des Einzelnen; E.G.] aus historisch vorgegebenen Sozialformen und -bindungen»[4]. Diese Herauslösung beruhe auf einer gestiegenen ökonomischen Unabhängigkeit eines Großteils der Bevölkerung.[5] Mit der Freisetzung aus den bisherigen sozialen Bezugsgrößen Stand, Klasse, Familie und Religionsgemeinschaft gehe ein Bedeutungsverlust der durch diese Gruppen geprägten Normen einher. Als Besonderheit der Entwicklung seit Mitte des 20. Jahrhunderts nennt Beck, dass die Position des Normengebers anders als bei früheren Individualisierungsprozessen nicht von einer neuen Gruppe eingenommen werde. Es komme nicht zu einem bloßen Wechsel der normgebenden Bezugsgruppe, sondern zu einer Herauslösung des Einzelnen aus dieser. Einzelhandlungen und Lebensentwürfe seien dem Individuum nicht mehr vorgegeben, sondern frei wählbar. Beck hebt zudem

—

4 Beck, Risikogesellschaft, 206; ohne Hervorhebung.

5 Vgl. hierzu ausführlich I. 1.1 und 2.1

die deutliche Steigerung von Handlungsoptionen hervor, die sich durch diese neugewonnene Unabhängigkeit des Individuums, aber auch durch den Zuwachs an Bildung und Erfahrungsräumen ergeben. Erinnert sei noch einmal an Becks pointierte Zusammenfassung dieser ersten Individualisierungs-Dimension: «*Die Normalbiographie wird [...] zur ‹Wahlbiographie›*».[6]

Unter dieser leitenden Interpretationsperspektive soll Barths Ethikkonzept einer Relektüre unterzogen werden, um eine neue und Erkenntnis fördernde Sicht auf Barths Freiheitsverständnis und auf die Stellung, die Barth dem Individuum in ethischen Entscheidungssituationen einräumt, zu erlangen. Dies erfolgt zunächst, indem Barths Deutung menschlicher Freiheit durch seine Verwendung von vier Begriffen genauer konturiert wird, die auf wichtige Aspekte der Individualisierungsdebatte verweisen und zentral für Barths Ethik sind: «Beschränkung» (1.1), «Entscheidung» (1.2), «Individualität» (1.3) und «Verantwortung» (1.4). Dieses Vorgehen ist mit der Absicht verbunden, die verschiedenen Motive, die Barth zu seiner spezifischen Deutung dieser Begriffe veranlasst haben, zu dechiffrieren und so sein Freiheitsverständnis neu zu erfassen. Dabei wird sich bestätigen, dass das Spezifikum des Barthschen Freiheitsverständnisses in einer bestimmten Zuordnung von menschlicher Freiheit und Gebot Gottes besteht (1.5). Damit sind bereits die beiden zentralen Aspekte der Barthschen Ethik genannt: die menschliche Freiheit und das göttliche Gebot. Beide gilt es in diesem und dem folgenden zweiten Kapitel in der besonderen Barthschen Fassung zu beschreiben. Dies soll trotz ihres untrennbaren Ineinanders so geschehen, dass beide Korrelate, die menschliche Freiheit und das göttliche Gebot, nacheinander betrachtet werden. Dabei sollen sie nicht isoliert voneinander beleuchtet werden, denn das liefe dem Ansatz des Barthschen Systems zuwider und ließe sich auch gar nicht bewerkstelligen. Es geht vielmehr darum, dieses Ineinander von verschiedenen Seiten her in den Blick zu nehmen und zwar so, dass die Rolle des einzelnen Handlungssubjektes im Zentrum steht.

1.1 «Freiheit in der Beschränkung»

Das freigesetzte Individuum fühle sich, so Beck, nicht mehr an ihm vorgegebene Handlungsnormen gebunden, sondern es könne und müsse, da Nor-

—

6 Vgl. Beck/Beck-Gernsheim, Individualisierung, 13. Einleitende Passagen, in denen die für das jeweilige Unterkapitel entscheidenden Relektüre-Aspekte des Beckschen Konzeptes zusammenfassend in Erinnerung gerufen werden, sind ebenfalls kursiv gesetzt.

men zugleich ihre orientierende Kraft verloren haben, selbstbestimmt zwischen verschiedenen Handlungsoptionen wählen. Damit trage es zugleich die alleinige Verantwortung für seine Entscheidungen. Die Situation des modernen Individuums ist daher in Becks Lesart geprägt durch neue und «riskante Freiheiten»[7].

Barths Ethik, wie er sie in den beiden Bänden KD II/2 und KD III/4 dargelegt hat, lässt sich insgesamt als Freiheitsethik charakterisieren. Für eine solche Beschreibung spricht, dass Barth einen Vortrag von 1953, den er selbst als Kurzfassung seines in KD II/2 und KD III/4 vorgestellten Ethikkonzeptes bezeichnet hat[8] und der den Untertitel «Grundlegung evangelischer Ethik» trägt, mit dem Titel «Das Geschenk der Freiheit» überschrieben hat. Die Bezeichnung als Freiheitsethik kann jedoch leicht zu der fälschlichen Annahme verleiten, Barth meine mit Freiheit eine unbedingte und absolute Freiheit. Nimmt man die Perspektive des Individualisierungstheorems ein, so wird besonders augenfällig, dass genau das Gegenteil der Fall ist: Für Barth ist – dies entspricht zunächst klassischen protestantischen Freiheitstheorien[9] – nur eine gebundene und bestimmte Freiheit wahre Freiheit. Konkret bindet er die menschliche Freiheit an Gott. Der Mensch ist demnach nur dann frei, wenn er durch Gottes Gebot bestimmt wird. Damit ist nur eine «Freiheit in der Beschränkung»[10] wirkliche Freiheit. Wie bereits angedeutet, liegt in dieser Zuordnung ein wichtiges Spezifikum der Ethik Barths, wobei sich seine Fassung dadurch auszeichnet, dass Barth die Gebundenheit gerade so gestaltet, dass sie eine Tätigkeit des Einzelnen mit einschließt.[11]

---

7 A.a.O., 11.

8 Barth selbst verweist zur Vertiefung seiner im Vortrag nur skizzierten Gedanken auf KD I/2 (§ 22, 3. Abschnitt), II/2 (§§ 36–39) und den gesamten Band III/4 (vgl. Barth, Das Geschenk der Freiheit, 16).

9 Neben Martin Luther, der zunächst Freiheit als dem Menschen unverfügbare Gabe Gottes bestimmt und dann hervorhebt, dass allein aus dem geschenkten Glauben «die Liebe und Lust zu Gott und aus der Liebe ein freies, williges, fröhliches Leben, dem Nächsten umsonst zu dienen» (Luther, Von der Freiheit eines Christenmenschen, 270) fließt, sei hier exemplarisch – aufgrund der auffälligen Nähe der Barthschen Freiheitskonzeption in diesem Punkt – auch auf Friedrich Schleiermacher hingewiesen, der auf das notwendige Einhergehen von «Freiheitsgefühl» und «Abhängigkeitsgefühl» (Schleiermacher, Der christliche Glaube, § 4, bes. 2f.) abhebt.

10 Barth, KD III/4, § 56.

11 Tätigkeit wird hier sowohl als Beteiligung des Menschen bei Entscheidungen (vgl. hierzu ausführlich II. 1.2 und 2.2.2 b) als auch als Handlung im engeren Sinne verstanden (vgl. hierzu II. 2.2.2 c). Zum konstitutiven Tätigkeitsaspekt

Von der Freiheit des Menschen kann Barth zufolge nicht die Rede sein ohne eine Bindung an Gott als Geber der Freiheit und an das göttliche Gebot, das als Ausrichtung und Beschränkung menschlichen Handelns überhaupt erst der Ermöglichungsgrund wahrer menschlicher Freiheit ist. So beschäftigt sich die gesamte Schöpfungsethik mit der richtigen Verhältnisbestimmung von Gebot Gottes und Freiheit des Menschen. Bereits anhand der Gliederung und der Überschriften der einzelnen Passagen von KD III/4 wird erkennbar, wie eng beide für Barth miteinander verbunden sind: Ausgangspunkt ist stets das Gebot Gottes, das aber unter je unterschiedlichen Gesichtspunkten thematisiert wird, so dass das göttliche Gebot als Ruf des Menschen erkenntlich wird in die «Freiheit vor Gott» (§ 53), in die «Freiheit in Gemeinschaft» (§ 54), in die «Freiheit zum Leben» (§ 55) und in die «Freiheit in der Beschränkung» (§ 56).

Legt man Becks erste Dimension der Individualisierung zugrunde, so sieht man zudem, dass Barth menschliche Freiheit nicht als Ergebnis eines Emanzipationsprozesses versteht. Eine Freisetzung im Beckschen Sinne gibt es bei Barth nicht. Vielmehr verknüpft er menschliche Freiheit unmittelbar mit dem Gottesgedanken und interpretiert sie zudem als dem Menschen unverfügbares «Geschenk»[12]. Demnach gründet sich die menschliche Freiheit in einem freien Akt Gottes, in dem er den Menschen zu seinem Partner bestimmt und ihn deswegen mit Freiheit begabt hat.[13] In Folge dessen sind für Barth jegliche theoretische Überlegungen über den Menschen ausgeschlossen, die sich jenseits von religiösen Selbstdeutungen einstellen: «Was der Mensch außerhalb des Spiegels der Gnade Gottes in Jesus Christus von sich selber erkennt, das werden immer nur jene Phänomene des Menschlichen sein, nicht der Mensch selbst.»[14] Stattdessen konstatiert Barth entsprechend seiner Kritik an jeglicher Form natürlicher Theologie: «Man kann vom Menschen nur reden, indem man von Gott redet.»[15] Auch die Freiheit des Menschen kann Barth zufolge nur dann recht thematisiert werden, wenn

—

menschlicher Freiheit bei Barth vgl. auch Laube, Tätige Freiheit, bes. 344–352: «Er fasst ihn [den Freiheitsbegriff; E.G.] konsequent als Verwirklichungs- statt als Möglichkeitsbegriff: Freiheit realisiert sich nicht anders als im Medium ihrer tätigen Inanspruchnahme; es ‹gibt› sie gleichsam nur im Modus des je konkreten Handlungsvollzuges» (a.a.O., 355). In der Bestimmung menschlicher Freiheit als «[t]ätige[r] Freiheit» sieht Laube zugleich die bleibende Aktualität des Barthschen Freiheitsverständnisses.

12 So u.a. in seinem Vortrag «Das Geschenk der Freiheit».

13 Vgl. Barth, Das Geschenk der Freiheit, 8.

14 Barth, KD III/4, 47.

15 Barth, Das Geschenk der Freiheit, 3.

zunächst die Freiheit Gottes betrachtet wird. Barth bezeichnet sie als «die Quelle und das Maß»[16] aller und damit auch der menschlichen Freiheit.

Da in dieser Bezogenheit zugleich ein entscheidendes Merkmal des Barthschen Freiheitsverständnisses besteht, wird in diesem Abschnitt im Folgenden zunächst Barths Deutung der göttlichen Freiheit im Zentrum stehen. Wie sich zeigen wird, ist für Barth die Erwählung des Menschen zentraler Inhalt der freien göttlichen Selbstbestimmung. Zur Beschreibung der göttlichen Freiheit ist daher ein – ausnahmsweise über die übliche Textgrundlage dieser Relektüre hinausgehender – Blick auf die grundlegenden Aspekte der von Barth im ersten Teil von KD II/2 dargelegten Erwählungslehre unumgänglich.[17] Der Zugriff auf diesen Teil der KD beschränkt sich bewusst allein auf die für unsere Fragestellung relevanten Punkte.[18] Nach diesen notwendigen Ausführungen kann dann Barths Deutung menschlicher Freiheit als ‹Freiheit in der Beschränkung› erneut in den Blick genommen werden, um Barths hinter dieser Fassung liegende Interessen weiter zu entschlüsseln.

Wenden wir uns zunächst Barths Darlegungen zur Freiheit Gottes zu, so zeigt sich, dass Barth in besonderer Weise herausstellt, dass Gottes Freiheit «nicht einfach unbegrenzte Möglichkeit»[19] ist, sondern dass sie bestimmt ist durch sein Sein und Werk: Demnach ist der eine Gott bereits in sich Vielfalt. Die göttliche Freiheit ist daher «nicht die Freiheit eines Einsamen»[20], sondern des trinitarischen Gottes.[21] Dass Gott Einer ist, der sowohl freie Taten begeht als auch konstitutiv zu sich selbst in Beziehung steht, drückt

---

16 A.a.O., 4.

17 Zur Auswahl der Texte, die dieser Arbeit ansonsten zugrunde gelegt werden, vgl. Einleitung. Auf die «Verschränkung der Lehre von der göttlichen Erwählung mit der Grundlegung der Ethik» als ein Spezifikum der Barthschen Gotteslehre hat zuletzt Laube hingewiesen: Erwählungslehre und Ethik stehen demnach nicht in einem «schlichten Ursache-Folge-Verhältnis[ ]». «Stattdessen handelt es sich um ein gespiegeltes Entsprechungsverhältnis, mit dem Barth das Ineinander von göttlicher und menschlicher Tätigkeit, absoluter und endlicher Freiheit aufzuschlüsseln versucht» (Laube, Tätige Freiheit, 345).

18 Instruktiv zu Barths Erwählungslehre: Sparn, «Extra internum».

19 Barth, Das Geschenk der Freiheit, 4.

20 Ebd. Wolf Krötke hat in seinem Aufsatz «Gott und Mensch als ‹Partner›» darauf hingewiesen, dass Barth in KD IV/2 für das innertrinitarische Verhältnis den Begriff «Partner» (so z.B. auf S. 384) verwendet: «Als trinitarischer Gott ist er im Verständnis Barths schon immer in der Realisierung einer Partnerschaft begriffen» (Krötke, Gott und Mensch als «Partner», 165).

21 Zu Barths Deutung der Perichorese vgl. Barth, KD III/4, 35.

Barth mit der Trinitätslehre aus.[22] Ebenso betont Barth, dass Gottes Freiheit «keine abstrakte Freiheit»[23], sondern primär eine konkrete und damit auch eine gebundene Freiheit ist, was Barth wiederum mit Hilfe der Erwählungslehre zur Sprache bringt. Dass er zwar sehr wohl von «Erwählung» spricht, aber den ersten Teil von KD II/2 mit «Gottes Gnadenwahl» überschreibt, ist kein Zufall. Indem Barth beide in der protestantischen Theologiegeschichte prominenten Begriffe aufgreift, wird deutlich, dass der Gnadenaspekt der Erwählung für Barth von besonderer Bedeutung ist. Diese Sicht wird durch Barths Aussage gestützt, in der Erwählung komme Gottes Liebe und Freiheit zum Ausdruck. Gnade ist demnach entweder Akt der Freiheit oder überhaupt keine Gnade.[24] Barth deutet die Erwählung der Menschen als freiwillige Beschränkung Gottes: Er hat in ihr seinem eigenen Handeln eine bestimmte Richtung gegeben und seine Handlungsmöglichkeiten freiwillig begrenzt. Als souveräner Herr besteht Gottes Freiheit in seiner Bindung an den Menschen. Dies bringt Barth mit dem theologischen Terminus der Gnadenwahl zum Ausdruck.[25] Sie ist Freiheit für die Menschen.[26] Barth

---

22 Vgl. hierzu Anselm, Schöpfung, 241–244. Anselm deutet die Verbindung mit der Trinitätslehre als typisch neuzeitliche Fassung der Schöpfungslehre und führt hierfür Barth als prominentes Beispiel aus dem 20. Jahrhundert an. Durch die charakteristische «Verschränkung von immanenter und ökonomischer Trinitätslehre» kann, so Anselm, zum Ausdruck gebracht werden: «Seine [Gottes; E.G.] Macht ist zugleich Güte, er kann etwas anderes hervorbringen und ihm beistehen, ohne dessen Selbstständigkeit zu leugnen. Das so Entstandene ist nicht notwendig, sondern kontingent, nicht aber einfach zufällig, sondern gewollt» (a.a.O., 242).

23 Barth, Das Geschenk der Freiheit, 4.

24 Vgl. Barth, KD II/2, 18f. Welches Gewicht der Gnade nach Barth zukommt und wie eng sie für ihn mit der Freiheit zusammengehört, wird deutlich, wenn er das Ziel, «die Gnade Gottes in ihrer schlechthinigen Freiheit und eben damit in ihrer Göttlichkeit» herauszustellen als die entscheidende Gemeinsamkeit aller «ernsthaften Auffassungen» der Erwählungslehre bezeichnet.

25 Vgl. a.a.O., 8: «Man merke, wie sich in diesem Begriff [der Gnadenwahl; E.G.] […] das Wesen Gottes […] widerspiegelt: Es geht um Gnade und also um die Liebe Gottes. Und es geht um die Wahl und also um die Freiheit Gottes.» So auch in Barth, Gottes Gnadenwahl, bes. 8.

26 Vgl. Barth, Das Geschenk der Freiheit, 5.10. Vgl. darüber hinaus Laube, Tätige Freiheit. Laube sieht – im Anschluss an Sparn – in dieser souveränen «Selbstbestimmung» Gottes ein weiteres Spezifikum der Barthschen Erwählungslehre: «Seine [Gottes; E.G.] schlechthin freie Aktuosität vollzieht sich nicht anders denn als liebende Erwählung des Menschen» (a.a.O., 346).

interpretiert die Erwählung also als Bestimmung und Ausrichtung der göttlichen Freiheit.[27] Dahinter ist sein Interesse erkennbar, Freiheit und Kontinuität des göttlichen Handelns zusammendenken zu können.

Der Gnadenaspekt der Erwählungslehre zeigt sich aber auch darin, dass Barth zwar an einer Verwerfung festhält, sie aber als in Christus bereits geschehen deutet: «Darum heißt Glaube an Gottes Praedestination an sich und per se: Glaube an die Nicht-Verwerfung des Menschen [...]. Verworfen ist ja nicht der Mensch. Verworfen ist in Gottes ewigem Ratschluß in seinem Sohne Gott selber.»[28] So betont Barth mit seiner Erwählungslehre gerade die Freiheitsbefähigung des Menschen. Entsprechend bezeichnet er die «Lehre von Gottes Gnadenwahl» auch als «die Summe des Evangeliums»[29].

Durch die Zuwendung zum Inhalt von Barths Erwählungslehre haben wir daher nicht nur Erkenntnisse darüber erhalten, wie Barth Gottes, sondern auch wie er die Freiheit der Menschen fasst. Denn die Erwählung zieht nach Barth nicht nur Konsequenzen auf der Seite Gottes nach sich, sondern auch auf der Seite des Menschen: Erwählungsglaube ist Befähigung zur eigenen Freiheit. Barth bedient sich der Erwählungslehre zugleich, um die absolute Angewiesenheit des Menschen auf Gott zu akzentuieren. Die Erwählung des Menschen deutet er entsprechend als Geschenk, das für den Menschen letztlich unergründlich bleibt, das er nur empfangen kann. Jeglicher Verdienst- oder Anspruchsgedanke ist damit ausgeschlossen.[30]

Die christliche Freiheit hat zwar ihren Ursprung in der Freiheit Gottes und kann daher nicht im Gegensatz zu ihr stehen, dennoch ist die christliche Freiheit, wie Barth immer wieder insistiert, nicht identisch mit der Freiheit

—

27 Dabei entwickelt er die Erwählungslehre als Bundestheologie. Vgl. Barth, KD II/2, 564f.

28 A.a.O., 182. Zu Barths christologischer Fundierung der Erwählungslehre vgl. auch Rosenau, Allversöhnung, 191–222, bes. 200–207. Christus ist demnach zum einen der «erwählende Gott» als auch der «erwählte Mensch» (Barth, KD II/2, 110), zum anderen «auch der verwerfende Gott und der verworfene Mensch. Wie in der Lehre von der doppelten Prädestination spricht auch Barths Erwählungslehre von Zorn, Verurteilung, Strafe und Verwerfung, aber im Unterschied zu jener ausschließlich in christologischer Konzentration, nicht aber in anthropologischer Hinsicht» (Rosenau, Allversöhnung, 204). Barth hält also an einer doppelten Prädestination, allerdings in einem gegenüber der altreformierten Prädestinationslehre deutlich unterschiedenen Sinne fest.

29 Barth, KD II/2, 9.

30 Vgl. a.a.O., 18–20. In Das Geschenk der Freiheit schreibt Barth dazu: «Die Errettung des Menschen [...] ist das Werk des freien Gottes ganz allein. Es ist in Jesu Christi Tod ein für allemal vollkommen geschehen: keiner Nachhilfe und keiner Wiederholung bedürftig» (a.a.O., 14).

Gottes.[31] Doch was unterscheidet göttliche und menschliche Freiheit grundlegend voneinander? Und warum ist Barth die Unterscheidung beider so wichtig? Die entscheidende Differenz besteht Barth zufolge darin, dass Gottes Freiheit zunächst unbeschränkte, aber sich selbst durch die Gnadenwahl freiwillig beschränkende Freiheit ist. Dagegen ist die Freiheit des Menschen die Folge dieser Selbstbeschränkung. Sie ist durch Gott als ihren Geber aufgerichtet und gleichzeitig bestimmt. Es liegt nahe, dass menschliche Freiheit für Barth der Selbstunterscheidung von der göttlichen bedarf, um sich so ihrer selbst angemessen gewahr zu werden. Verkennt sie hingegen die Verschiedenheit und richtet sich nicht an Gottes Willen aus, sondern an einem anderen Maßstab, verkehrt sie sich gegen sich selbst. Hinter diesem Gedanken scheint zum einen Barths Interesse an einem Geltungsmoment und dem Ausschluss beliebiger Handlungen auf. Zum anderen kann Barth durch die Bindung der Freiheitspotenz des Menschen an den höchsten denkbaren Garanten dieser Freiheit Freiheitsrestriktionen von außen verhindern.

Beides erreicht Barth, indem er menschliche Freiheit in das göttliche Gebot einbettet und sie als «Freiheit in der Beschränkung» konturiert. So qualifiziert Barth die Freiheit des Menschen – der Selbstbestimmung der göttlichen Freiheit gemäß – vorrangig als inhaltlich bestimmte Freiheit: Menschliche Freiheit ist immer «nur sekundär und nachträglich die Freiheit von irgendwelchen Beschränkungen und Bedrohungen – sie muß primär eine ‹Freiheit für› sein»[32]. Erneut wird ersichtlich, dass menschliche Freiheit für Barth nicht unabhängig vom göttlichen Gebot denkbar ist und dass er um-

---

31 Vgl. a.a.O., 8.

32 A.a.O., 10. Greift man die mittlerweile ‹klassische› Begrifflichkeit von Isaiah Berlin von 1969 auf, so lässt sich sagen, dass Barth zum einen Freiheit nicht primär als «negative Freiheit» bestimmt. Zu seinem Verständnis von «negativer Freiheit» vgl. Berlin, Freiheit, 201–210. Zum anderen wird im Vergleich zu Berlins Definition von «positiver Freiheit» die Eigenart des Barthschen Freiheitsverständnisses deutlich: Positive Freiheit besteht nach Berlin in der Verwirklichung des Wunsches «Ich will, daß mein Leben und meine Entscheidungen von mir abhängen und nicht von irgendwelchen äußeren Mächten» (a.a.O., 211). Vgl. hierzu auch Laube, Tätige Freiheit, 356. Laube stellt das Potential heraus, das sich dadurch ergibt, dass Barth gerade «nicht die Rekonstruktion der Bedingungen, sondern vielmehr die Einholung der Wirklichkeit von Freiheit in den Mittelpunkt» stellt: «Ausgehend von der Erkenntnis, dass sich die Freiheit jedwedem objektivierenden Zugriff entzieht und allein im konkreten Handlungsvollzug Ereignis wird, geht es dann um eine reflexive Aufschlüsselung dieses Vollzuges – und zwar in der Weise, gleichsam die Erfahrungssignatur der Freiheit herauszuarbeiten, deren sich der Handelnde in seinem Tätigsein inne wird.»

gekehrt das göttliche Gebot nicht als heteronomes Gesetz, sondern als Freiheit ermöglichendes Gebot versteht. Gebot und Freiheit fallen im Gehorsam für Barth ineinander. Er verdeutlicht damit ihre untrennbare Einheit: «Denn eben der Gehorsam, den es [das Gebot Gottes; E.G.] fordert, ist in jeder Hinsicht als solcher des Menschen Schritt in die Freiheit, und zwar eben in die Freiheit unter der Voraussetzung und im Rahmen seiner Beschränkung.»[33] Eben darin besteht eine entscheidende Pointe des Freiheitsverständnisses Barths: Menschliche Freiheit ist nur als an Gott gebundene und durch seinen Willen bestimmte und damit beschränkte wirkliche Freiheit.

Dieser Gedanke ist auch leitend für Barths Unterscheidung von drei verschiedenen Formen menschlicher Freiheit, die «natürliche», die «christliche» und die «verheißene»[34] Freiheit, wie er in seinem Vortrag von 1953 ausführt: Die natürliche ist die den Menschen als Geschöpfe Gottes zukommende Freiheit oder, mit Barths Worten, «die des Menschen Existenz als solche in ihrer Geschöpflichkeit konstituierende und charakterisierende»[35] Freiheit. Die christliche Freiheit hingegen ist diejenige, die Gott den Menschen trotz ihrer Sündhaftigkeit im Erwählungsgeschehen geschenkt hat. Auch wenn Barth noch eine dritte, die verheißene Freiheit nennt, mit der er anscheinend die eschatologisch vollendete Form menschlicher Freiheit meint, ist er vorrangig an der christlichen Freiheit interessiert. Von dieser her möchte Barth die beiden anderen Formen, aber auch die «menschliche Freiheit überhaupt»[36] verstanden wissen. «Denn in ihrer Gestalt als die ‹Freiheit eines Christenmenschen› ist sie [die menschliche Freiheit; E.G.] uns durch Gottes Offenbarung bekannt gemacht.»[37] Nur als christliche Freiheit ist die menschliche Freiheit recht verstandene und «wirkliche Freiheit»[38].

Nimmt man Barths Ausführungen aus KD II/2 und KD III/4 hinzu, so wird neben den bereits erwähnten Aspekten, der inhaltlichen Bestimmtheit menschlicher Freiheit sowie ihrer Verschiedenheit von Gottes Freiheit, ein weiteres Merkmal erkennbar, das Barth wahrer, also christlicher Freiheit

—

33 Barth, KD III/4, 745. Zu Barths Deutung von Gehorsam vgl. ausführlich II. 2.2.2.

34 Barth, Das Geschenk der Freiheit, 8.

35 Ebd.

36 Ebd.

37 Ebd. Dennoch verwendet Barth «christliche Freiheit» und «menschliche Freiheit» bzw. «die Freiheit des Menschen» immer wieder synonym (vgl. beispielhaft a.a.O., 10 und Barth, KD III/4, 12). In der folgenden Darstellung wird dies daher ebenso gehandhabt, auch wenn der synonyme Gebrauch nicht unproblematisch erscheint. – Leider bietet Barth weder in «Das Geschenk der Freiheit» noch in den Bänden der KD eine ausführlichere Begriffserläuterung.

38 Ebd.

zuschreibt: Sie ist «Freiheit zur Gemeinschaft»[39]. Die Bezogenheit auf andere Menschen als Charakteristikum von Freiheit begründet Barth erneut mit der Gnadenwahl Gottes: Da Gott zwar immer den einzelnen Menschen erwählt, aber immer als und zum Mitglied der Gemeinde,[40] so ist menschliche Freiheit stets auch Freiheit für den Mitmenschen und zur Gemeinschaft.[41] «Ich kann nur in der Begegnung und in der Gemeinschaft mit ihm [meinem Mitmenschen; E.G.] Empfänger dieses Geschenkes sein. Gott ist nur pro me, indem er pro nobis ist.»[42] So behandelt Barth in KD II/2 zuerst «Die Erwählung der Gemeinde» und dann «Die Erwählung des Einzelnen»[43]. Hervorzuheben ist, dass Barth einerseits zwar an einer Vorordnung der Gemeinde[44] gegenüber dem Individuum gelegen ist, er diese aber andererseits nicht mit einer absoluten Unterordnung des Individuums gleichsetzen möchte. Für diese Deutung spricht aus formaler Perspektive, dass Barth der Erwählung des Einzelnen einen separaten Paragraphen widmet – der dazu noch deutlich ausführlicher als der über die Erwählung der Gemeinde ausfällt. Dennoch hat Barth die Paragraphen in KD II/2 und damit den gesamten Band in der beschriebenen Weise geordnet, zuerst Erwählung der Gemeinde, dann die der Einzelnen. Zwei zueinander nicht konfliktfreie Motive werden dahinter erkennbar: Barth möchte zum einen einer individualistischen[45] Fehlinterpretation menschlicher Freiheit wehren. So betont Barth, dass christliche Freiheit, die für ihn immer die Freiheit des Einzelnen ist, sich dennoch nur in Gemeinschaft verwirklichen lässt. Der wahrhaft freie Mensch lebt nicht vereinzelt und handelt nicht aus egoistischen Beweggründen, sondern er lebt und handelt immer als gemeinschaftsbezogenes Individuum. «In irgend einer Einsamkeit des einzelnen Menschen und also ohne seinen Mitmenschen kann und wird sich das Ereignis der menschlichen

—

39 A.a.O., § 54. Vgl. auch Barth, Das Geschenk der Freiheit, 10.

40 Vgl. Barth, KD II/2, 340: «Grundsätzlich wichtig […] ist nur die Einsicht, daß die Erwählung des Einzelnen in strengem Zusammenhang mit der Erwählung Jesu Christi und mit der Erwählung der Gemeinde Gottes zur Sprache gebracht werden muß.»

41 Vgl. Barth, KD III/4, 367 und im selben Band § 54 «Freiheit in der Gemeinschaft».

42 Barth, Das Geschenk der Freiheit, 10.

43 Barth, KD II/2, § 34 und § 35.

44 Barth bevorzugt den Begriff «Gemeinde» gegenüber «Kirche», auch wenn er beide nahezu synonym verwendet. Zu Barths Ekklesiologie vgl. II. 3.1.1.

45 Mit «individualistisch» ist hier eine übermäßige Konzentration des Individuums auf sich selbst gemeint und bezieht sich daher nicht auf «Individualisierung» im Beckschen Sinne. Zu Becks Verständnis von «Individualisierung» vgl. I.

Freiheit auch nicht abspielen.»[46] Zum anderen möchte Barth eine Eingliederung des Einzelnen in eine Gemeinschaft verhindern, die in Heteronomie und damit in Unfreiheit umschlägt. Dementsprechend akzentuiert er an anderer Stelle das zum ersteren nicht spannungsfreie Anliegen, dass der Mensch als freies Individuum Teil der Gemeinschaft ist.[47]

Dieser Aspekt soll im folgenden Abschnitt unter besonderem Fokus auf Barths Verwendung des Begriffs der Entscheidung weiter ausgeführt werden.

1.2 Die Freiheit zur «Entscheidung»

Trotz des für ihn konstitutiven Gemeinschaftsbezugs hebt Barth die «Entscheidung»[48] des einzelnen Handlungssubjektes hervor. Aus der Perspektive des Individualisierungstheorems betrachtet, wird Barths Interesse erkennbar, zu verhindern, dass dem Menschen jegliche Entscheidungsspielräume verschlossen bleiben und das Individuum Normen bloß nachvollzieht, die von der entscheidenden Bezugsgemeinschaft oder von einzelnen Menschen vorgegeben sind. Stattdessen ist ihm daran gelegen, dass der Einzelne in der jeweiligen Handlungssituation nach dem konkret Gebotenen fragt. Um die Beteiligung des Individuums in ethischen Situationen zu betonen, greift Barth auf den Entscheidungsbegriff zurück, den er wiederum ganz eng an den Freiheitsgedanken knüpft. Dies zeigt sich u.a. an Barths Einwänden gegen kasuistische Ethikkonzepte. So moniert er: «Diese [kasuistische; E.G.] Entscheidung hat ja nicht an seine Freiheit appelliert»[49], weil sie einen heteronomen Nachvollzug vergegenständlichter Normen fordert. Eine Entscheidung im eigentlichen Sinne zeichnet sich also dadurch aus, dass sie auf Freiheit beruht. Nur dann – und auch daran ist Barth gelegen – rechnet der Einzelne seine Entscheidung sich selbst zu.

—

[46] Barth, Das Geschenk der Freiheit, 10. Vgl. auch Barth, KD II/2, 454: «Eingeschlossen in diese erste Antwort [der Erwählung des Einzelnen; E.G.] ist die zweite damit gegeben, daß ein Erwählter jedenfalls ein in und mit der Gemeinde Jesu Christi: ein durch ihre Vermittlung und ein zu ihrem Gliede Erwählter ist.»

[47] An dieser Stelle kann zunächst nur das Nebeneinander dieser beiden spannungsvollen Anliegen in Barths Ethikkonzept festgehalten werden. Ausführlich wird Barths Verhältnisbestimmung von Individuum und Gemeinschaft in II. 3 untersucht und die hier aufgeworfene Frage aufgegriffen, ob es Barth gelingt, den sich abzeichnenden Konflikt einzuhegen.

[48] Z.B. a.a.O., 606.661.678; Barth, KD III/4, 8f.13. Vgl. zum Entscheidungsbegriff bei Barth auch II. 2.2.2 a).

[49] Barth, KD III/4, 13. Zu Barths Kritik an kasuistischen Ethiktheorien vgl. ausführlich II. 2.1.1.

Entsprechend zeigt sich auch in Barths Erwählungslehre, dass ihm neben der Verwiesenheit des Menschen auf Gott in besonderer Weise auch an seiner *Aktivität* gelegen ist: Immer wieder konstatiert er, dass sich die Erwählung dem Menschen nicht rein passiv ereignet: «Es schafft sich der erwählende Gott als solcher den Menschen zu einem *Gegenüber*, das seinerseits *ihn* erwählen und damit als der erwählte Mensch sich *bewähren* und *betätigen* darf und wird, das eben im Glauben die Selbsthingabe Gottes in ihrem doppelten Sinn *annehmen* und auf Grund dieser Selbsthingabe sein *eigenes* Leben haben wird. Es ist also ganz schlicht, aber auch ganz umfassend die *Autonomie des Geschöpfs*, die im Akte der ewigen göttlichen Erwählung ursprüngliches Ereignis ist und legitime Wirklichkeit wird.»[50] Erkennbar werden hier zwei spannungsreiche Interessen Barths: Er möchte zum einen daran festhalten, dass der Mensch Objekt der Erwählung ist, aber zugleich auch, dass er als solches zum «Subjekt»[51]-Sein berufen ist.[52] Um letztere Aspekte hervorzuheben spricht Barth davon, dass der Mensch durch die Erwählung zur «Person» und zum «Partner»[53] Gottes geworden ist. Barths

—

50 Barth, KD II/2, 194. Den Hinweis auf dieses Zitat verdanke ich Martin Laubes Antrittsvorlesung an der Georg-August-Universität Göttingen (vgl. Laube, Tätige Freiheit, 347). Vgl. zudem Barth, Das Geschenk der Freiheit, 13f. Barth gebraucht den Begriff «Autonomie» uneinheitlich: Zum einen verwendet er ihn, um eine Vereinzelung als Fehlform, als «absolute Unabhängigkeit, Autonomie und Autarkie» abzuwerten (Barth, KD III/4, 335). Zum anderen ohne, dass ein inhaltlicher Grund für die unterschiedliche Begriffsfüllung erkennbar ist, greift Barth in der hier zitierten und einer weiteren Passage auf «Autonomie» zurück, um die Verantwortung und Unvertretbarkeit des Individuums bei ethischen Entscheidungen zu betonen (vgl. Barth, KD II/2, 194–198.202; Barth, KD III/4, 284). Barth versteht hier – wie Immanuel Kant – Autonomie als Gegensatz zur Heteronomie. So konstatiert Barth, dass Gott «nicht einfach in ihrer [der Menschen; E.G.] Unterwerfung, sondern eben in ihrem Gehorsam, […] in ihrer eigenen freien Entscheidung für ihn triumphieren will» (Barth, KD II/2, 195). Damit wird zugleich ein entscheidender Unterschied zu Kant deutlich: Das Individuum fühlt sich Barth zufolge nicht durch die universale Vernunft gebunden, sondern durch Gottes Gebot.

51 A.a.O., 456.

52 So auch Laube, Tätige Freiheit, bes. 344–352: Barth deutet demnach göttliche Erwählung nicht so, dass sie menschliche Selbstbestimmung ausschließt, sondern dass er «göttliches und menschliches Handeln so zu verschränken [versucht; E.G.], dass die göttliche Erwählung nicht anders denn in einem ihr entsprechenden Tun Ereignis wird» (a.a.O., bes. 347).

53 Barth, KD II/2, 565; ohne Hervorhebung. In KD II/2 und KD III/4 findet sich ohne erkennbare inhaltliche Differenzierung neben dem Begriff «Partner» – in KD III/4 wahlweise auch «Bundespartner» (Barth, KD III/4, 762) – auch die

Erwählungslehre und die Individualisierungsthese treffen sich in diesem Punkt, dass sie die Unvertretbarkeit des Individuums betonen. «Das ist sicher, daß Gott auch das Ja und das Nein, das er in seiner Versöhnungstat spricht, *nicht allein* sprechen, daß er auch hier nicht ohne den *Menschen* sein, sondern ihn an seiner Sache beteiligen will: [...] als seinen Mitarbeiter!»[54] Barth deutet Erwählung zudem nicht als rein innerliches Phänomen, sondern so, dass der Mensch durch sie konstitutiv in Tätigkeit versetzt wird.[55]

Dies verweist auf die «ethische Frage»[56], worunter Barth die Frage nach dem guten Handeln versteht, die er ins Zentrum seiner Schöpfungsethik stellt. Welche Bedeutung er ihr beimisst, wird auch daran deutlich, dass Barth sie als «menschliche Existenzfrage»[57] bezeichnet. An ihr entscheidet sich «nicht mehr und nicht weniger als die Frage nach der Güte, Würde und Richtigkeit und echten Kontinuität seiner [des Menschen; E.G.] Existenz,

---

Bezeichnung «Bundesgenosse» (z.B. Barth, KD II/2, 347.713 und Barth, KD III/4, 27.127). Auf den hohen Stellenwert, der der Kategorie des Partners in der KD zukommt, hat auch Krötke besonders hingewiesen (vgl. Krötke, Gott und Mensch als «Partner»). Deutungen der Erwählungslehre Barths, denen zufolge Barth dem Menschen nur eine passive Rolle in der Erwählungslehre beimisst, können daher nicht überzeugen. So z.B. Rosenau, Allversöhnung, 195: «Gott ist alles – der Mensch ist nichts. Dieser Grundsatz der Theologie Barths ist auch in seiner Erwählungslehre bestimmend: Gott allein ist aktiv – der Mensch nur passiv.»

54 Barth, Das Geschenk der Freiheit, 13f.

55 Das Ineinander von Erwählung, Freiheit und Tätigkeit wird auch deutlich in Barth, KD III/4, 551: Dort spricht Barth davon, «daß wir eben da, wo der Mensch durch Gottes Willen und Werk in die Freiheit gerufen wird, den Menschen selbst zur Beteiligung an dem Geschehen des Willens und Werkes Gottes aufgeboten, mobil gemacht und in Tätigkeit versetzt finden.» Laube hebt hervor, dass dieses Ineinander ein Spezifikum der Barthschen Erwählungslehre sei: Barth versucht, «göttliches und menschliches Handeln so zu verschränken, dass die göttliche Erwählung nicht anders denn in einem ihr entsprechenden menschlichen Tun Ereignis wird» (Laube, Tätige Freiheit, 347).

56 Vgl. Barth, KD III/4, 1; ohne Hervorhebung.

57 Barth, KD II/2, 572. An dem Begriff der Frage, die einen zeitlichen Abstand zwischen Frage und Antwort impliziert, wird ein allgemeines Problem sichtbar, das mit Barths System einhergeht und auch in anderen Passagen immer wieder aufscheint: Ein Ineinanderfallen von Gebot und dem Gefühl des Unbedingt-bestimmt-Seins lässt sich sprachlich fast nicht beschreiben. Diese Grenzen der sprachlichen Umsetzbarkeit werden trotz der Bemühungen, Formulierungen zu verwenden, die dieses Ineinander möglichst genau beschreiben, auch in dieser Arbeit ihren Niederschlag finden.

seiner selbst»[58]. Erneut scheint auf, dass Barth an einem Geltungsmoment gelegen ist. Daher wendet er sich gegen das Verständnis der ethischen «Entscheidung» des Individuums als beliebige Wahl. Da diese Barth zufolge Ausdruck christlicher Freiheit ist, ist sie kein «unbestimmtes Offensein für die Wahl irgendwelcher Möglichkeiten»[59]. Er deutet sie stattdessen – ebenfalls seinem Freiheitsverständnis entsprechend – als an Gottes Gebot gebundene und somit Gott als alleinige Quelle der Bestimmung des Guten. Nicht eine Sachanalyse und Handlungs- bzw. Folgenabwägung sind demnach entscheidungsleitend. Barth deutet die Entscheidung des Menschen vielmehr als Bestimmtwerden durch das sich ihm ereignende Gebot Gottes.[60] Ebenso wie menschliche Freiheit für Barth insgesamt auf Gottes Freiheit verwiesen ist, ist auch die menschliche Entscheidung auf Gottes Entscheidung angewiesen.[61] Sie ist Barth zufolge nur dann frei, wenn sie *nicht beliebig*, sondern an Gottes Gebot *gebunden* ist. Nur als inhaltlicher, nicht aber als zeitlicher «Nachvollzug»[62] der göttlichen Entscheidung, also im Gehorsam – um auf den anderen zentralen Begriff Barths zurückzugreifen – ist sie wirklich eine freie Entscheidung. Für Barth besteht zwischen menschlicher Freiheit und Gebotsgehorsam kein Widerspruch, sondern Ersteres ist nur durch Letzteres denkbar: «Ist des Menschen Freiheit die Freiheit, in die ihn Gottes Gebot ruft, dann ist sie selbst ganz und gar Gehorsam. Und ist des Menschen Gehorsam der, den Gottes Gebot von ihm fordert, dann ist dieser Gehorsam selbst ganz und gar Freiheit.»[63]

—

58 Ebd.; ohne Hervorhebung.

59 Barth, Das Geschenk der Freiheit, 10.

60 Vgl. z.B. Barth, KD II/2, 661. Zum Ereignischarakter des göttlichen Gebotes vgl. ausführlich II. 2.2.1.

61 Barth spielt mit dem Entscheidungsbegriff, indem er sowohl von göttlicher als auch von menschlicher «Entscheidung» spricht. Jedoch handelt er sich dadurch zugleich die Schwierigkeit ein, dass die Unterscheidung beider an einigen Stellen sprachlich verschwimmt. Vgl. z.B. die leicht misszuverstehende Aufforderung an das Handlungssubjekt, sich «konkret und speziell so oder so zu entscheiden» (Barth, KD III/4, 8). Außerdem sei auf ein weiteres Äquivokationsproblem hingewiesen: Sowohl Barth als auch Beck verwenden den Begriff «Entscheidung», beschreiben damit aber ganz unterschiedliche Sachverhalte. Barth möchte mit dem Begriff zwar die Aktivität des Individuums hervorheben, dennoch versteht er unter «Entscheidung» – im Unterschied zu Beck – immer ein bereits Entschieden-Sein.

62 A.a.O., 686.

63 A.a.O., 683. Dieser Gedanke wird in II. 2.2.2 ausführlich entfaltet.

Pointiert lässt sich sagen: Barth expliziert menschliche Freiheit als Theonomie. Diese deutet er zugleich als Befreiung von durch Dritte an das Individuum herangetragenen oder von ihm selbst gewählte – aus Barths Sicht – heteronome Normen. Oder in Abwandlung von Becks Terminologie:[64] Für Barth *ist eine Wahlbiographie gerade keine Freiheitsbiographie*. Vielmehr ist für ihn *nur eine Entscheidungsbiographie im Sinne einer Erwählungsbiographie eine Freiheitsbiographie*.

1.3 Freiheit und «Individualität»

Ökonomische Unabhängigkeit und Erweiterung von Erfahrungsräumen haben laut Beck zu einer Freisetzung des Individuums aus seinen bisherigen Bezugsgruppen geführt, deren Normen für den Einzelnen keine verpflichtende Kraft mehr haben, sondern nur noch eine mögliche Option seien. Nach Auflösung dieser Bindung liege nun die Wahl zwischen den verschiedenen Handlungsmöglichkeiten und Lebensentwürfen beim Individuum.

Legt man diese Perspektive Becks zugrunde, so werden erneut zwei gegenläufige Interessen Barths sichtbar: Zum einen versteht er, wie bereits gesehen, den Menschen als Gemeinschaftswesen und betont, dass die Freiheit des Einzelnen des Gemeinschaftsbezuges bedarf.[65] Entsprechend finden sich – vor allem in KD III/4 und dort sehr ausführlich – Teile in Barths Ethik, in denen er – mit Anspruch auf allgemeine Gültigkeit – Handlungsnormen beschreibt.[66] Daneben fallen Aussagen Barths ins Auge, die in eine andere Richtung weisen. Demnach widerspricht, wie im vorangehenden Abschnitt erkennbar wurde, die Befolgung vorgegebener statischer Normen der menschlichen Freiheit. Sie verwirklicht sich nur in der individuellen ethischen Entscheidung, worunter Barth ein Sich-bestimmen-Lassen durch das Gebot Gottes versteht. Dieses ereignet sich dem einzelnen Menschen in seiner individuellen Situation.[67] Die ethische Frage, ‹Was ist der wahre

—

64 Vgl. II. 2.1.

65 Vgl. das oben bereits wiedergegebene Zitat (Barth, Das Geschenk der Freiheit, 10): «Ich kann nur in der Begegnung und in der Gemeinschaft mit ihm [meinem Mitmenschen; E.G.] Empfänger dieses Geschenkes [der Freiheit; E.G.] sein.»

66 Vgl. hierzu ausführlich II. 3.

67 Auch Georg Pfleiderer weist darauf hin, dass «[d]ie Reflexion auf die Individualität des Glaubens [...] und des Lebensvollzugs im Glauben [...] stets zentrales Element der [...] ethischen Teile der systematisch hochkomplexen dialogisch-dialektischen Theologie Barths» ist (Pfleiderer, Protestantische Individualitätsreligion?, 401).

Mensch und was ist gutes Handeln?›[68], kann demnach nicht abstrakt und allgemein beantwortet werden, sondern immer nur von dem Handlungssubjekt in seiner einmaligen Situation. Einer pauschalisierenden Abstraktion steht Barth daher ablehnend gegenüber[69] und stärkt stattdessen die Stellung des Individuums in ethischen Situationen.

Ganz ähnliche Motive lassen sich hinter Barths Aussage erkennen, das Ergehen des Gebotes an das Individuum sei eine Auszeichnung und ein Ermöglichungsgrund seines Subjektseins: «Indem Gott den Menschen anredet, anerkennt und offenbart er ihn als *Jemand*, als *einen*, diesen Menschen.»[70] Neben der Subjektwerdung wird der Einzelne durch das Gebot auch seiner Besonderheit gewahr und damit seiner Verschiedenheit von anderen, die Barth als «Individualität»[71] bezeichnet. Die individuelle Ansprache Gottes befähigt den Menschen demnach, sich selbst als Individuum wahrzunehmen und zu begreifen, dass er als solches eben zum Vollzug seines je eigenen Lebens aufgefordert ist. «Es [das Wort Gottes; E.G.] konstituiert also als solches auch des Menschen Wissen um die *Selbständigkeit* seines *besonderen* Daseins im *Unterschied* zu dem aller, die als Menschen oder als andere Lebewesen auch da sind.»[72]

Indem er auf die Einmaligkeit der Einzelhandlungen hinweist, aus dem jedes menschliche Leben besteht, akzentuiert Barth nicht die Freisetzung des Individuums aus sozialen Bezugsgruppen, sondern vielmehr die davon unabhängige Unterschiedenheit der Individuen.[73] In der situationsgebundenen Einzigartigkeit der Entscheidungen, vor die der Mensch gestellt ist, sieht er einen weiteren Ausdruck seiner Individualität. Menschliches Handeln ist

---

68 Vgl. Barth, KD III/4, 1.

69 Vgl. Barth, KD II/2, 609 sowie II. 2.1. und 2.2.1. Dieser Gedanke findet seinen Niederschlag auch in Barths Beschreibung der Aufgabe von Ethik. Diese besteht demnach primär darin, auf die Ereignishaftigkeit des Gebotes Gottes hinzuweisen. Vgl. II. 3.2.

70 Barth, KD III/4, 372.

71 Ebd.

72 Ebd.

73 Insofern hat eine Unterscheidung zwischen «Individualisierung» als soziologischer, «Individuation» als entwicklungspsychologischer und – so kann ergänzt werden – «Individualität» als anthropologischer Größe ihre Berechtigung. Vorausgesetzt, es wird eine gegenseitige Beeinflussung – wie dies Becks Aussagen implizieren (vgl. I.) – nicht prinzipiell ausgeschlossen: Auch wenn Individualisierung nicht automatisch zu mehr Individualität führt, so steigert sie doch zumindest die Ausdrucksmöglichkeiten von Individualität.

nach Barth nie allgemeines oder theoretisches, sondern «das wirkliche Handeln des Menschen [ist] immer ein je ganz konkretes».[74] Es ist bestimmt durch die Besonderheit der Situation, aber auch durch die des Handlungssubjektes. Das Gebot Gottes, «bestätigt ihn [den einzelnen Menschen; E.G.] damit in der Eigenheit seines Geschöpfseins, daß es ihn in dieser seiner Eigenheit in Anspruch nimmt. Sie gehört mit zu dem, was ihm als Geschöpf gegeben [...] ist. Es ist also nicht an dem, daß er sich, indem er dieser und dieser Mensch ist, nun etwa selbst besäße.»[75] Nicht durch ungebundene Wahl, sondern durch die Tätigkeit, die durch das Gebot bestimmt ist, wird der Mensch zum Individuum.

Um die Verwiesenheit menschlicher Individualität zu verdeutlichen, ordnet Barth die eigentliche «Individualität» erneut Gott zu. Die menschliche Individualität ist demnach nur sekundär und von der göttlichen abgeleitet.[76] Auch wenn Barth die Ursprünglichkeit der göttlichen Individualität betont, ist die menschliche bei ihm durchweg positiv konnotiert. Dabei interpretiert er diese sowohl als positive Bestimmung als auch als Beschränkung des Menschen: Das menschliche Leben ist Barth zufolge schon aufgrund seiner zeitlichen Befristung und Bestimmtheit individuell und verschieden. Jede gebotene Tätigkeit ist besonders und für den Einzelnen zugleich eine «einmalige Gelegenheit»[77], da sie nicht wiederholbar ist. Barth beurteilt die Beschränkung durch Zeit, Situation und vor allem aber durch das bestimmte Gebot Gottes als notwendig, damit der Mensch überhaupt «menschliches Subjekt, dieser Mensch sein kann»[78]. Ohne diese beschränkende Bestimmung wäre der Mensch «ein unbestimmtes, nach rückwärts und vorwärts zerfließendes Wesen. Er hätte dann keine Mitte, er wäre dann nicht er

—

74 A.a.O., 4.

75 A.a.O., 372.

76 Vgl. Barth, KD II/2, 738: «[N]icht unsere menschliche Individualität und Lebendigkeit in der Zeit und im Raum, nicht das Geheimnis unserer Persönlichkeit und der Kontingenz unserer Möglichkeiten und Entscheidungen ist das ursprünglich und eigentlich Individuelle und Lebendige, sondern [...] nur der geschaffene Abglanz der Individualität und Lebendigkeit unseres Gottes». Durch die Verwendung des gleichen Begriffes für Gott und Mensch handelt sich Barth zugleich die Möglichkeit einer Verunklarung der Verschiedenheit beider ein: So verschwimmt, dass Gott sich Barth zufolge selbstbestimmt beschränkt hat und sich daher seine Individualität von der menschlichen grundlegend unterscheidet. Vgl. hierzu II. 1.1.

77 So die Überschrift des 1. Abschnitts von § 56, Barth, KD III/4, 648–683. Vgl. bes. a.a.O., 652–660.

78 A.a.O., 657.

selbst.»[79] Die gebotene Tätigkeit ist daher immer der konkreten Situation und dem Handlungssubjekt gemäß.[80] Dass der Mensch stets als dieser je individuelle Mensch durch das Gebot Gottes in Tätigkeit versetzt wird, ist für Barth eine Auszeichnung des Menschen, da ihm durch das Gebot ein bereits bestimmter Ort in der Geschichte[81] eingeräumt wird: «Gerade dieser Ausschnitt ist doch vielmehr sein Ort inmitten der ganzen Schöpfung.»[82] Durch das an ihn ergehende Gebot wird der Einzelne dazu bestimmt und zugleich darauf beschränkt, genau dieser und kein anderer Mensch und so von anderen unterschieden zu sein. In der Bindung an das Gebot Gottes «findet er [der Mensch; E.G.] sich von Gott nun auch völlig bejaht und ganz ernst genommen», durch sie ist er von Gott bestimmt als der «von ihm geliebte Mensch»[83].

Barth bewertet die Bestimmtheit des Gebotenen zudem als Entlastung des Einzelnen, sich selbst konstituieren zu müssen und dabei – aus Barths Sicht – nur auf zufällige Kriterien für seine Wahl zurückgreifen zu können: Es befreit ihn davon, ein angepasster «Klischeemensch» sein zu müssen, der «geprägt [ist] durch das, was ihm als Durchschnitt seiner zufälligen Umgebung, als das große ‹Man› eindrücklich wurde, für sich selbst ratsam erschien»[84]. Die Bindung an das Gebot ist daher eine Befreiung von allen selbst und damit nur scheinbar autonom gewählten Zielen.[85] Der Glaubende unterscheidet sich vom natürlichen Menschen nach Barth durch dieses Bestimmtsein und ist nur als gehorsam tätiger Mensch wirklich frei. Das heißt, für Barth ist die Möglichkeit einer ungebundenen Wahl nicht Ermöglichungsgrund wahren Menschseins, sondern sie steht sogar im Widerspruch hierzu. Der Mensch ist vielmehr nur dann frei und lebt damit seinem wahren Sein gemäß, wenn er durch Gott bestimmt und in Tätigkeit versetzt wird. Dementsprechend bezeichnet Barth das Gebot Gottes auch als «Erlaubnis», da es uns «trifft [...], indem es uns selbst auf die Füße stellt»[86].

---

79 Ebd.

80 Vgl. a.a.O., 11.

81 Barth versteht Geschichte stets als Heilsgeschichte (vgl. z.B. a.a.O., 16f.).

82 A.a.O., 657. Vgl. zudem II. 2.2.2. Dort wird gezeigt, dass Barth auch die Beschränkung der menschlichen Freiheit durch das göttliche Gebot als Auszeichnung betrachtet, die Gott dem Menschen zuteil werden lässt.

83 A.a.O., 651.

84 A.a.O., 673. Ähnlich in Barth, KD II/2, 660–663.

85 Vgl. a.a.O., 661: Das Gebot Gottes ist demnach der «Strich durch die Rechnung unserer vermeintlichen Freiheit und Freude». Vgl. hierzu II. 2.2.3.

86 Ebd. Laube weist auf die Gefahr hin, dass der paternalistische Beiklang des Begriffs «Erlaubnis» zu dem Anliegen Barths widersprechenden Interpretationen verleiten könne (vgl. Laube, Tätige Freiheit, 351).

Unter Bezugnahme auf Dietrich Bonhoeffer spricht Barth davon, dass das Gebot Gottes Freiheit gebietet, weil es den Einzelnen «von der quälenden Angst»[87] vor der eigenen Wahl entbindet und ihm zugleich Handlungsgewissheit gibt.

Hinter Barths spezieller Verwendung des Begriffs «Individualität» zeigen sich mehrere Absichten: Offensichtlich liegt Barth daran, dass der Lebensentwurf und einzelne Handlungsentscheidungen des Menschen nicht von zufälligen Umständen oder einer beliebigen Wahl abhängen, sondern tatsächlich am Guten orientiert sind. Daher wendet er sich durch Hervorhebung der Besonderheit der konkreten Entscheidungssituation und des einzelnen Handlungssubjektes gegen eine Vergegenständlichung von Normen. Zugleich bindet er den einzelnen Menschen und sein Handeln an Gott, indem er Gott als Quelle menschlicher Individualität interpretiert. Die Individualität eines Menschen ist somit nicht Produkt seiner Wahlmöglichkeiten, sondern seines Gebunden-Seins. Nur als durch Gottes Gebot bestimmtes Individuum handelt der Mensch – und dann mit Gewissheit – seiner Selbst gemäß. Individualität und Beschränkung schließen sich für Barth also nicht aus, sondern bedingen sich vielmehr gegenseitig. Und nur in seiner durch Gottes Gebot bestimmten Individualität ist der Mensch wirklich frei.[88]

1.4 Freiheit und «Verantwortung»

Herausgelöst aus normierenden Bindungen liege die Verantwortung für ethische Entscheidungen und ihre Folgen Beck zufolge allein beim Individuum. Normen hingegen bieten keine Entlastung mehr, weil ihre Befolgung nur noch optional sei und diese dem Einzelnen daher keine bindende Orientierung liefern. Die neuen Freiheiten seien damit – durch die Zunahme der Handlungsmöglichkeiten noch einmal potenziert – «‹riskante Freiheiten›»[89].

Der Verantwortungsbegriff, den es nun in der Barthschen Fassung zu entschlüsseln gilt, spielt in der Ethik Barths – besonders in KD III/4 – eine wichtige Rolle.[90] Dabei verwendet Barth ihn zunächst, um die Verantwortung

---

87 Barth, KD III/4, 14 (= Bonhoeffer, Ethik (1949), 218).

88 Dieser Gedanke wird in II. 2.2.3 bei der Betrachtung von Barths Gebotsverständnis erneut aufgegriffen und weiter ausgeführt.

89 Beck/Beck-Gernsheim, Individualisierung, 11.

90 Vgl. Barth, KD II/2, 566.601.603 und z.B. in Barth, KD III/4, 14.16.51.

des Einzelnen hervorzuheben.[91] So wirft er allen zur starren Vergegenständlichung des Richtigen neigenden Ethikkonzepten vor, eben dadurch die Verantwortlichkeit des jeweiligen Handlungssubjektes zu leugnen und zudem dem Einzelnen die Möglichkeit zu nehmen, sich ihr zu stellen. Betrachtet man Barths Verwendung des Verantwortungsbegriffs aus der Perspektive der von Beck als ambivalent beurteilten Individualisierung, so wird ersichtlich, dass Barth unter «Verantwortung» weder Verantwortung gegenüber Dritten noch gegenüber selbst aufgestellten Handlungskriterien meint.[92] Vielmehr verknüpft er Verantwortung und christliche Freiheit miteinander: «In und aus der Verantwortlichkeit gegen Gott handeln, heißt gebunden handeln. Frei ist unser Handeln ja nur insofern, als es unsere eigene, die von uns selbst gegebene Antwort ist auf das, was uns von Gott gesagt ist. Als Antwort ist es gebunden. In dieser Bindung geschieht es als gutes Handeln.»[93] Oder anders gesagt: Eine verantwortungsvolle ist eine der christlichen Freiheit gemäße und damit eine gehorsame Handlung. Daneben wird gerade an der Betonung der Verantwortung ein anderes Anliegen Barths erkennbar: Er expliziert Gehorsam zwar als Bestimmt-Werden, möchte ihn aber nicht mit einem passiven Erleiden gleichsetzen. Er soll vielmehr auch ein aktivisches Moment beinhalten. Entsprechend definiert Barth eine verantwortungsvolle Handlung näherhin als ein solche, in der sich der Einzelne durch das Gebot Gottes in seiner Tätigkeit bestimmen lässt.[94]

Barth weist aber auch darauf hin, dass das Hören auf das Gebot Gottes, gerade weil es eine Offenheit voraussetzt, durchaus ein «Wagnis»[95] ist, das dem Individuum im Einzelfall sogar als «Zumutung»[96] erscheinen kann. Gesteigert wird dieses Wagnis dadurch, dass die Frage nach dem Guten

---

91 Z.B. durch die Wortkombination «direkte Verantwortung» (a.a.O., 14) und «in eigener Verantwortung» (a.a.O., 16).

92 Zu Barths Kritik gegenüber Kriterien, die von anderen, besonders Ethikern, aufgestellt wurden vgl. a.a.O., 13 und II. 2.1; zu seiner Kritik an vom Individuum gewählten Beurteilungskriterien vgl. Barth, KD II/2, 741: «[D]ie Frage unserer Verantwortung [ist] eine andere als die Frage unserer Übereinstimmung oder Nichtübereinstimmung mit uns selbst, unserer Treue oder Untreue gegenüber dem von uns selbst gefundenen und aufgerichteten Maßstab.»

93 A.a.O., 607.

94 Vgl. Barth, KD III/4, 16: Dort fordert Barth das Individuum auf, «diesem Ereignis [des unverfügbaren Ergehens des Gebotes Gottes; E.G.] entgegenzugehen».

95 Barth, Das Geschenk der Freiheit, 12.

96 Vgl. Barth, KD III/4, 16.

Barth zufolge ein in der Erwählung begründetes anthropologisches Grundmerkmal ist[97] und der Mensch stets «ein von allen Seiten Angefochtener»[98] ist. Angefochten wird der Mensch demnach von verschiedenen Gesetzen, die Gültigkeit beanspruchen und ihm Sicherheit bei der Beantwortung der ethischen Frage nach dem guten Handeln suggerieren, die aber letztlich die Verkehrung seiner Freiheit bedeuten.[99] Barth bezeichnet die Ausrichtung an diesen fremden Gesetzen als Sünde und damit als Verfehlung seiner Bestimmung als Mensch. Sie besteht nach seiner Interpretation eben darin, das Wagnis des Gehorsams nicht einzugehen.[100] Er insistiert, dass dem Menschen aufgrund seiner Bestimmung zum Partner Gottes eben dies nicht erspart werden darf. Das Geschenk der Freiheit deutet er daher als Aufforderung an den Menschen, sich in seiner speziellen Lebenssituation durch das Gebot Gottes in Tätigkeit setzen zu lassen und Verantwortung zu übernehmen.

1.5 Fazit: Keine Freiheit ohne Gebot

Indem dieser Relektüre der Ethik Barths die ‹Freisetzungsdimension› des Beckschen Individualisierungstheorems zugrunde gelegt wurde, wurden unterschiedliche Interessen Barths erkennbar: Zum einen betont Barth die unhintergehbare Sozialität des Menschen: Christliche Freiheit ist stets «Freiheit zur Gemeinschaft»[101]. Zum anderen möchte er heteronomes Gehorchen ausschließen und versucht, dies durch Stärkung der Rolle des Individuums in ethischen Entscheidungssituationen zu erreichen. Hierzu kritisiert er einerseits die Fixierung von Handlungsnormen, andererseits hebt er die Notwendigkeit einer Entscheidung sowie die Verantwortung des Einzelnen hervor. Die Frage nach dem guten Handeln kann und muss demnach situativ vom Individuum beantwortet werden. Dabei hat sich auch eine große Sensibilität Barths für die Verschiedenheit der Handlungssubjekte und der jeweiligen Entscheidungssituationen gezeigt. Dass Barth die ethische Entscheidung so vehement beim Individuum verortet und diesem daher in sei-

---

97 Vgl. Barth, KD II/2, 572: «Wir wundern uns über das Alles [das Vorhandensein eines allgemeinen Begriffs von Ethik; E.G.] darum nicht, weil ja diese Frage durch die Offenbarung und das Werk der Gnade Gottes tatsächlich gestellt ist als die unausweichliche [...] menschliche Existenzfrage. Denn der Mensch existiert als Person, indem er handelt.»

98 Barth, Das Geschenk der Freiheit, 11.

99 Vgl. Barth, KD III/4, 12. Vgl. hierzu auch II. 2.1.

100 Vgl. Barth, Das Geschenk der Freiheit, 12, sowie Barth, KD II/2, 574.

101 KD III/4, § 54.

nem Ethikkonzept eine so herausgehobene Stellung zukommen lässt, ist besonders auffällig, da dies in einer Zeit geschieht, in welcher in evangelischer Ethik vor allem ordnungstheologische Ansätze vertreten werden, die einer Beteiligung des Einzelnen wenig Spielraum lassen. Hinzu kommt, dass Barths Konzept vor dem Hintergrund der Erfahrung einer politischen, äußerst wirkmächtigen und das Individuum bedrohenden Vergemeinschaftungsideologie entsteht. Mit der modernitätsspezifischen Betonung der menschlichen Freiheit und der Verortung der Entscheidung ethischer Fragen beim Einzelnen, setzt Barth ein entscheidendes Gegengewicht zu diesen Strömungen, welche die Freiheit des Individuums vorrangig als Gefahr sehen und die sie daher durch die Gemeinschaft zu begrenzen suchen.

Des Weiteren hat sich durch die hier gewählte Interpretationsperspektive gezeigt, dass Barth aber auch die Gefahren absoluter Freiheit deutlich vor Augen hat: sowohl eine Verunsicherung des Individuums und mögliche Überforderung, die eine ungebundene Wahl für das Individuum bedeuten könnte als auch ethische Beliebigkeit, die so ermöglicht wäre. Denn Barth *enthebt* zwar das Individuum der Forderungen vergegenständlichter Gesetze, *bindet* es aber zugleich an Gottes Gebot und deutet dies als Freiheit. Den Titel dieses Kapitels (II. 1.) erneut aufgreifend ist die *Entscheidungsbiographie* für Barth *nur als Erwählungsbiographie eine Freiheitsbiographie*. Barth greift also ein genuines Element protestantischer Ethik, die Freiheit des einzelnen Glaubenden, auf und deutet es im Lichte der geschichtlichen Ereignisse der vorangegangenen Jahre um: Er versteht menschliche Freiheit zwar als Entscheidungsermächtigung und -aufforderung, doch betont er, dass sie sich nur als gehorsame Entscheidung, als «Freiheit in der Beschränkung», nicht gegen sich selbst verkehrt. Die Besonderheit des Barthschen Freiheitsverständnisses besteht also darin, dass er menschliche Freiheit und die Willensäußerung Gottes nicht als Gegensätze versteht, sondern dass das Ereignis des Gewahrwerdens von Gottes Willen für ihn mit dem menschlichen Freiheitserleben – auch zeitlich – zusammenfällt. Freiheitserleben ist somit keine Größe, die erst auf den Gebotsgehorsam folgt, sondern sie geht mit diesem einher.[102]

Barth formatiert das Gebot Gottes damit so, dass es nicht nur freiheitsbejahend, sondern überhaupt erst freiheitsermöglichend ist.[103] Freiheit kann nur durch das Gebot erfahren werden. Oder kurz gefasst: Es gibt *keine*

---

102 Zu dieser für Barths Freiheitsverständnis höchst bedeutsamen Beobachtung wird in II. 2.2.4, nachdem Barths Gebotsverständnis ausführlich betrachtet wurde, eine ausführliche Analyse vorgenommen.

103 Eine ausführliche Stellungnahme zum Verhältnis von Freiheit und Gebot in Barths Ethik kann aufgrund des untrennbaren Zusammenhangs beider erst in II. 2.2 erfolgen.

Freiheit ohne Gebot. Als gebundene Freiheit ist sie für Barth dann gerade *keine riskante Freiheit*.

Barth hat – wie durch die in dieser Arbeit gewählte Interpretationsperspektive deutlich wurde – bereits in den 40er- und 50er-Jahren ein Gespür für Ambivalenzen von Freiheit, die erst später offen zu Tage treten und für die Beck eine theoretische Beschreibung liefert, und versucht sie über den Gottesgedanken einzuhegen. Jedoch ist kritisch anzufragen, ob Barth das wirklich gelingt. So wird sich der Einzelne nach Barth dadurch, dass das Gebot an ihn ergeht, sowohl seiner Subjekthaftigkeit als auch seiner «Individualität», seiner Unterschiedenheit von anderen, bewusst. Gerade das aktuale Ergehen des Gebotes, das eigentlich der Rückbindung des Individuums dienen sollte, bietet damit die Möglichkeit für eine Loslösung des Individuums und nährt damit erneut – als unbeabsichtigte Nebenfolge – die Ambivalenzen menschlicher Freiheit. Dies gilt in beide Richtungen: Das sich dem einzelnen Handlungssubjekt ereignende Gebot ist zum einen der Überprüfbarkeit und damit auch der Kritik durch Außenstehende entzogen. Zum anderen kann der aktuale Zug der Barthschen Ethik auch zu einer Überforderung des Individuums führen, da es von ihm die permanente Offenheit für göttliche Gebote fordert.

Dies könnte auch ein Grund dafür sein, dass der das individuelle Handlungssubjekt stärkende Zug der Barthschen Ethik in der Forschung lange Zeit wenig Beachtung fand.[104] Neben Rendtorff («Der ethische Sinn der Dogmatik», 1975)[105] hat besonders auch Wolf Krötke 1986 in seinem Aufsatz «Gott und Mensch als ‹Partner›» auf die besondere Bedeutung des Individuums in Barths Ansatz hingewiesen: «Es ist ein nicht zu übersehendes Grundcharakteristikum der Kirchlichen Dogmatik, daß der Mensch in seiner eigenen Entscheidung und in seinem verantwortlichen Tun eminent ernstgenommen wird.»[106] Doch hat dieser Aspekt dennoch erstaunlich we-

—

104 Besonders deutlich wird dies an der Diskussion um die Bedeutung der von Barth vertretenen analogia fidei für seine Ethik, die maßgeblich über den von Barth 1946 in seinem Aufsatz «Christengemeinde und Bürgergemeinde» vorgetragenen Konkretionen entbrannte. Dabei wurde in der Forschung lange Zeit der Beispielcharakter, den Barth diesen Konkretionen zugesprochen hatte, übersehen und sie stattdessen kasuistisch gedeutet (vgl. hierzu Lindenlauf, Karl Barth, bes. 226–245). Vgl. hierzu auch Einleitung.

105 Rendtorff hebt hervor (Rendtorff, Der ethische Sinn der Dogmatik, 126f.): «Die Behandlung dieser [ethischen; E.G.] Frage vollzieht sich dabei durchgehend mit dem Ziel, die menschliche Subjektivität in die Handlungswirklichkeit der göttlichen Liebe, Gnade, Versöhnung zu integrieren.» Vgl. hierzu auch Einleitung.

106 Krötke, Gott und Mensch als «Partner», 161.

nig Niederschlag in der Rezeption der Barthschen Ethik gefunden. Ein weiterer Grund hierfür könnte in der Tendenz zur Vereinheitlichung in der Interpretation von Barths Ethik innerhalb der KD liegen.[107] Diese Untersuchung hat hingegen gezeigt, dass Barth ein ausgesprochenes Sensorium für die besonderen Herausforderungen seiner Zeit, vor allem für die Komplexität der ethischen Aufgabe hatte und seine Ethik von seinem Versuch zeugt, die Vielzahl der aus seiner Sicht beachtenswerten Aspekte – z.B. Sozialität *und* «Individualität», Freiheit *und* Gebundenheit, Gehorsam *und* Verantwortung – in seinem Konzept zu vereinen.

Nachdem in diesem Kapitel ausgehend von Barths Verständnis von Freiheit auch seine Verhältnisbestimmung von Individuum und Gemeinschaft sowie seine Konturierung des Gebotes Gottes in den Blick genommen wurde, soll im folgenden Kapitel das göttliche Gebot den Ausgangspunkt der Untersuchung bilden.

2. Barths Gebotsverständnis: Die Erwählungsbiographie als tätige Freiheitsbiographie

Das moderne Individuum sei, so konstatiert Beck, nicht mehr an die Normen seiner maßgeblichen Bezugsgruppe gebunden, sondern könne frei zwischen einer Vielzahl von Handlungs- und Lebensoptionen wählen. Dieser positive Aspekt von Individualisierung habe Beck zufolge jedoch auch eine Kehrseite, eine «‹Entzauberungsdimension›»[108]: Nach dem Wegfall der orientierenden Funktion externer Normen habe das Individuum für Entscheidungen keine ihm verbindlich vorgegebenen Leitkriterien mehr. Dadurch nehme seine persönliche Verantwortung zu, da es nun selbstbestimmt Entscheidungsmaßstäbe wählen müsse. Die «Wahlbiographie» als Standardbiographie werde zur «Risikobiographie»[109]. Erschwerend wirke sich darüber hinaus die permanente Aufkündbarkeit der selbstgewählten Bindung an bestimmte Normen, Lebensformen und Beziehungen aus. Sie haben nur noch Gültigkeit ‹bis auf weiteres› und können stets durch neue, wiederum potentiell austauschbare Äquivalente ersetzt werden. Beck bezeichnet dies als «Landstreichermoral»[110]. Die gestiegene Verantwortung

—

[107] Vgl. Einleitung.

[108] Beck, Risikogesellschaft, 206. Vgl. hierzu die ausführliche Darstellung in I. 2.2.

[109] Unter Bezugnahme auf die von Ley geprägten Begriffe Beck/Beck-Gernsheim, Individualisierung, 13.

[110] In Aufnahme des Begriffs von Bauman ebd.

könne daher auch überfordernde Züge annehmen: Das Individuum müsse sein Lebensziel selbst bestimmen. Ihm würde daher sowohl die mögliche Verfehlung des selbst gesetzten als auch die Wahl des falschen Zieles angelastet. Erhöht werde das Risiko noch dadurch, dass aufgrund der häufig nicht mehr überschaubaren Komplexität von Zusammenhängen die Folgen von Handlungen nicht genau voraussehbar seien und es zu unbeabsichtigten «Nebenfolgen»[111] kommen könne.

In diesem Kapitel dient die ‹Entzauberungsdimension› von Individualisierung als heuristisches Mittel, um Barths Gebotsverständnis einer Relektüre zu unterziehen.[112] Dies erfolgt in zwei Schritten:[113] Zuerst wird Barths kritische Auseinandersetzung mit – in den 30er- und 40er-Jahren wirkmächtigen – kasuistischen und schöpfungsordnungstheologischen[114] Ethikkonzepten neu in den Blick genommen und auf die Barths Kritik leitenden Interessen hin befragt (2.1). Dabei zeigt sich, dass Barth menschliche Normen zum einen ablehnt, weil er ihre Geeignetheit zur Bestimmung des Guten bestreitet; zum anderen lehnt er sie ab, weil sie aus seiner Sicht Freiheit verhindern. Barth ist aber dennoch an ethischer Verbindlichkeit gelegen. Diese soll aber so gestaltet sein, dass sie Freiheit nicht ausschließt, sondern gerade ermöglicht.

Die folgende Neubetrachtung von Barths positiver Beschreibung des Gebotes Gottes aus der Perspektive der zweiten Individualisierungsdimension (2.2) zielt darauf, aufzuzeigen, auf welche Weise Barth seinem Anliegen gerecht zu werden versucht, ein freiheitsermöglichendes Gebundensein an das Gute zu erreichen. Als zentral erweisen sich zwei Weichenstellungen Barths:

---

111 Beck, Das Zeitalter der Nebenfolgen, 27.

112 Zum Ansatz dieser Arbeit und der Funktion, die der Beckschen Theorie dabei zukommt vgl. Einleitung und II.

113 Dabei werden erneut einleitende Passagen kursiv gesetzt, in denen die für das jeweilige Kapitel die Interpretation leitenden Aspekte des Beckschen Individualisierungstheorems in Kurzform zusammengefasst werden.

114 Für die Bezeichnung der entsprechenden Ethiktheorien – als deren Vertreter Barth namentlich Emil Brunner und Paul Althaus (vgl. bes. KD III/4, 20–24) nennt – wird hier gegenüber dem Begriff «ordnungstheologisch» trotz seiner gewissen sprachlichen Sperrigkeit der Begriff «schöpfungsordnungstheologisch» bevorzugt. Für seine Verwendung spricht zum einen, dass für Barth der Bezug auf eine sogenannte «Schöpfungsordnung oder die Vielheit der Schöpfungsordnungen» (Barth, KD III/4, 39) das verbindende Element dieser Ethikkonzepte ist. Zum anderen erweist sich dieser Begriff als sachgemäßer, da Barth an einigen Stellen zwischen den «Ordnungstheologen» und Brunner unterscheidet (vgl. bes. KD III/4, 24).

Er verlagert zum einen die Bestimmung der guten und der dem jeweiligen Individuum entsprechenden Handlung in den Gottesgedanken. Entsprechend charakterisiert er das Gebot Gottes als je inhaltlich konkret bestimmtes «Ereignis» (2.2.1). Dieses Gebot ereignet sich dem Einzelnen in der jeweiligen Handlungssituation und ruft in diesem ein unbedingtes und inhaltlich gefülltes Gebundensein hervor, das Barth als «Gehorsam» bezeichnet (2.2.2). Durch die Relektüre wird sichtbar werden, dass Barth das Gebot Gottes so fasst, dass einerseits Wahlfreiheit im Beckschen Sinne ausgeschlossen wird; andererseits möchte Barth das Gebundensein so konturieren, dass es Freiheit ermöglicht und zugleich in Tätigkeit versetzt. So steht zwar das Gebot Gottes im Mittelpunkt dieses Kapitels (II. 2.), zugleich wird erneut die für Barths Ethik konstitutive Verwobenheit von menschlicher Freiheit und göttlichem Gebot erkennbar.[115]

2.1 Bestimmung von Barths Gebotsverständnis ex negativo

Beck ist der Meinung, dass sich das Individuum, da es aus klassischen Sozialformen herausgelöst worden sei, nicht mehr an deren Normen gebunden fühle und nun zwischen einer Vielzahl von Handlungsoptionen wählen könne. Diese neuen Freiheiten wiesen jedoch einen ambivalenten Charakter auf: Sie seien «‹riskante Freiheiten›»[116], denn dem Individuum komme nicht nur eine neue Wahlfreiheit zu, sondern auch das Risiko, die richtige Option zu wählen.

Kritik bedeutet nicht nur negative Abgrenzung von einer anderen Position, sondern gibt auch positiv Aufschluss über die Anschauungen des Kritikers selbst. Daher verspricht für die Relektüre auch § 52 aus KD III/4, in dem sich Barth mit kasuistischen sowie mit schöpfungsordnungstheologischen Ethikkonzepten kritisch auseinandersetzt, aufschlussreich zu sein: Betrachtet man diese Passage aus der Perspektive der zweiten Dimension von Individualisierung, so zeigt sich, dass Barth an einer ethischen Orientierung mit unbedingtem Verpflichtungscharakter interessiert ist, die zum einen dem Handlungssubjekt Handlungsgewissheit gibt[117] und zum anderen ermöglicht, den Einzelnen für sein Handeln verantwortlich zu machen. Auf der Suche nach einem Ethikkonzept, das beiden Anliegen gerecht wird, befasst

---

115 Dieses Vorgehen bringt es, wie erwähnt, mit sich, dass Aspekte, die bereits bei der Relektüre von Barths Freiheitsverständnis zur Sprache kamen, nun erneut – jedoch mit Schwerpunkt auf Barths Gebotsverständnis – in den Blick kommen.
116 Beck/Beck-Gernsheim, Individualisierung, 11.
117 Vgl. II. 1.5.

er sich zunächst sehr ausführlich mit den Antworten der beiden zu seiner Zeit prominenten Richtungen normativer theologischer Ethik.[118] Jedoch haben Barth zufolge sowohl die von kasuistischen als auch von schöpfungsordnungstheologischen Ethikern aufgestellten ethischen Forderungen – gegen den ersten Anschein – keinen solchen unbedingten Verpflichtungscharakter. Einen grundlegenden Irrtum beider Konzepte sieht Barth in der Annahme, Menschen könnten den Einzelnen bindende allgemeingültige Normen mittels der Vernunft aufstellen, sie der Bibel oder anderen Gesetzestexten entnehmen oder in natürlichen Ordnungen erkennen. Zudem wendet er sich gegen den Versuch, die ‹Zumutung› der Entscheidung durch Rückbezug auf traditionale Vorgaben, Normen oder durch Befolgung von Handlungsanweisungen und -ratschlägen von Ethikern zu umgehen. Beide Ansätze missdeuten Barth zufolge das Gebot Gottes als heteronomes Gesetz[119] und entbinden das Individuum von der von ihm geforderten Entscheidung.

Die folgenden Abschnitte befassen sich deshalb mit Barths Auseinandersetzung mit kasuistischen (2.1.1) und schöpfungsordnungstheologischen (2.1.2) Ethikkonzepten, um hieran Barths leitende Interessen aufzuzeigen und vorläufig sein Gebotsverständnis zu bestimmen (2.1.3). Dies sollen die beiden eben skizzierten Hauptgedanken ausführen und spezifizieren, nämlich zum einen die Missachtung christlicher Freiheit und Verantwortlichkeit durch heteronome Gesetzlichkeit und zum anderen die mangelnde Bindungskraft dieser Gesetzlichkeit.

—

118 Kasuistik verortet Barth dabei nicht alleine im katholischen Bereich. Zwar konstatiert Barth, dass Kasuistik in der katholischen Ethik v.a. durch den Jesuitenorden «zu einer gewissen Vollendung» (KD III/4, 6) geführt wurde. Aber bereits seit der zweiten Hälft des 16. Jahrhunderts gab es, so Barth, auch in Ethiktheorien protestantischer Theologen eine Bewegung hin zur Kasuistik, die mit De casibus conscientiae von William Perkins zu einem ersten Höhepunkt gelangte. Besonders bei protestantischen Ethikkonzepten seiner Gegenwart stellt er, ohne jedoch konkret Vertreter oder Werke zu benennen, einen Hang zur Konkretion und materialen Füllung fest und fragt, ob es sich dabei nicht letztlich ebenfalls um kasuistische Ethik handelt (vgl. KD III/4, 7).

119 Barth verwendet den Begriff «Gesetz» häufig abwertend für kasuistische bzw. juristische heteronome Normen (vgl. z.B. Barth, KD III/4, 72: «Die christliche Ethik kann hier wie sonst kein Gesetz proklamieren, das dann doch nur ein menschliches Gesetz sein, das Gebot Gottes selbst doch nur verdecken könnte.») und als Gegenbegriff zu dem von ihm positiv konnotierten, das Individuum unbedingt bindende «Gebot». Vgl. hierzu II. 2.2.1.

2.1.1 Barths Kritik an kasuistischen Ethikkonzepten

Ausgehend von der folgenden zusammenfassenden Aussage Barths sollen seine einzelnen Kritikpunkte an kasuistischen Ethikkonzepten[120] betrachtet werden: So wirft Barth den Konzepten dieser Richtung vor, dass sie – anders als behauptet – «keine Fixierung des göttlichen Gebotes in einem großen oder kleinen ethischen Gesetzestext» geben können; ebenso wenig wie eine «Methode und Technik der Anwendung dieses Textes auf die Fülle der Bedingungen und Möglichkeiten des Handelns aller Menschen». Auch eine «Deduktion des Guten oder Bösen im einzelnen Fall menschlichen Handelns aus der als allgemeine Regel vorausgesetzten und mit Gottes Gebot gleichgesetzten Wahrheit jenes Textes»[121] ist nicht möglich.

Der *erste* der Irrtümer, die Barth den kasuistischen Konzepten zur Last legt, besteht demnach darin, dass sie das Gebot Gottes als feste vorgegebene und fixierbare Größe und damit gesetzlich verstehen. Je nach Ausprägung kann die von Menschen zusammengestellte Gesetzessammlung aus drei verschiedenen Elementen bestehen: erstens aus biblischen Aussagen, zweitens aus Vorschriften des Naturgesetzes, die sich durch die allgemeine Vernunft ableiten lassen, und drittens aus Normen, die sich im Laufe der Geschichte durchgesetzt haben und für die als Traditionsgut allgemeine Gültigkeit beansprucht wird. Der Gesetzeskodex kann also sowohl aus schriftlichen als auch aus nicht-schriftlichen Quellen bestehen. Die drei Elemente werden von den kasuistischen Ethikkonzepten nach Barth unterschiedlich kombiniert und den einzelnen Teilen jeweils unterschiedliches Gewicht zugesprochen.

Neben der Fixierung einer verbindlichen Gesetzessammlung ist den kasuistisch geprägten Ethiktheorien gemeinsam – und darin besteht Barth zufolge zugleich ihr *zweiter* Irrtum –, dass ethische Entscheidungsfindung gleichgesetzt wird mit der «Anwendung dieses Textes»[122] auf die konkreten Einzelfälle, in denen sich die ethische Frage nach dem guten Handeln stellt. Demnach sehen sich kasuistische Ethiker in der Lage, in der jeweiligen und konkreten Entscheidungssituation aus dem fixierten Gesetz konkrete Handlungsanweisungen ableiten sowie bereits getroffene Urteile als richtig oder falsch bewerten zu können. «Sie [die kasuistische Ethik; E.G.] eilt dem in den einzelnen Entscheidungen unsicher tastenden Gewissen mit überlegener Sachkenntnis teils nach, teils voraus, jedenfalls zu Hilfe. Sie gibt über Gut und Böse im Blick auf das, was der Mensch getan hat oder zu tun vorhat, auch im einzelnen präzise Auskunft.» Die Betonung Barths liegt hierbei auf

—

120 Ausführlich hat Barth seine Kritikpunkte a.a.O., 5–20 dargelegt.
121 A.a.O., 9.
122 Ebd.

der Selbsteinschätzung kasuistischer Ethiker, mit «überlegener Sachkenntnis» und «auch im einzelnen präzise Auskunft»[123] geben zu können. Sie glauben, so konstatiert Barth, durch Anwendung der allgemeinen Regeln die jeweils konkrete Fassung der Antwort auf die ethische Frage zweifelsfrei und verbindlich ableiten zu können. Zudem beanspruchen sie, dass ihre Urteile – falls doch Zweifel an ihrer Richtigkeit bestünde – von jedem mit Hilfe der Vernunft überprüft werden können. Dazu bedarf es nur der Kenntnisse des Gesetzes und des strittigen Anwendungsfalls. Dieser Punkt lässt sich auch so fassen, dass es der Kasuistik aus Barths Sicht fälschlicherweise nicht um das Gute, sondern um das Richtige im Sinne des aus Gesetzen ableitbaren Handelns geht.[124] Das hinter den kasuistischen Ansätzen stehende Konzept einer universalen Vernunft ist mit Barths eigenem Ansatz jedoch unvereinbar. Ethische Entscheidungen können nach Barth, anders als es kasuistische Ethiken suggerieren, eben gerade nicht unabhängig von Raum, Zeit und der jeweiligen Situation getroffen werden.

Gerade die Eindeutigkeit ihrer Handlungsanweisungen und die allgemeine Überprüfbarkeit ihrer Urteile sprechen nach Barth – zumindest rein formal – für die Kasuistik.[125] Trotz dieser Vorzüge ist kasuistische Ethik strikt abzulehnen, denn, so lautet Barths *dritter* Kritikpunkt, sie beachtet den fundamentalen Unterschied zwischen Gott und Mensch nicht: Indem der kasuistische Ethiker meint, durch Anwendung des Gesetzes und allein mittels seiner Vernunft die ethische Frage beantworten zu können, versucht er «sich selbst auf den Thron *Gottes* [zu] setzen, Gut und Böse [zu] unterscheiden und je als solches [zu] beurteilen»[126]. Genau das gilt es für Barth aber auszuschließen. Demnach kann allein Gott entscheiden, welche Handlung gut ist und so eine verlässliche Handlungsanweisung geben. Dem Menschen ist dies hingegen nicht möglich. Nur als «Empfangender»[127] im Hören auf das göttliche Gebot kann er erfahren, worin die inhaltliche Füllung des Guten im konkreten Entscheidungsfall besteht.

Eng verwandt hiermit ist der *vierte* von Barth bemängelte Fehler: Kasuistische Ethik ermöglicht dem Menschen, sich eine «falsche Freiheit»[128] zu bewahren. Anstatt den Weisungen des Gebotes Gottes zu folgen, beruft sich

—

[123] A.a.O., 5f.

[124] Erinnert sei an dieser Stelle an Barths Näherbestimmung der «ethische[n] Frage» (a.a.O., 1) als der Frage nach der Güte menschlichen Handelns (vgl. II. 1.2).

[125] Vgl. Barth, KD III/4, 5.

[126] A.a.O., 9.

[127] A.a.O., 10.

[128] A.a.O., 14.

das Handlungssubjekt auf menschliche Interpretationen eines nur vermeintlich göttlichen Gesetzes und zerstört so die wahre Freiheit, die Barth zufolge stets positive und inhaltlich bestimmte Freiheit ist.[129] Barth kritisiert, dass kasuistische Ethiker hingegen das Gebot Gottes als allgemeine Regel und damit als bloße Form verstehen, die noch der genauen inhaltlichen Füllung durch die Auslegung und Anwendung auf den spezifischen Fall bedarf.[130] Im Entscheidungsfall muss der Ethiker die Regel erst positiv inhaltlich füllen, ehe sie tatsächlich auf die konkrete Situation angewendet werden kann. Das Gebot Gottes hingegen zeichne sich gerade dadurch aus, dass es situativ und konkret ergeht und keiner Auslegung und keiner Füllung bedarf. «Es wird dem Menschen gerade nicht nur allgemein und formell, sondern in konkreter Fülle, in inhaltlicher Bestimmtheit gegeben»[131]. Aufgrund dieser inhaltlichen Füllung bedarf das Gebot keiner menschlichen Interpretation. Die einzige Aufgabe des Menschen besteht darin, dem Gebot Gottes zu entsprechen. «Es kann also die ethische Frage nie die sein, ob wohl dies oder das das vom Menschen verlangte Gute sein möchte, sondern nur die, ob und inwiefern er mit seinem innern und äußern Tun dem in konkretester Zuspitzung auf ihn zukommenden und ihm gegenübertretenden Gebot entsprechend […] begegnen werde?»[132] Auf kasuistische Ethik trifft das Gegenteil zu: Ihre Regeln beanspruchen zwar allgemeingültige Geltung, müssen aber immer auf die konkrete Situation angewendet werden. Eine Interpretationsleistung, vorzugsweise von Ethikern, ist gemäß des kasuistischen Ansatzes nicht nur nicht ausgeschlossen, sondern in den meisten Fällen unumgänglicher Bestandteil ethischer ‹Entscheidung›. Doch Barth möchte jegliche menschliche Beteiligung bei der inhaltlichen Bestimmung des Guten ausschließen und betont daher, dass die wahre, die christliche Freiheit dem Menschen keinen Raum für Interpretationen des konkreten Guten lässt. Freiheit und Beliebigkeit sind für ihn, wie bereits im vorangehenden Abschnitt gezeigt wurde, sich ausschließende Gegensätze. Christliche Freiheit

—

129 Zu Barth Verständnis der christlichen Freiheit vgl. II. 1.

130 Vgl. Barth, KD III/4, 11f. Auch der kategorische Imperativ, so konstatiert Barth, ist rein formal und bedarf der inhaltlichen Füllung und steht damit im Gegensatz zum Gebot Gottes (vgl. a.a.O., 11 und II. 2.2.1).

131 Barth, KD III/4, 11. Ausführlicher hat Barth, worauf er selbst hinweist, diesen Gedanken in Barth, KD II/2, § 38, im 2. Abschnitt beschrieben. Vgl. hierzu auch II. 2.2.

132 Barth, KD III/4, 11.

ist vielmehr stets «Freiheit zum Gehorsam»[133]. Die Aufgabe des freien Menschen besteht Barth zufolge daher nicht in der situationsspezifischen Bestimmung des Guten, sondern im Gehorsam gegenüber Gottes Gebot.[134]

Aber auch hier will Barth den zweiten Aspekt, der für ihn wahre Freiheit auszeichnet, nicht vernachlässigt wissen: Der von Gott befreite Mensch ist nicht determiniert, sondern befähigt und aufgefordert zur *«Entscheidung»*[135]. Kasuistik hingegen, so lautet ein *weiterer* Vorwurf Barths, entmündigt das Handlungssubjekt, indem sie von ihm keine Entscheidung verlangt, sondern bloß die Befolgung menschlicher und damit heteronomer Normen.[136] «Sie erspart ihm, was er sich nicht ersparen dürfte: die Erkenntnis, daß nicht nur sein äußeres Tun, aber auch nicht nur sein Wille, seine Absicht und Gesinnung, sondern er selbst gefordert ist.»[137] Mit der bereits erwähnten ‹überlegenen Sachkenntnis› nimmt kasuistische Ethik dem einzelnen Menschen die eigene Entscheidung ab, indem sie die ethisch richtige Handlung genau bestimmt. Barth lehnt ihr Vorgehen ab, weil sie die Menschen nicht als zur freien Handlung aufgeforderte Subjekte wahrnimmt und ihnen nicht das zutraut, aber auch nicht zumutet, was genuiner Bestandteil der dem Menschen geschenkten Freiheit ist: die selbst zu verantwortende Beantwortung der ethischen Frage.[138]

Gehorsam besteht nach Barth daher nicht in einer bloß formalen Befolgung des Gebotes. Das Gebot Gottes fordert auch die innere Zustimmung zur Handlung, es fordert nicht nur den äußeren, sondern den ganzen Menschen. Um dies sicherzustellen, deutet Barth Gehorsam nicht als voluntaristischen Akt. Er ist gerade nicht bedingt durch eine Entscheidung des Menschen, sondern Ausdruck einer Weisung, die seitens Gottes an den Menschen ergeht und in ihm eine unbedingte Verpflichtung hervorruft.[139] Und hier liegt für Barth ein *weiteres* Problem der Kasuistik: sie ermöglicht dem Menschen, nur formal, nur äußerlich, ohne innere Überzeugung, ein Gebot zu befolgen und sich so eine falsche, nur vermeintliche Freiheit zu bewahren,

---

133 A.a.O., 12.

134 Hingewiesen sei bereits an dieser Stelle darauf, dass Gehorsam für Barth konstitutiv auch einen Tätigkeitsaspekt umfasst. Vgl. hierzu II. 2.2.2, bes. Abschnitt c).

135 Barth, KD III/4, 16; Hervorhebung E.G. Jedoch ist eine Entscheidung Barth zufolge nur als gebundene wirklich frei. Menschliche Freiheit ist für ihn gerade keine Wahlfreiheit. Vgl. hierzu II. 1.2.

136 Vgl. a.a.O., 12–15.

137 A.a.O., 14.

138 Zur Unvertretbarkeit des Handlungssubjektes vgl. II. 1.1. Zu Barths Bestimmung der Aufgaben von Ethik vgl. II. 3.1.3.

139 Zu Barths Gehorsamsverständnis vgl. II. 2.2.2.

«die Freiheit, für sich selbst ganz anderswo zu sein und zu bleiben und damit den dem Gebot Gottes geschuldeten Gehorsam trotz aller Fügung in die kasuistische Entscheidung doch zu verweigern.»[140] Menschliche Freiheit besteht für Barth nicht in willkürlicher Wahlfreiheit, sondern bedarf der Gebundenheit an das göttliche Gebot.[141] Dieser Gedanke führt zu dem Ausgangspunkt der vorangegangenen Überlegung zurück und verdeutlicht, warum der Mensch für Barth, wenn er auf die Kasuistik zurückgreift, nur vermeintlich frei ist: Weil er durch Anwendung der kasuistischen Gesetze mittels seiner Vernunft zwar meint, die ethische Frage beantworten zu können, sich die Gesetze jedoch als beliebige und fehlbare menschliche Interpretationen herausstellen, mit denen er die Frage nach dem guten, dem ihm von Gott gebotenen Handeln nicht beantworten kann. Es hat sich also gezeigt, dass Barth kasuistische Gesetze ablehnt, weil sie im Individuum kein Unbedingt-Gebundensein und damit auch keine Handlungsgewissheit hervorrufen können. An beidem ist Barth jedoch sehr gelegen.

Abschließend ist noch anzumerken, dass, auch wenn Barth die Kasuistik vor allem der katholischen Ethik zuordnet und den Bruch mit dieser Tradition durch die Hinwendung zum «göttlichen Selbstwort»[142] und der Betonung der christlichen Freiheit als Merkmale der reformatorischen Theologie versteht, er in der Geschichte evangelischer Ethik immer wieder die Tendenz dazu erkennt, das Wort Gottes als allgemeingültigen Gesetzestext misszuverstehen.[143] Auch die evangelische Ethik war und ist demnach vor den Versuchungen der Kasuistik nicht gefeit.

2.1.2 Barths Kritik an schöpfungsordnungstheologischen Ethikkonzepten

Mit nicht weniger Vehemenz wendet sich Barth gegen eine zweite, explizit evangelische Spielart der Ethik: die Theologie der Schöpfungsordnungen.[144] Barth beanstandet, dass die Vertreter dieser Richtung damit rechnen, dass

---

140 Barth, KD III/4, 14.

141 Vgl. hierzu II. 1.1.

142 Barth, KD III/4, 6.

143 Vgl. Barth, KD III/4, 6f.: Neben der Gesetzlichkeit nennt Barth als zweite – aus seiner Sicht gefährliche und falsche – Tendenz, der die evangelische Ethik in ihrer Geschichte immer wieder zu erliegen droht, die Banalisierung der ethischen Entscheidung, indem «die deutliche Vorstellung eines göttlichen Gebieters und seines Gebietens aus den Augen» verloren wird.

144 Barth hat seine Kritik dargelegt a.a.O., 20f.39f.

der Mensch allein mit Hilfe der Vernunft aus der «‹*Wirklichkeit*›»[145] auf Gott und sein Gebot schließen könne. Demnach könne der Mensch in der Wirklichkeit bestimmte «Ordnungen» (z.B. Familie und Staat) erkennen, die von Gott gegeben seien, damit er sein Handeln und Leben an ihnen ausrichtet. Seine Kritikpunkte führt er zwar allgemein aus, aber immer wieder setzt er sich insbesondere mit den Schriften *Emil Brunners* kritisch auseinander, den er für den «bemerkenswertesten Vertreter»[146] dieser Position hält. Für Brunner seien die Ordnungen, so Barth, jedoch nicht gleichzusetzen mit dem Gebot Gottes, auch ihrer Funktion nach nicht: Die naturrechtlich ableitbaren Ordnungen seien lediglich sozialethische Vorgaben für das Zusammenleben der Menschen.[147] Das Gebot Gottes hingegen ergehe an den Einzelnen und betreffe seine individualethischen Entscheidungen. Der Mensch könne als vernunftbegabtes Wesen seinen Erkenntnissen der Ordnungen vertrauen, auch wenn sie nur für einen Teil seines Lebens eine handlungsleitende Funktion hätten. Ordnungen und Gebot Gottes widersprächen sich nicht, sondern ständen in einem komplementären Verhältnis zueinander. In schöpfungsordnungstheologischen Ansätzen bestimmt Barth zufolge die menschliche Erkenntnis der Wirklichkeit den Rahmen, in dem sich das Gebot Gottes an den Einzelnen richtet.[148] Genau hier setzt seine Kritik an: Er wirft den Vertretern einer Theologie der Schöpfungsordnungen vor, ihr Ansatz führe zu einem «Dualismus»[149] von Ordnungen und Gebot Gottes und spalte das eine Gebot Gottes auf. Die Ordnungen und ihr normativer Anspruch könnten von jedem Menschen – wenn auch in unterschiedlichem Maße – mittels der Vernunft erkannt werden. Die Sündhaftig-

—

145 Ebd.

146 A.a.O., 39. Diese Einschätzung Barths ist wohl nicht zuletzt durch seine intensive Auseinandersetzung mit Brunner über die Bedeutung und Bewertung naturrechtlicher Ideen für evangelische Ethik geprägt, die in Brunners 1934 erschienen Schrift «Natur und Gnade. Zum Gespräch mit Karl Barth» und Barths im gleichen Jahr publizierten Replik «Nein! Antwort an Emil Brunner» ihren Höhepunkt fand. Vgl. hierzu auch Jehlen, Emil Brunner, 293–321. – Diese Vorgehensweise Barths bringt es jedoch mit sich, dass die Differenzen zwischen Brunners und z.B. Althaus' Ethikkonzept kaum thematisiert werden. So versucht Brunner – anders als Althaus – bereits in seinen theoretischen Grundlegungen Beständigkeit und Veränderung zusammenzudenken (Brunner, Das Gebot, 115): «Als der Schöpfer erhält Gott die Welt in seinem langmütigen Ja; als der Erlöser greift er sie an, bricht er sie um und schafft sie neu.»

147 Die Ordnungen – so zitiert Barth Brunner – sind «Mittel göttlicher Gemeinschaftspädagogik» (Brunner, Gerechtigkeit, 320; zitiert nach Barth, KD III/4, 40).

148 Vgl. ebd.

149 A.a.O., 42.

keit des Menschen vermöge diese Fähigkeit nur zu trüben, nicht aber zunichte zu machen. Das Gebot, ein davon unterschiedener Teil, hingegen sei der Vernunft nicht zugänglich, sondern es erschließe sich nur durch die Offenbarung Gottes. Eine solche Aufteilung des Gebotes Gottes ist nach Barth aber unzulässig. Die Vertreter einer Theologie der Schöpfungsordnungen überschätzten wie die Anhänger einer kasuistischen Ethik die Möglichkeiten menschlicher Vernunft, der in diesem Fall die Fähigkeit zugesprochen wird, göttliche Handlungsanweisungen in der Wirklichkeit erkennen zu können.

Trotz des leicht anders gelagerten Akzentes zeigen sich hier Strukturanalogien in Barths Kritik an beiden Ethikmodellen, die darauf schließen lassen, dass Barth diese Strukturen für besonders problematisch hält und sie ausschalten möchte: Göttliche Forderungen können – so Barth – nicht losgelöst von einem aktualen Vollzug mittels der Vernunft bestimmt werden, sondern nur als Offenbarung Gottes im Glauben empfangen werden. Nur als solch offenbartes ist es wirklich Gebot und besitzt die notwendige Autorität und Bindungskraft. Die aus den Ordnungen abgeleiteten ethischen Normen beruhen hingegen auf bloßer Spekulation und bieten daher kein sicheres Fundament für ethische Entscheidungen. Die Vertreter beider Ethikrichtungen trauen dem Menschen zu, unabhängig von Gottes Offenbarung, Normen für sein Handeln aufzustellen. Die Theologie der Schöpfungsordnungen – zumindest in der von Brunner vertretenen Variante – unterscheidet sich von der Kasuistik vor allem darin, dass sie die menschliche Erkenntnisfähigkeit nur auf die Ordnungen beschränkt, die dann ergänzt wird durch das Gebot Gottes, das an den Einzelnen ergeht.[150]

Etwas positiver bewertet Barth *Bonhoeffers* in seiner «Ethik»[151] dargelegte Mandatelehre.[152] Anerkennend erwähnt Barth zum einen Bonhoeffers Ablehnung des Begriffs «Ordnung», zum anderen, dass Bonhoeffer gegenüber Theologien der Schöpfungsordnungen betone, dass das Wort Gottes der alleinige Erkenntnisgrund ethischer Entscheidungen sei. Dennoch, und das lehnt Barth strikt ab, lasse Bonhoeffers Konzept Raum für menschliche Interpretation und damit für Beliebigkeit.[153] Bonhoeffers «Mandate»

---

150 Darin unterscheidet sich Brunner Barth zufolge von Paul Althaus, der die Wirklichkeit in «Grundriß der Ethik» zum «Materialprinzip der Ethik» erkläre (a.a.O., 21; Barth bezieht sich auf die 2. Aufl. von 1931).

151 Barth zitiert aus der von Eberhard Bethge 1949 zusammengestellten und herausgegebenen Ausgabe von Bonhoeffers «Ethik» (vgl. a.a.O., 2).

152 Vgl. a.a.O., 21–23.

153 Bonhoeffer bevorzugt den Begriff «Mandate» genau aus diesem Grund: Der Begriff der «Ordnung» verführe dazu, «den Blick stärker auf das Zuständliche der Ordnung als auf die die Ordnung allein begründende göttliche Ermächtigung,

(Arbeit, Ehe, Obrigkeit und Kirche) sind zwar nach eigener Aussage «‹von oben her in die Welt hineingesenkt›»[154] und eben nicht vom Menschen selbstständig aus der Wirklichkeit und Geschichte abgeleitet. Aber die Menschen könnten und müssten die von Gott gegebenen Mandate aus den biblischen Texten her ableiten. Nach Barth liegt genau hier das Einfallstor für menschliche Eintragungen, aber auch für Gesetzlichkeit. Denn wie könne Bonhoeffer sich so gewiss sein, dass Gott wirklich *vier* Mandate bestimmt hat und dies eben diejenigen sind, die er nennt? Dies lässt sich nach Barth nicht allein aus dem Vorfindlichen ablesen, sondern es ist stets verbunden mit einer Auslegung durch den Menschen, die er für unvereinbar mit dem göttlichen Gebot hält.[155] Barth kritisiert aber auch die hierarchische Unter- bzw. Überordnung der Menschen, die Bonhoeffer zufolge mit den Mandaten gegeben sei und fragt: «Ist die Anschauung von der *Autorität* bestimmter menschlicher Personen bestimmten Anderen gegenüber für das ethische Ereignis nun wirklich bezeichnender als die Anschauung von der *Freiheit* auch der untersten auch den höchsten Personen gegenüber?»[156] Diese autoritätskritische Äußerung, die auch den Ausschluss einer Sonderrolle von Amtspersonen in ethischen Fragen nahelegt, fügt sich bestens in das Bild, das sich bereits bezüglich Barths ablehnender Haltung zu einem herausgehobenen Expertenstatus von wissenschaftlichen Ethikern abgezeichnet hat: Mit der christlichen Freiheit, die allen Menschen gleichermaßen zugesprochen ist, ist eine hierarchische Stufung der Befähigung zur ethischen Entscheidung nicht vereinbar. So wie alle Menschen mit Freiheit begabt sind, sind sie alle gleichermaßen zur ethischen Antwort befähigt und aufgefordert. Hier zeigt sich ein weiterer strukturanaloger Kritikpunkt Barths: Wie bei den anderen beiden Theoriesträngen wird das Individuum auch bei Bonhoeffer entmündigt, indem von ihm bloß die Befolgung vergegenständlichter heteronomer Normen und keine eigene Entscheidung gefordert werden.

Barth sieht zudem bei Bonhoeffer wie bei den Theologien der Schöpfungsordnungen die Gefahr, dass – aufgrund des missverständlichen Begriffs – die «Mandate», ähnlich wie die «Ordnungen» in den schöpfungsordnungstheologischen Konzepten, als fixierbare Fassung des göttlichen Gebots gedeutet werden und es so zu einem Konkurrenzverhältnis zwischen den Mandaten und dem Gebot Gottes kommen könne. «Ist es aber nicht so,

---

Legitimierung, Autorisierung zu richten» (Bonhoeffer, Ethik (1949), 166–203, hier: 223).

154 Bei der Wiedergabe von Bonhoeffers Position zitiert Barth diese Stelle aus a.a.O., 166–203, 224 (vgl. Barth, KD III/4, 22).

155 Vgl. a.a.O., 23.

156 Ebd.

daß der Aufweis dieser Verhältnisse als solcher gerade *noch* nicht den Charakter eines Imperativs und also, genau genommen, auch nicht den eines ‹Mandates› haben, daß er zum Imperativ, zum konkreten Gebot oder Mandat in der Kraft des göttlichen Gebietens selbst, im ethischen Ereignis erst *werden* muß?»[157] Damit lassen sich gleich vier Merkmale aufführen, die aus Barths Perspektive das Gebot Gottes auszeichnen: Das Gebot Gottes ergeht a) konkret, b) im Ineinander mit dem Handeln, c) in der jeweiligen ethischen Situation und d) mit Autorität. Alle vier Charakteristika erfüllen die von Bonhoeffer genannten Mandate nicht. Es besteht zwar die Möglichkeit, dass die Mandate je und je zu göttlichen Geboten werden, aber von einer grundsätzlichen Identität beider kann nach Barth nicht die Rede sein.

Zieht man noch einen kurzen Abschnitt aus KD II/2 hinzu, in dem Barth nicht eine bestimmte Ethikrichtung, sondern «[a]lle anderen Gebote»[158] beschreibt, die nicht Gebot Gottes sind, lassen sich noch weitere Negativkriterien ergänzen: Das «Gebieten» dieser Gebote, die z.B. von den Menschen umgebenden Gegenständen oder vom eigenen Körper ausgehen sowie von politischen Machthabern oder vom jeweiligen Menschen selbst aufgestellt sein können,[159] ist Barth zufolge letztlich «ein Festhalten, ein Binden, ein Fesseln»[160]. Die nicht-göttlichen Gebote bestehen vor allem aus Verboten und engen die menschliche Freiheit ein. Durch die von ihm als problematisch empfundene Struktur wird, so Barth, deutlich, dass diese Gebote auf Misstrauen gegenüber dem Einzelnen gründen. Freiheit wird als Gefahr wahrgenommen, weil sie dem Individuum ermöglicht, von ihr auch in falscher Richtung Gebrauch zu machen. Die für falsch erachteten Handlungen werden daher in einem Normenkanon fixiert. Vom Individuum wird keine eigene freie Entscheidung gefordert, sondern nur die getreue Befolgung der aufgestellten Prinzipien. Um ihn an sich zu binden und ihn zum Einhalten der Gebote zu motivieren, jagen die Gebote dem Menschen Angst ein: Barth nennt beispielhaft «intellektuelle Angst vor dem geistigen Alleinsein, Lebensangst vor dem Zukurzkommen»[161] ebenso wie Angst vor seinen ethischen Entscheidungsmöglichkeiten und vor der Abhängigkeit in politischen Kontexten. Ihr Versprechen, so lässt sich folgern, besteht darin, dass die Einhaltung ihrer Einzelgebote dem Menschen Sicherheit bieten und letztlich zu einem erfüllten, zumindest aber angstfreien Leben führen kann. Barth lastet den nicht-göttlichen Geboten aber an, dieser Zusage nicht gerecht zu

—

157 Ebd.
158 Barth, KD II/2, 650.
159 Vgl. a.a.O., 648f.
160 A.a.O., 650.
161 Ebd.

werden. Denn ihre Forderungen, so konkretisiert Barth das Problem, entpuppen sich in der Anwendung als konträre und daher nicht erfüllbare Einzelgebote. «Er [der Mensch; E.G.] wird nie *allen* Ansprüchen und er wird auch nicht einem einzigen *wirklich* gerecht werden.»[162] Statt der versprochenen Stabilität verursachen die widersprüchlichen Gebote im Menschen eine Zerrissenheit. Verstärkt wird diese Situation durch den normativen Anspruch der Gebote, dass sie dem Menschen «in höchster Intensität ihn beunruhigend, ihn bestürmend»[163] entgegentreten und strikte Befolgung erwarten.[164]

2.1.3 Fazit

Das Vorhaben, Barths Kritik an kasuistischen und schöpfungsordnungstheologischen Ethikkonzepten anhand der ‹Entzauberungsdimension›[165] neu zu lesen, zielte darauf, erste, wenn auch noch unvollständige Erkenntnisse der Anliegen zu erhalten, die für Barths Konturierung des Gebotes Gottes leitend sind. Daher sollen nun zum Schluss dieses Abschnittes die Ergebnisse noch einmal gebündelt werden.

Anhand der zahlreichen Einwände Barths gegen die von ihm behandelten Ethikkonzepte werden folgende Interessen von ihm ersichtlich: Barth ist an einer ethischen Orientierung mit unbedingtem Verpflichtungscharakter interessiert, die zum einen dem Handlungssubjekt Handlungsgewissheit gibt[166] und zum anderen ermöglicht, den Einzelnen für sein Handeln verantwortlich zu machen. Blickt man auf Barths Begründungen für seine ablehnende Haltung gegenüber Kasuistik und Theologien der Schöpfungsordnungen, dann wird deutlich, dass normative Ethiktheorien zwar behaupten, dem Handlungssubjekt objektive Maßstäbe und damit Sicherheit bieten zu können, das Gegenteil ist aber Barth zufolge der Fall: Normative Konzepte, egal ob kasuistischer oder schöpfungsordnungstheologischer Prägung, entmündigen das Handlungssubjekt in der Absicht, die Richtigkeit von Handlungen zu gewährleisten. Sie können aber auf diesem Wege die Risiken der Entscheidung in keinerlei Weise eindämmen, weil sie der Kognition bedürfen, um Normen aufzustellen bzw. sie für die konkrete Situation zu inter-

---

162 A.a.O., 651.

163 Ebd.

164 Diesem Verständnis von Normen folgt Joas, der diese als das «Restriktiv-Obligatorische[ ]» von Werten als dem «Attraktiv-Motivierenden» (Joas, Die Entstehung der Werte, 288) unterscheidet.

165 Vgl. II. 2.2.

166 Vgl. II. 1.5.

pretieren. Sie bleiben dadurch zum einen anfällig für menschliche Beliebigkeit, zum anderen fehlt ihnen das Geltungsmoment, an dem Barth so sehr gelegen ist. Sie können im Handlungssubjekt keine unbedingte Verpflichtung hervorrufen. Daraus ergibt sich ein zweifaches Problem: Sie liefern dem Handlungssubjekt zum einen keine klare ethische Orientierung. Zum anderen kann die fehlende Handlungsgewissheit beim Einzelnen zu einer Beeinträchtigung seiner Handlungsmotivation führen. Gleiches trifft auch auf alle anderen nicht-göttlichen Gesetze zu, die für sich nach Barth nur unrechtmäßig Geltung beanspruchen. Sie machen dem Menschen Angst, schränken so seine Freiheit ein und binden ihn an sich, ohne die ethische Frage nach dem guten Handeln wirklich beantworten zu können.

An die Erkenntnisse aus der Analyse von Barths Freiheitsverständnis (vgl. II. 1.4) anknüpfend lässt sich sein Problem noch genauer bestimmen: Die oben genannten Ethikkonzepte sehen die menschliche Freiheit als Gefahr, die es einzudämmen gilt. Um das Risiko zu minimieren oder gar auszuschalten, dass von Freiheit in falscher Weise Gebrauch gemacht wird, werden von einzelnen Menschen oder einer Gruppe Normen aufgestellt und mit gesetzlichem Anspruch versehen. Dem Individuum kommt allein die Aufgabe zu, die vorgegebenen Normen zu erfüllen. Barths Konzept folgend ist daran zweierlei problematisch: zum einen, dass sich einige Menschen bzw. eine Gruppe, indem sie die ethische Frage autark beantworten wollen und sich so an die Stelle Gottes setzen, zu viel zutrauen, während zum anderen dem einzelnen Menschen zu wenig, nämlich keine Entscheidung, zugetraut und abverlangt wird. Christliche Freiheit ist, wie gezeigt wurde, nach Barths Interpretation stets darauf angewiesen, sich selbst von ihrem Grund, von Gott, bleibend unterschieden zu wissen und sich an ihn gebunden zu fühlen, um sich selbst nicht zu verfehlen. An dieser Unterscheidung mangelt es den von Barth kritisierten Konzepten. Entweder sie wissen nicht um den Ursprung wahrer menschlicher Freiheit oder sie nehmen ihn nicht ernst genug. Auch hier wird erneut die Verschränkung von Freiheit und Gebot in Barths Ethik deutlich.[167] Die zu seiner Zeit gängigen Ethikkonzepte gewährleisten jedoch weder ethische Orientierung noch Freiheit und werden daher von Barth abgelehnt. Stattdessen versucht er in seinem Ethikkonzept, das Gebot Gottes so zu fassen, dass Freiheit und Bindung ineinanderfallen.

Anhand der zahlreichen Einwände Barths gegen die beiden von ihm behandelten Ethikkonzepte lässt sich Barths Verständnis des Gebotes Gottes zunächst ex negativo bestimmen: Dem Gebot Gottes gegenüber ist es demnach gerade nicht möglich, einen neutralen Standpunkt einzunehmen. Ausgeschlossen werden zudem eine bloß formale Zustimmung und eine nur äu-

---

[167] Vgl. II. 2.2.4.

ßerliche Befolgung des Gebotenen. Dennoch zerstört das Gottes Gebot anders als von Menschen aufgestellte Normen die menschliche Freiheit nicht. Es flößt dem Menschen keine Angst ein und besteht nicht primär aus Verboten. Es ist nicht widersprüchlich und verlangt vom Menschen nichts, was dieser nicht leisten könnte.[168] Das Gebot Gottes ist für Barth aber auch keine statische oder fixierbare Größe. Der Mensch kann daher nicht wie aus einer Gesetzessammlung die entsprechende Regel auswählen und auf seine konkrete Situation anwenden. Genauso wenig lässt sich das göttliche Gebot aus der Wirklichkeit ableiten. Zudem bedarf sein Inhalt keiner Interpretation, weder durch die menschliche Ratio noch durch Experten, die über eine übergeordnete Position bzw. einen vermeintlichen Wissensvorsprung verfügen.

2.2 Positive Bestimmung: Das Gebot Gottes

Beck zufolge fällt dem modernen Individuum, für das traditionale und familiale Normen keine Bindungskraft mehr haben, die herausfordernde und risikoreiche Entscheidung über das in der jeweiligen Situation und ihm selbst gemäße gute Handeln zu. Die durch den Wegfall verbindlicher normativer Vorgaben hinzugewonnenen Wahlfreiheiten bedeuten auch eine Verunsicherung des Individuums: Es komme ihm immer wieder neu die Aufgabe zu, Kriterien für seine Handlungsentscheidungen zu bestimmen und damit auch die Aufgabe zur Selbstkonstitution.

Dieser Leitperspektive entsprechend und die Ergebnisse des vorangehenden Kapitels aufgreifend erfolgt die Relektüre von Barths positiver Bestimmung des göttlichen Gebotes unter dem Fragefokus: Wie beschreibt Barth die Entscheidungssituation des Individuums, das in seinem Handeln aus vorgegebenen Ordnungen oder kasuistischen Gesetzen heraustritt?

Da Barth – wie aufgezeigt – an Bindungs- und Geltungsmomenten und zugleich an einer Wahrung der Freiheit des Menschen gelegen ist, ist dabei von besonderem Interesse, auf welchem Wege er diesen beiden Anliegen in seinem Ethikkonzept gerecht zu werden versucht. Bei der Relektüre werden drei Aspekte des Barthschen Ethikkonzeptes sichtbar werden: Auf der Suche nach alternativen Möglichkeiten ethischer Orientierung *bindet* Barth das Handeln des *Einzelnen* unmittelbar an den Gottesgedanken: Demgemäß interpretiert Barth das göttliche Gebot als *«Ereignis»*, das *inhaltlich bestimmt* an das einzelne Handlungssubjekt ergeht und in diesem eine unbedingte Bindung hervorruft (2.2.1). Die Pointe des Barthschen Gebotsver-

—

[168] Vgl. hierzu die Ausführungen in II. 1.3 zu Barths Interpretation des Gebotes als «Erlaubnis».

ständnisses besteht nun darin, dass erst dieses *Gebundensein an Gottes Gebot*, das Barth als «*Gehorsam*» bezeichnet, menschliche *Freiheit* ermöglicht, den Einzelnen unmittelbar *in Tätigkeit* versetzt (2.2.2) und zugleich die *Identität* des Handlungssubjektes *sichert* (2.2.3).

2.2.1 Das Gebot Gottes ist «Ereignis» und inhaltlich bestimmt

Mit der Herauslösung der Individuen aus klassischen Sozialformen – z.B. der Familie – verlieren, so Beck, auch deren Normen für den Einzelnen ihre Bindungskraft. Das Individuum habe keine andere Möglichkeit mehr als zu wählen, es werde zum «homo optionis»[169].

Es wurde aber ebenfalls bereits deutlich, dass Barth – nachdem er den von ihm als heteronom gedeuteten Vorgaben kasuistischer und schöpfungsordnungstheologischer Ethikkonzepte die Berechtigung abgesprochen hatte – die inhaltliche Bestimmung des Guten stattdessen nicht beim Handlungssubjekt verortet. Vielmehr verlagert er sie in eine andere Instanz, nämlich in Gott. Dass das Individuum in seinen ethischen Entscheidungen in einem von Beck beschriebenen Sinne freigesetzt ist, wollte Barth gerade verhindern. So ist ihm an Bindungs- und Geltungsmomenten und damit an Verbindlichkeit gelegen, um einem relativistischen Wertechaos zu wehren. Da hierfür, wie die vorangegangene geschichtliche Erfahrung deutlich vor Augen geführt hat, nicht mehr auf politische bzw. staatliche Normengeber zurückgegriffen werden konnte, setzt Barth in seinem Konzept stattdessen Gott an diese Stelle. Das Individuum wird also nicht aus normierenden Bindungen herausgelöst, sondern in seiner ethischen Orientierung unmittelbar an den Gottesgedanken gebunden.

Dazu beschreibt er das Gebot Gottes als «Ereignis», das je situativ und inhaltlich gefüllt an den Einzelnen ergeht. Zur Begründung der Aktualität des Gebotes greift er auf die Gotteslehre zurück: So wie Gott selbst Tätigkeit und nicht ein bloß Seiender ist, ist auch sein Gebot «nicht eine seiende, sondern eine geschehende Wirklichkeit»[170]. Diese Auffassung, die Barth erstmals in KD II/2 entfaltet, gipfelt in der Aussage: «Nein, ‹es gibt› kein Gebot Gottes! Was ‹es gibt›, das ist als solches nicht das Gebot Gottes. Sondern das ist der Sachverhalt: daß Gott sein Gebot gibt»[171]. Das göttliche Gebot existiert nicht, sondern es ereignet sich.

—

169 Beck/Beck-Gernsheim, Individualisierung, 16.
170 Barth, KD II/2, 609.
171 Ebd.

Das Gebot Gottes ereignet sich nicht abstrakt und unabhängig von den besonderen Gegebenheiten, sondern es ergeht – wie Barth unablässig betont – an den jeweilig Handelnden in der je konkreten Situation. «In der ethischen Frage geht es aber nicht darum, was jemand in irgend einem hypothetischen Fall tun sollte, sondern darum, was wir selbst in dem jetzt eben gegebenen Fall unserer Lebenslage, unseres Schreitens aus der Vergangenheit in die Zukunft tun sollen.»[172] Um die Ereignishaftigkeit und Situationsgebundenheit des Gebotes zu verdeutlichen, verwendet Barth das Bild einer «Vertikale[n]»[173], die eine Horizontale durchschneidet: So wie zwei Geraden an einem ganz bestimmten Punkt aufeinandertreffen, so ergeht das göttliche Gebot an den Menschen in einem je einmaligen geschichtlichen Moment. Das Gebot Gottes ist «immer Einzelgebot für das Handeln dieses Menschen in diesem Augenblick in dieser Situation»[174]. Entsprechend kann die ethische Frage nie allgemein und unabhängig von der spezifischen Situation beantwortet werden, sondern immer nur in der konkreten Entscheidungssituation und von dem jeweiligen Handlungssubjekt.[175]

Das Bezeugen und Erläutern des Ereignischarakters des Gebotes erklärt Barth demgemäß zur ersten Aufgabe theologischer Ethik: «Daß und inwiefern dieses Gebieten Gottes Ereignis ist, wird die theologische Ethik als Erstes zu zeigen und als grundlegenden und alles umfassenden Satz zu entfalten

---

172 A.a.O., 728. Neben den anderen bereits genannten Stellen sei hier beispielhaft auch hingewiesen auf ebd. sowie Barth, KD III/4, 4 und Barth, Das Geschenk der Freiheit, 17.

173 Barth, KD III/4, 17f. Die Horizontale steht für die Konstanten des göttlichen Gebotes und des menschlichen Handelns, ohne die es die Vertikale gemäß Barth nicht geben kann (vgl. a.a.O., 8). Dieser Gedanke wird in II. 2.2.3 und 3.1.3 weiter ausgeführt.

174 Barth, Das Geschenk der Freiheit, 11.

175 Vgl. Barth, KD II/2, 728. Zur Aufgabe von Gemeinde und Ethik vgl. auch II. 3.

haben.»[176] Ethik soll «konkrete[ ]» und «spezielle[ ] Ethik»[177] sein, die keine vorgefertigten Antworten liefert, sondern den Einzelnen dazu auffordert und befähigt, die Herausforderung anzunehmen, sich durch das Gebot Gottes je neu bestimmen zu lassen.[178] Diese Art Ethik zu betreiben nennt Barth auch «praktische Kasuistik»[179]. Im Gegensatz zu der von ihm abgelehnten «kasuistische[n] Ethik»[180] zeichnet sie sich dadurch aus, dass sie «eine Kasuistik im Ereignis» ist: Praktische Kasuistik besteht demnach darin, «Gottes konkretes spezielles Gebot jetzt und hier so und so zu verstehen, sich selbst dementsprechend konkret und speziell so oder so zu entscheiden und auch Andere zu solcher konkreter spezieller Entscheidung aufzurufen»[181].

Damit dem Menschen kein Spielraum für Interpretationen und Deutungen des Inhalts des Gebotes bleibt, hebt Barth hervor, dass das Gebot stets «konkret gefüllt, inhaltlich bestimmt»[182] an das Individuum ergeht. Das sich dem Einzelnen ereignende Gebot fordert immer «etwas ganz Bestimmtes unter Ausschluß aller anderen Möglichkeiten»[183] von ihm. Die Aktualität des Gebotes ermöglicht zugleich, dass sein Inhalt konkret der spezifischen Handlungssituation und -person angepasst ist. Es ist in seiner Form aktual und in seinem Inhalt situationsgebunden konkret inhaltlich gefüllt.

—

176 Barth, KD II/2, 608; vgl. außerdem auch Barth, KD III/4, 8.15–19. Aus diesem Satz lässt sich schließen, dass sich ein Ethiker nach Barth erst, wenn er dieser Aufgabe nachgekommen ist, weiteren zuwenden kann, wie zum Beispiel Zeugnis von dem an ihn ergangenen Gebot als «geformten Hinweis» (a.a.O., 18) zu geben. In § 52 (KD III/4) greift Barth diesen Gedanken erneut auf (vgl. KD III/4, 8.15–19) und führt ihn weiter aus: «Es ist aber wahr, daß die spezielle Ethik sich tatsächlich immer nur im Rahmen jenes Hinweises auf das Ereignis des konkreten Gebotes Gottes und des konkreten Gehorsams oder Ungehorsams des Menschen wird bewegen können» (a.a.O., 15). Zu dieser Aufgabe gehört aufgrund der für Barths Gebotsverständnis typischen Verschränkung von Form und Inhalt auch das Bezeugen der inhaltlichen Bestimmtheit und des unbedingten Anspruchs des göttlichen Gebietens. Zur Aufgabe von theologischer Ethik vgl. ausführlich II. 3.1.3.

177 Barth, KD III/4, 4.

178 Ethik unterstützt den Einzelnen bei der Beantwortung der ethischen Fragen, indem sie «geformte[ ] Hinweis[e]» (a.a.O., 18; ohne Hervorhebung) auf bereits ergangene Fassungen des Gebotes Gottes gibt. Vgl. hierzu ausführlich II. 3.1.3.

179 Barth, KD III/4, 8.

180 A.a.O., 9.

181 A.a.O., 8f.; ohne Hervorhebung.

182 Barth, KD II/2, 737.

183 A.a.O., 746. Vgl. auch a.a.O., 741.

Das aktual ergehende Gebot ist für das jeweilige Handlungssubjekt in seinen konkreten Umständen «Vorschrift zur Wahl einer bestimmten Möglichkeit»[184].

Barth zufolge vernimmt der Glaubende das Gebot nicht als Hinweis auf eine Handlungsmöglichkeit, sondern als «Imperativ»[185], das Geforderte tatsächlich umzusetzen. Es hat für ihn unbedingte «Autorität»[186]. Erneut zeigt sich die enge Verzahnung von aktualem Charakter und inhaltlicher Bestimmtheit des Gebotes: Nur ein aktual ergangenes göttliches Gebot mit konkretem Inhalt hat, so konstatiert Barth, für den Einzelnen imperativischen Charakter.[187] Darin unterscheidet es sich von der rein formalen Forderung des kategorischen Imperativs, der Barth zufolge zu Unrecht als solcher bezeichnet wird. Ein wirklicher Imperativ zeichnet sich demnach dadurch aus, dass er «schlechterdings fordernd und verbindlich an einen Menschen»[188] herantritt, so dass der Mensch ihm auch tatsächlich gehorcht. Eben das vermag der kategorische Imperativ als bloße «Formel»[189] nicht. «In dem Maß als eine Forderung allgemein, abstrakt und formal bleibt, in dem Maß, als sie ihre Auslegung und Anwendung dem überläßt, an den sie sich richtet, ist sie noch nicht Gebot, sondern im besten Fall eine einsichtige Rede und Darlegung über das Gebot.»[190] Theoretisch mag der Einzelne dem kategorischen Imperativ zwar Geltung zusprechen, aber im Anwendungsfall fühlt er sich nicht verbindlich an ihn gebunden, weil die inhaltliche Füllung der Form dem Menschen selbst überlassen bleibt und daher keine autoritative Wirkung entfaltet.[191] Der kategorische Imperativ ist eben nur

—

184 Barth, KD III/4, 11; Hervorhebung E.G.

185 Barth, KD II/2, 743.

186 A.a.O., 724.

187 Vgl. a.a.O., 743.

188 Ebd.

189 So ebd. Auch in KD III/4 bezieht sich Barth auf seine ablehnende Haltung dem kategorischen Imperativ gegenüber (vgl. Barth, KD III/4, 11), dem er seinen imperativischen Charakter abspricht, weshalb er den Ausdruck an beiden Stellen in Anführungszeichen setzt. «Der ‹kategorische Imperativ› wird nie als solcher Gebot sein. Er würde das erst damit, daß irgend jemand – nicht diese Formel, sondern einen wirklichen Imperativ – als solchen ausgewiesen dadurch, daß er dieser Formel entspräche – vernehmen und diesem wirklichen Imperativ (nicht aber jener Formel) sich beugen oder eben nicht beugen würde» (Barth, KD II/2, 743).

190 Ebd.

191 Aufgrund dieser inhaltlichen Offenheit kann, so Barth, seine Kritik am kategorischen Imperativ selbst dann nicht entkräftet werden, wenn man zugestände, «daß auch diese Formel insofern doch nicht rein formal, sondern inhaltlich ist, als sie mindestens die menschliche Gemeinschaft und ihre Aufrechterhaltung als

eine Abstraktion eines Gebotes und als solches hat es für den Einzelnen keine Autorität. Oder mit dem anderen, mit dem Autoritätsbegriff eng verbundenen Ausdruck Barths, formuliert: Der Mensch ist einer abstrakten Forderung nicht gehorsam, sehr wohl aber, so Barth, dem Gebot Gottes. Das Gebot Gottes, wenn es vom Menschen gehört wird, hat die dem kategorischen Imperativ fehlende autoritative Wirkung. Vernimmt der Mensch das Gebot, so kann er nach Barth gar nicht anders als ihm unmittelbar Gehorsam leisten. Einem Gebot, das für den Menschen Autorität hat, gehorcht er. Autorität und Gehorsam fallen also in eins.[192]

Auffällig ist, dass Barth – außer wenn er bewusst auf geprägte dogmatische Formeln (wie «Gesetz und Evangelium») oder Bibeltexte zurückgreift[193] – meist vom «Gebot» und nicht vom «Gesetz» Gottes spricht. Da er den Begriff «Gesetz» zudem häufig abwertend für kasuistische bzw. juristische Normen verwendet,[194] liegt die Interpretation nahe, dass Barth den Begriff «Gebot» verwendet, um die Unbestimmbarkeit allgemeingültiger Normen und positiv die Aktualität und Bestimmtheit der an den Einzelnen ergehenden göttlichen Forderung besonders hervorzuheben. «Ein Gebot – und nun gar das Gebot im strengsten Begriff: das Gebot Gottes – ist eine

---

das Gesollte, als sachliche Forderung geltend zu machen scheint» (ebd.). Denn selbst wenn die Möglichkeiten der inhaltlichen Füllung des ethisch Geforderten – zum Beispiel durch den verpflichtenden Schutz der Gemeinschaft – begrenzt wären, bliebe dem Menschen Raum für Auswahl und Interpretation.

192 Zu Barths Verständnis von Gehorsam vgl. II. 2.2.2. – Phänomenologische Beschreibungen bestätigen die Bedeutung affektiver Bindungen für Handlungen: Vgl. Joas, Die Kreativität des Handelns, 218–244. Joas wendet sich kritisch gegen die Vorstellung einer Vorgängigkeit der Zielsetzung und konstatiert stattdessen ein Ineinander von Erkennen und Handeln; sowie auch Johannes Fischer, Theologische Ethik, 239–250. Fischer hebt die grundlegende Bedeutung «sittliche[r] Intuitionen» (a.a.O., 241) für ethische Urteile hervor. – Barths Kritik am kategorischen Imperativ, er könne aufgrund seiner Formalität eine solche Bindung im Handlungssubjekt nicht hervorrufen, ist daher beizupflichten und durch den Verweis auf Kants ablehnende Haltung gegenüber Neigungen als Handlungsantrieb noch zu verschärfen (vgl. Kant, Grundlegung der Metaphysik der Sitten, 23).

193 So spricht Barth – unter Bezug auf Röm. 8,2 («Gesetz des Geistes des Lebens») – davon, dass die Menschen «durch das Gesetz [...] nicht unter ein Gesetz gestellt, sondern in die Freiheit gerufen» (Barth, KD III/4, 745) werden.

194 Vgl. hierzu II. 2.1.

solche Forderung an den Menschen, die ihm gänzlich gegeben ist, über deren Inhalt er nicht zu verfügen, die er also nicht erst konkret zu füllen hat nach seinem Urteil und Befinden.»[195]

Die Vehemenz, mit der Barth auf den aktualen Charakter und die inhaltliche Bestimmtheit des göttlichen Gebotes pocht, zeigt, dass dieser Aspekt für ihn von großer Bedeutung ist.[196] Das gilt vor allem in zweierlei Hinsicht: Zum einen verlagert er die eigentliche ethische Entscheidung in Gott und kann so seinem Anliegen gerecht werden, jegliche menschliche Beteiligung bei der inhaltlichen Bestimmung des Gebotenen auszuschließen.[197] Zum anderen möchte Barth daran festhalten, dass Gott in seinen Entscheidungen nicht determiniert, sondern frei ist.[198] Beides ermöglicht ihm der Gedanke der Ereignishaftigkeit des Gebotes: Als Ereignis ist der Inhalt des Gebotes weder statisch noch fixierbar. Als freies sich ereignendes Gebot kann sein Inhalt an die konkrete Situation angepasst sein. Ebenso ist gewährleistet, dass das Gebotene nicht von Menschen definiert werden kann. Dies gilt sowohl für das jeweilige Handlungssubjekt als auch für unbeteiligte Dritte, wie z.B. Ethiker. Eben weil das Gebot sich dem Menschen aktual ereignet und es damit stets an das jeweilige Handlungssubjekt gebunden bleibt, kann es weder einer bestimmten Tradition entnommen noch durch Reflexion abgeleitet werden. Von hier aus erschließt sich erneut Barths harsche Kritik an kasuistischen und schöpfungsordnungstheologischen Ethikkonzepten:[199] Beide Konzepte übersehen, dass es das göttliche Gebot nicht gibt, sondern es sich ereignet und es deshalb nicht in Gesetzessammlungen fixiert werden kann.[200]

—

195 Barth, KD II/2, 741.

196 Zusätzlich kann die Vehemenz des Hinweises auch darin begründet sein, dass dieser Aspekt nicht nur zentral für Barths Ethikkonzept ist, sondern er auch Schwierigkeiten hat, die Ereignishaftigkeit des Gebotes zu beweisen. Letztlich handelt es sich – wie seine Ausführungen a.a.O., 608f. zeigen – dabei um eine Setzung Barths, die er argumentativ nicht weiter untermauert.

197 Vgl. II. 2.1.

198 Vgl. II. 1.1.

199 Vgl. II. 2.1.

200 In der neueren Barth-Forschung wird daher zu Recht von einigen Autoren der aktuale Grundzug der Barthschen Ethik hervorgehoben. So v.a. Nimmo, Being in Action, bes. 63f. Auch Biggar und Maßmann konstatieren für Barths Ethik im Rahmen der KD ein aktuales Gebotsverständnis – allerdings nur für KD II/2 (vgl. Biggar, The Hastening that Waits, bes. 14–23; Maßmann, Bürgerrecht, 148–198, bes. 177–195). Ab KD III/4 kommt es nach Biggar zu einer Hinwendung Barths zu systematischen Erwägungen und einem kasuistischen Vorgehen (vgl. a.a.O., 25f.). Auch Maßmann erkennt im einleitenden Paragraphen von

Doch wie passt diese Erkenntnis mit der Äußerung Barths zusammen: «Der Mensch Jesus, der das Gebot Gottes erfüllt, gibt nicht, sondern ist durch Gottes Gnade die Antwort auf die durch Gottes Gnade gestellte ethische Frage»[201]? Zieht man einzig diesen Satz zu Rate, so geht es gerade nicht um ein sich immer wieder neu ereignendes Geschehen, sondern um ein Geschehen, das für Gegenwart und Zukunft bleibende Gültigkeit hat. Jesus ist die Antwort auf die ethische Frage. Aber Barth folgert an anderer Stelle daraus: «Nach ihm [Jesus Christus; E.G.] ist zu fragen, wenn wir fragen: Was sollen wir tun? denn eben in ihm ist diese unsere Frage beantwortet, [...] ist die der göttlichen Erwählung entsprechende Verwirklichung des Guten schon Ereignis, so vollständig, daß wir Anderen unsererseits tatsächlich nichts hinzuzufügen haben, sondern mit unserem Tun nur dieses Ereignis zu bestätigen haben.»[202] Diese Sätze Barths scheinen zunächst die Lesart derjenigen Interpreten zu stützen, die aufgrund der von Barth selbst postulierten «christologische[n] Konzentration»[203] seiner Theologie auf eine zentrale Stellung der Analogiemethode innerhalb der Barthschen Ethik schließen. Demnach fordert Barth, dass menschliches Handeln formal und inhaltlich Gottes Handeln in Jesus Christus entspricht, und hält es für möglich, durch die Methode der Analogie Handlungskriterien zu gewinnen.[204] Doch

---

KD III/4 eine «Beisetzung des Aktualismus» (Maßmann, Bürgerrecht, 201) von KD II/2, also eine Abkehr Barths von der von Maßmann äußerst kritisch bewerteten «aktualistische[n] Ethik» (a.a.O., 28).

201 Barth, KD II/2, 573.

202 A.a.O., 599.

203 Barth, «Parergon», 272.

204 So konstatiert z.B. Honecker, dass sich «aus der Konzentration der ethischen Aufgabe auf die Bezeugung der Christusoffenbarung jener Gebrauch von Analogie [ergibt; E.G.], wonach im Christusgeschehen mancherlei Analogien für menschliche Orientierung, menschlichen Handelns zu entdecken sein müßten» (Honecker, Das Problem des theologischen Konstruktivismus, 106). Vgl. auch Lindenlauf, Karl Barth, 249–251. Er bietet zum einen eine Übersicht der wichtigsten gegen die Methode der Analogie vorgebrachten Kritikpunkte und ihrer Vertreter. Gegen Honecker hebt Lindenlauf zum anderen hervor, dass durch die Methode der Analogie keine kasuistischen Handlungsanweisungen gewonnen werden können (vgl. a.a.O., 241). Zugleich sieht er aber die Gefahr einer «schematischen Verwendung der Analogie» (a.a.O., 383). Unbestreitbar hat Barth durch seine Analogiebeispiele in «Christen- und Bürgergemeinde» eine solche Auslegung selbst befördert (vgl. Barth, Christengemeinde und Bürgergemeinde, 63–72). Jedoch wurde dabei oft übersehen, dass Barth in diesem Text zugleich eine Fixierung des göttlichen Gebotes ausdrücklich ablehnt (vgl. a.a.O., 57) und

folgt man Barths weiteren Ausführungen im zuerst genannten Abschnitt von KD II/2, so gewinnt eine andere Auslegung an Plausibilität: Eine Aufforderung, per Analogie das konkret Gebotene aus dem Handeln Gottes in Jesus Christus abzuleiten, findet sich dort nicht, dafür aber zwei Feststellungen, die in eine etwas andere Richtung weisen: Zum einen konstatiert Barth, dass das jeweilige Gebot dem von Christus erfüllten nicht widersprechen wird, und zum anderen, dass die Anerkennung der Erwählung der Menschen in Christus Voraussetzung jedes ethischen Fragens sein muss.[205] Anders gesagt, ist der christliche Glaube notwendige Bedingung, um angemessen – das heißt im Sinne der ‹praktischen Kasuistik› – nach dem gebotenen Handeln fragen zu können. Hier zeigt sich, wieso Dogmatik und Ethik für Barth nicht getrennt werden dürfen.[206] Ein Analogieverfahren als Weg, um den Inhalt des göttlichen Gebotes zu bestimmen, lässt sich jedoch aus dieser Passage nicht ableiten. Hingegen ist die aktuale Lesart des Barthschen Gebotsverständnisses naheliegend: Das situativ ergehende göttliche Gebot kann nur vom Glaubenden vernommen werden und sein Inhalt kann vielfältig sein,

---

stattdessen eine ethische Entscheidung «von Fall zu Fall, von Situation zu Situation» (a.a.O., 58) fordert. Eine gesetzliche Deutung und ein Gebrauch der von ihm dargelegten Analogieschlüsse widersprechen daher Barths Intention. Vielmehr zeigt sich auch hier, dass Barth im Argumentationsgang zunächst die situative Entscheidung des einzelnen Glaubenden fordert und dann eine überindividuelle Stetigkeit und damit eine Möglichkeit der Beschreibung des Gebotenen behauptet. Diese Struktur der Freisetzung und Rückbindung des Einzelnen sind auch für Barths Ausführungen in KD III/4 typisch (vgl. hierzu II. 3). Es handelt sich daher vielmehr um eine analogia fidei, die sich dem Glaubenden aktual ereignet. Eine aktuale Deutung der analogia fidei vertritt auch Bruce L. McCormack (vgl. McCormack, Theologische Dialektik, 38f.); zudem bietet er eine Zusammenfassung der Diskussion über die Verortung der Figur der analogia fidei in Barths Werk (vgl. a.a.O., 27–37) – angefangen bei von Balthasars These, die analogia fidei ersetze ab KD I/1 in zunehmendem Maße das «Prinzip[ ] der Dialektik» (Balthasar, Karl Barth, 116) bis Michael Beintker, der die «Wendung [von der Dialektik; E.G.] zur Analogie» (a.a.O., 93) nicht als Ersetzung der einen durch die andere Denkform, sondern als Wechsel der die Theologie Barths «leitenden Denkform» (Beintker, Die Dialektik in der «dialektischen Theologie» Karl Barths, 280) versteht.

205 Vgl. Barth, KD II/2, 574. Beide Gedanken führt Barth a.a.O., 575 aus: «Ein anderes Gutes neben diesem kann nicht in Frage kommen oder alles scheinbar andere Gute nur in seiner Abhängigkeit von diesem Guten. Es muß die Anerkennung dieses Guten jeder Frage danach schlechterdings vorausgehen.»

206 Vgl. a.a.O., 603f. Der Unterschied zwischen Dogmatik und Ethik ist, so konstatiert Barth, «weder sachlich noch methodisch, sondern rein faktisch praktisch» (a.a.O., 612).

er ist aber nicht beliebig. So kann sich Barth keine anderen göttlichen Gebote denken als solche, die inhaltlich mit dem Christusgeschehen korrespondieren.

Hinter Barths aktualem Ethikkonzept scheint eine Sensibilität für die Verschiedenheit von Handlungssituationen auf: Das Gebotene ist demnach nicht abstrakt bestimmbar, sondern ereignet sich der Situation gemäß. Bemerkenswert ist vor allem aber, wie sehr Barth durch die Betonung der Ereignishaftigkeit des an den Einzelnen ergehenden göttlichen Gebotes – ohne dies intentional zu beabsichtigen – die Stellung des Individuums stärkt, zum Beispiel gegenüber den Normen der sozialen Gemeinschaften, in die der Einzelne eingebunden ist. Er bestreitet entschieden – gegen die in den 40er-Jahren vorherrschenden kasuistischen und schöpfungsordnungstheologischen Ethikkonzepte[207] – die entscheidungsleitende Funktion traditionaler und rational hergeleiteter Vorgaben. Der Einzelne kann sich Barth zufolge nicht mehr auf allgemeine ethische Urteile berufen, sondern das Gute erschließt sich ihm allein durch das Gebot Gottes.

Nachdem bisher vorrangig Barths Qualifikation des Gebotes Gottes als «Ereignis» im Vordergrund der Betrachtung stand, soll nun noch intensiver beleuchtet werden, wie sich das Gebot Gottes auf den Menschen auswirkt.

2.2.2 Das Gebot Gottes ruft im Glaubenden «Gehorsam» hervor

Das moderne Individuum fühle sich, so konstatiert Beck, nicht mehr an traditionale Normen gebunden. Die Freisetzung weise ambivalente Züge auf: Einerseits bringe sie neue Wahlmöglichkeiten. Andererseits führe sie zu einem permanenten Entscheidungszwang des Individuums («‹Entzauberungsdimension›»[208]). Außerdem gehe die Freisetzung aufgrund der Zunahme der zur Wahl stehenden Handlungsoptionen auch mit einer in ihrem Ausmaß bisher unbekannten Gewissheitsproblematik einher. Die Zunahme

---

[207] Vgl. II. 2.1. Dass sich Barths aktualer Ansatz deutlich von den in den 40er-Jahren, aber auch noch Anfang der 50er üblichen Ethiktheorien unterschied, wird auch an den kritischen Anfragen deutlich, die sein 1953 bei der Gesellschaft für evangelische Theologie gehaltener Vortrag «Das Geschenk der Freiheit» hervorgerufen hat: «Es fehlte nicht», so die Anmoderation des Reporters, «an kritischen Stimmen, denen die Antworten Karl Barths […] sich nicht bequem genug als Regel und Gesetz anboten.» Transkribiert nach der vom Film-Funk-Fernsehzentrum der Evangelischen Kirche im Rheinland (FFFZ) veröffentlichten Originalaufnahme; FFFZ, Das Geschenk der Freiheit, Titel 1.

[208] Beck, Risikogesellschaft, 206. Vgl. hierzu ausführlich I. 2.2.

von Freiheitsgraden führe auch zu einer Zunahme der Verantwortung des Individuums für seine Entscheidungen.[209]

Befragt man die Barthsche Ethik nach gewissheitsgefährdenden bzw. -sichernden Strukturen, so wird erkennbar, dass für Barth nur eine an Gottes Gebot gebundene «Entscheidung»[210] dem Individuum Handlungsgewissheit ermöglicht. Zugleich möchte er das Individuum für seine Handlungen verantwortlich machen und sucht daher nach einer Möglichkeit, das Gebundensein, das Barth als «Gehorsam» bezeichnet, so zu gestalten, dass es keine Fremdbestimmung bedeutet. Eine solche Vorstellung widerspricht offensichtlich Barths eigener Intuition. So zeigt sich, dass Gott für ihn keine Chiffre für Entbindung von Freiheit ist, sondern aufgrund der situativen Geltungsdimension für das einzelne Handlungssubjekt, die er mit Gottes Gebot in Verbindung bringt, Gott im Gegenteil gerade Chiffre für die Ermöglichung von menschlicher Freiheit ist.

Im Folgenden werden die verschiedenen Aspekte des Barthschen Gehorsamsbegriffs erläutert: a) Das Gebot ruft im Glaubenden ein *unbedingtes Gebundensein* an den Inhalt des Gebotes hervor. b) Dieses Gebundensein erfährt das Handlungssubjekt zugleich als *Freiheit* und wird c) zugleich unmittelbar in *Tätigkeit* versetzt. Wie dieser kurze Abriss zeigt, greift Barth erneut gängige Begriffe auf – hier: «Gehorsam» und «Entscheidung» –, kodiert sie inhaltlich aber um. Dieses Kapitel zielt daher auch auf eine Dechiffrierung der Bedeutungsinhalte der beiden Begriffe innerhalb Barths Ethik.

a) Der Gehorsam als unbedingtes Gebundensein an das Gebot Gottes

Der Mensch ist, so Barth, stets mit der menschlichen Grundfrage nach dem guten Handeln konfrontiert[211] und sucht nach Gewissheit für sein Handeln. Barth betont, dass menschliche Antworten dem Einzelnen diese Gewissheit nicht geben können.

—

[209] Vgl. Beck/Beck-Gernsheim, Individualisierung, 14: Das Individuum hat «die Suppe selbst auszulöffeln, die es sich im Falle seines ‹Versagens› dann selbst eingebrockt hat».

[210] Z.B. Barth, KD III/4, 9. Vgl. darüber hinaus die Belege in Fußnote 48. Auch wenn beide von einer «Entscheidung» des Individuums sprechen, unterscheidet sich Barths von Becks Verwendung des Begriffs eben in diesem Punkt. Vgl. II. 1.2. Barths Verständnis einer menschlichen «Entscheidung» wird im Folgenden weiter konkretisiert.

[211] Vgl. II. 1.2.

Sie kann sich vielmehr nur einstellen, wenn das Individuum auf das Wort Gottes hört, das ihm anders als menschliche Gesetze gerade keinen Raum für Interpretationen lässt. Nur ein solches, ihn von außen angehendes und inhaltlich gefülltes Gebot kann nach Barth die notwendige Autorität haben, damit sich der Einzelne unbedingt gebunden fühlt. «Gibt es ein Sollen, dann kann dieses nicht ein Produkt meines eigenen Wollens sein, dann muß es den ganzen Umkreis dessen, was ich von mir aus wollen kann, von außen berühren, dann muß es mich mit unbedingter – gerade durch mich selbst nicht bedingter – Wahrheit binden und verpflichten. Es muß dann in und durch sich selbst Autorität und Kraft dazu haben und nicht dadurch, daß ich sie ihm verleihe.»[212] Andere Gesetze, die entweder von anderen oder vom jeweiligen Menschen selbst gemacht bzw. inhaltlich konkretisiert wurden, besitzen diese Autorität nicht und lassen dem Einzelnen immer Deutungsspielraum und daher im Ungewissen. «Dem Gebot Gottes gegenüber», so Barth, «gibt es keine Neutralität: auch keine und gerade keine Gesinnungsneutralität.»[213] Allein Gottes Gebot ergeht an das Individuum derart, dass es in ihm Handlungsgewissheit hervorruft. Dass Gottes Gebot so an den Menschen ergeht, bezeichnet Barth als Ausdruck der «Gnade»[214].

Versucht der Mensch dennoch, die ethische Frage eigenständig zu beantworten, so bezeichnet Barth dies als «Sünde»[215]. Sie besteht darin, dass der Mensch seine eigene Beschränktheit nicht anerkennt und sich, indem er selbst die Antwort gibt, an die Stelle Gottes setzt.[216] Damit ist nicht gesagt, dass Barth die Frage des Menschen nach dem guten Handeln grundsätzlich ablehnt. Wie bereits dargelegt, gehört die ethische Frage für ihn vielmehr konstitutiv zum menschlichen Dasein.[217] Der Mensch kann und soll die ethische Frage stellen, aber er kann – so betont Barth – nicht beurteilen, welche Antwort die richtige ist.[218] Die Unterscheidung zwischen Gut und Böse obliegt nach Barth allein Gott.[219]

—

212 Barth, KD II/2, 725.

213 A.a.O., 679.

214 Z.B. Barth, Evangelium und Gesetz, 82: «Daß Gott mit uns redet, das ist unter allen Umständen schon an sich Gnade.»

215 So z.B. in Barth, KD II/2, 573f.

216 Auch eine Ausrichtung an menschlichen Normen nennt Barth ‹Sünde›. Vgl. hierzu II. 1.4.

217 Vgl. II. 1.2.

218 Vgl. Barth, KD II/2, 573f.

219 Vgl. hierzu v.a. § 38.2 «Die Bestimmtheit des göttlichen Entscheidens» in KD II/2 (bes. 737–748).

Erneut wird deutlich,[220] dass Barth zwar an einem von heteronomen Normen befreiten Individuum interessiert ist, aber nicht daran, dass der Einzelne selbst bestimmt, worin das konkrete Gute besteht. Das Individuum wird von Barth unmittelbar zurückgebunden an Gott als die Instanz, die diese Aufgabe übernimmt. Bei Barth ist beides untrennbar miteinander verschränkt:[221] Er denkt die Befreiung des Individuums von menschlichen normativen Forderungen stets als Rückbindung desselben an das von Gott Gebotene, die er aber nicht negativ, sondern höchst positiv beurteilt.[222]

Angesichts dessen erweist es sich, dass Barth die «Entscheidung»[223] bzw. «Wahl»[224] des Einzelnen, die er immer wieder hervorhebt,[225] *nicht* als Akt der Wahlfreiheit im Sinne einer freien Auswahl zwischen verschiedenen Optionen versteht. Diese Begriffe, die Barth zwar auch einzeln, meistens aber gemeinsam und nahezu äquivalent verwendet[226], könnten leicht zu einer derartigen Interpretation verleiten. Genau das, so hat die bisherige Relektüre gezeigt, möchte Barth jedoch ausschließen. Das göttliche Gebot ergeht an den Einzelnen nach Barth so inhaltlich bestimmt, dass die «Entscheidung» bzw. «Wahl» eine ist, die keine Wahl im üblichen Sinne ist: Das «Gute wählt man nur im Gehorsam, d.h. in der Wahl, in deren Vollzug man keine Wahl hat, weil man als Gewählter nur diese eine Wahl treffen kann.»[227] Das Handlungssubjekt kann aufgrund des Ereignischarakters des

---

[220] Vgl. II. 2.2.1.

[221] Folgerichtig verwahrt sich Barth gegen jede Art der Zuschauertheologie. Auch ein distanziertes ethisches Urteil Dritter ist demnach nicht möglich. Vgl. II. 3.1.3 und III. 3.

[222] Vgl. Barth, KD III/4, 651: «Gerade sein [Gottes; E.G.] Beschränken ist vielmehr sein bestimmtes, konkretes, spezifisches Bejahen [des Individuums; E.G.].» Diese positive Sicht der Bestimmung des Menschen durch das Gebot wird aber auch an Barths Verständnis vom menschlichen Gehorsam deutlich (vgl. II. 2.2.2).

[223] Neben den in Fußnote 48 genannten Belegen vgl. auch das in 2.2.1 bereits angeführte Zitat, nach dem der Einzelne laut Barth aufgefordert ist «konkret und speziell so oder so zu entscheiden und auch Andere zu solcher konkreter spezieller Entscheidung aufzurufen» (Barth, KD III/4, 9). Vgl. zudem die Ausführungen zu Barths Verwendung des Begriffs «Entscheidung» in II. 1.2.

[224] Z.B. Barth, KD II/2, 668 und Barth, KD III/4, 13.

[225] Vgl. II. 1.2.

[226] So z.B. in Barth, KD II/2, 594: «Handeln heißt wählen, heißt sich entscheiden.» Weitere Beispiele finden sich a.a.O., 704–707; Barth, KD III/4, 7.16 und Barth, Das Geschenk der Freiheit, 9.12.

[227] Barth, KD II/2, 595.

Gebotes Gottes – anders als bei kasuistischen und schöpfungsordnungstheologischen Ethikkonzepten[228] – keine reflexive Distanz zum Gebotenen einnehmen, sondern fühlt sich unmittelbar und unbedingt an dieses gebunden. Das Ergehen des Gebotes und die gehorsame Entscheidung lassen sich zeitlich nicht trennen, sondern fallen in eins. Barths Verständnis einer Wahl – und gleiches gilt für sein Verständnis einer Entscheidung[229] – wird also nur durch Rückgriff auf die Struktur des Gehorsams nachvollziehbar. Gehorsam besteht für ihn in eben jener Entscheidung und Wahl, die eigentlich gar keine Wahl des Menschen, sondern Gottes ist. Die Vorgängigkeit der in Gott und damit der außerhalb des Menschen gefallenen Entscheidung betont Barth auch, wenn er konstatiert, dass die Aufgabe des Glaubenden nicht in einer Wahl, sondern allein im «Nachvollzug der göttlichen Wahl»[230] besteht. Der Entscheidung des Menschen geht bereits eine Entscheidung Gottes voraus.[231] Nur durch eine solche gehorsame ‹Wahl›, die gerade keine Wahl im Beckschen Sinne ist, kann der Glaubende Barth zufolge gut handeln, denn die situative Fassung des Guten kann nicht durch rationale menschliche Abwägung, sondern nur von Gott bestimmt werden. Zudem kann nur die göttliche Offenbarung im Glaubenden eine unbedingte Verpflichtung hervorrufen.[232] Das Risiko besteht demnach nicht darin, die richtige Wahl zu treffen, sondern allein darin, tatsächlich durch das Gebot Gottes bestimmt zu handeln.

Natürlich möchte Barth damit nicht bestreiten, dass dem Handelnden – zumindest in den meisten Fällen – theoretisch verschiedene Alternativen offen stehen. Der Ausschluss von Wahlfreiheit scheint vielmehr wieder in der Gewissheitserfahrung einzelner Handlungssubjekte begründet zu sein. Barth sucht nach einer Möglichkeit zu beschreiben, dass und warum sich der Einzelne – gerade angesichts der Vielzahl von Handlungsoptionen – dennoch der Richtigkeit seiner Handlung gewiss ist. Eine menschliche Entscheidung, die auf einer ungebundenen Wahl beruht, ist aus seiner Sicht hierzu nicht geeignet. Stattdessen verknüpft Barth das Phänomen der Handlungsgewissheit mit dem Gehorsamsbegriff: Wenn einem Glaubenden aus der

—

[228] Vgl. II. 2.1.

[229] Vgl. Barth, KD II/2, 873: «Denn in der Entscheidung, in die wir durch das hier gesprochene Wort gestellt sind, ist uns gerade keine Wahl gelassen.»

[230] Barth, KD III/4, 686; ohne Hervorhebungen. Vgl. auch Barth, Das Geschenk der Freiheit, 12.

[231] Zur Problematisierung von Barths Verwendung des Begriffs sowohl für göttliche als auch für menschliche «Entscheidung» vgl. Fußnote 61.

[232] Vgl. II. 2.1.

Vielzahl der Handlungsoptionen überhaupt «nur diese eine Wahl»[233] möglich erscheint, dann handelt er im Gehorsam gegenüber dem göttlichen Gebot. Und nur eine solche gegenüber dem von einer unbedingten Instanz Gebotenen gehorsame Handlung kann Menschen die notwendige Handlungsgewissheit geben. «[S]olange wir irgend eine andere Stimme hören, können wir wähnen, zwischen Gut und Böse die Wahl zu haben.»[234] Anders ergeht es Barth zufolge demjenigen, der das Gebot Gottes hört und sich durch es im «Innersten» in «Anspruch»[235] genommen fühlt. Im Akt des Wählens erscheint ihm eine Handlung, auch wenn ihm grundsätzlich mehrere offenstehen, alternativlos als der Situation und ihm selbst angemessen.

Die Feststellung, keine Wahl gehabt zu haben, beruht also nicht auf objektiven Tatsachen, sondern ist eine subjektive Erfahrung des jeweilig Handelnden. Eben eine solche Unbedingtheitserfahrung bezeichnet Barth als «Gehorsam» und begreift ihn als ein affektives Hingezogen-Sein, das den Einzelnen im Innersten betrifft. Barth streicht heraus, dass das «von außen»[236] Unbedingt-Angegangensein und In-Anspruch-genommen-Sein ebenso wie der Inhalt des Gebotes dem Einzelnen unverfügbar sind.[237] Der Mensch vernimmt nicht erst das Gebot, unterzieht es dann einer distanzierten Prüfung und fühlt sich – bei positivem Ergebnis – der Forderung des Gebotes verpflichtet.[238] Barth konstatiert, dass die unbedingte Gebundenheit gerade nicht auf Reflexion beruht, sondern vielmehr auf affektivem In-Anspruch-genommen-Werden durch das Gebot, das sich beim Akt des Hörens einstellt. Folgerichtig besteht die Verantwortung des Menschen, die Barth stets herausstellt, nicht darin, die richtige Handlung auszuwählen, sondern an Gottes Gebot «gebunden [zu] handeln»[239]. Wahre Verantwortung ist demnach stets gebundene Verantwortung. Ob sich beim Einzelnen eine Unbedingtheitserfahrung einstellt und damit «ob wir ihm gerecht oder

—

233 Barth, KD II/2, 595.

234 A.a.O., 873.

235 A.a.O., 701.

236 Ebd. erläutert Barth, dass nur das Gebot Gottes den Menschen wirklich «von außen» beanspruchen kann. «Ein Anspruch tritt von außen an den Menschen heran. Das tut freilich auch das Gebot Gottes: man wird sogar sagen müssen, daß der Mensch gar nicht in strengerem Sinn ‹von außen› berührt und angesprochen werden kann als eben durch Gottes Gebot.»

237 Vgl. bes. den Beginn des Abschnitts «Die Souveränität der göttlichen Entscheidung», a.a.O., 701–704.

238 Vgl. a.a.O., 733: «Was uns geboten ist, das können wir nie bloß wissen wollen, dem gegenüber können wir uns ja gar nicht in jenen Abstand begeben, in welchem es uns ein reiner Gegenstand sein könnte.»

239 A.a.O., 607.

nicht gerecht werden und also stehen oder fallen, [ist] nicht unsere, sondern seine [Gottes; E.G.] Sache: Sache der Vorentscheidung»[240]. Barth schließt demnach eine Beteiligung des religiösen Subjektes daran, dass es zu einer Übereinstimmung zwischen göttlichem und menschlichem Willen kommt, aus. Der Mensch kann sich nicht selbst zum Hören bestimmen, sondern er wird von Gott dazu bestimmt. Das Gebundensein ist ihm unverfügbar, es ereignet sich ihm.[241]

Mit dem aktualen Charakter des göttlichen Gebotes gelingt es Barth, die unverfügbare Unbedingtheitserfahrung von Glaubenden aufzugreifen und abzubilden: «[W]er das Gebot Gottes gehorsam hört, der ist nicht in der Lage, darüber zu befinden, warum er ihm gehorchen muß und also nicht in der Lage, sich selbst oder anderen [...] zeigen zu wollen, wie es zu diesem Gesetz menschlichen Wollens und Handelns kommt.»[242] Hören des Gebotes und Gehorsam sind nicht zeitlich zu trennen, sondern fallen zusammen.

Ursache eines unverfügbaren Unbedingt-affektiv-Hingezogenseins zu einer Handlung ist in Barths System die Ansprache durch Gott.[243] Durch

---

240 A.a.O., 703.

241 Eine abschließende Erörterung dieser Frage unter besonderer Beachtung der Erwählungslehre Barths kann hier nicht geleistet werden. Vgl. hierzu Laube, Tätige Freiheit, bes. 346–348. Hier wird die höchst plausible These aufgestellt und entfaltet, dass die göttliche Vorherbestimmung die menschliche Selbstbestimmung nicht ausschaltet, sondern die göttliche Erwählung «nicht anders denn als ethische Inanspruchnahme des erwählten Menschen und mithin im Medium endlicher Selbsttätigkeit zur Wirklichkeit kommen» (a.a.O., 347f.) kann. Ausführlich zu Barths Erwählungslehre II. 1.1.

242 Barth, KD II/2, 579. Die von Barth behauptete Unmittelbarkeit zwischen göttlicher Offenbarung und Handlungssubjekt veranlasste Graf zu der These, ein offenbarungstheologischer Ansatz weise Ähnlichkeiten zu totalitären Theorien wie dem Nationalsozialismus auf. Eine «strukturelle Affinität[ ] zu den politischen Elitetheorien der Zeit» erkennt er z.B. darin, dass sie «einen exklusiven Zugang zur Wahrheit reklamieren» (Graf, Die «antihistorische Revolution», 404). Dieser Vorwurf, den Graf gegen die dialektischen Theologen vorbrachte, kann gleichermaßen auf die Ethik Barths in der KD angewandt werden (vgl. auch Graf, Die Freiheit der Entsprechung zu Gott, 116).

243 Das affektive Hingezogen-Sein ist jedoch nicht mit Trieben gleichzusetzen. Vielmehr bedarf es nach Barth des Gehorsams, um das grundsätzlich animalische «Triebleben» (Barth, KD III/4, 393) in einer dem Menschen angemessenen Weise zu leben: «Der Mensch kann sich nicht in die Gewalt seines Trieblebens begeben, und er kann es nicht loswerden wollen. [...] Er kann für seine Person und für die anderer nur wollen, daß es zu seinem Rechte komme, das heißt aber, daß es – animalisch, wie es an sich zweifellos ist – gelebt, aber als menschliches, als das Leben des auch in dieser Hinsicht freien Menschen gelebt werde»

die Rückbindung an den Gottesgedanken ist es Barth möglich, die Handlungsentscheidung auf Gottes Gebot zurückzuführen. So kann er eine Beteiligung und damit Unsicherheitsfaktoren wie z.B. die Korrumpierbarkeit des Menschen bei der inhaltlichen Bestimmung ausschließen und damit dem Einzelnen Gewissheit bei seinem Handeln ermöglichen. Für Barth ist Gott der Garant der Richtigkeit der Handlung *und* Ursache der Gewissheit des Handelnden. Gerade aufgrund der Unverfügbarkeit des Gebundenseins und der Bindungsrichtung ist der Einzelne in seinem Handeln bestärkt. Die Beck-sche Terminologie aufgreifend, aber auch umwandelnd, könnte man davon sprechen, dass die *Entscheidungsbiographie* stets *eine Erwählungsbiographie* ist.[244] Als solche bietet sie dem Einzelnen – anderes als die von Beck beschriebene Wahlbiographie – Handlungssicherheit und ist daher gerade *keine Risikobiographie*. Die von Beck beschriebenen Nebenfolgen von Freisetzung sind daher bei Barth bereits eingefangen.[245] Denn die menschliche «Entscheidung», die Barth fordert, ist ein – in der göttlichen Entscheidung – immer Schon-entschieden-Sein. Durch die Gehorsamsstruktur ist für Barth die Unvertretbarkeit und Verantwortung des Individuums bei der ethischen Entscheidung ohne jegliche Ambivalenz: Barth zufolge handelt das gehorsame Individuum entschieden, mit Freude und gutem Gewissen.[246] Seine Gehorsamsdeutung sichert damit die Handlungsfähigkeit des Individuums. Unabhängig von der Anzahl der möglichen Handlungsoptionen fühlt es sich stets nur an eine unbedingt gebunden. Barths Entsprechung von gebotener und freier gehorsamer Handlung ist eine starke Entlastungsfigur für das Individuum. Konsequenterweise ist für Barth handlungsleitende Gewissheit eine notwendige Bedingung dafür, dass eine Handlung dem Gebot Gottes entspricht.[247]

Wenn die «Wahl» bzw. «Entscheidung» des Menschen bei ethischen Fragen gerade nicht in einer Auswahl zwischen verschiedenen Handlungsoptionen besteht, dann stellt sich die Frage, warum Barth dennoch an den beiden Begriffen festhält. Eine aufgrund der bisherigen Ergebnisse naheliegende Begründung besteht darin, dass Barth trotz seines Bemühens, den

---

(a.a.O., 395f.). Dies ist nur auf dem «Weg des Gehorsams gegen Gottes Gebot» möglich (a.a.O., 395).

244 Vgl. II. 1.2.

245 Vgl. II. 1.5.

246 Vgl. Barth, KD III/4, 530. Anders im sog. Grenzfall: Dann ist innerer Zweifel und Zögern nach Barth sogar Kennzeichen eines gehorsamen Grenzfall-Handelns. Vgl. a.a.O., 514 (‹Tyrannenmord›). Dieser auffällige Befund wird in III. 2 weiter erläutert.

247 Vgl. Barth, KD III/4, 530 und III. 2.

Menschen aus der Bestimmung des jeweilig Guten herauszuhalten, dennoch an einer Tätigkeit des Menschen interessiert ist. Dieser Gedanke soll nun genauer entfaltet werden.[248]

In Barths Ethikkonzept lassen sich zweierlei Arten der legitimen, aus seiner Sicht sogar notwendigen Tätigkeit des Menschen finden: zum einen betont Barth, dass die beschriebenen Unbedingtheitserfahrungen keine rein innerlichen Phänomene sind, sondern zu ihnen konstitutiv ein Handlungsimpuls gehört[249]. Zum anderen streicht er heraus, dass der Mensch «freies Subjekt seines Lebens»[250] ist. Bevor die erstgenannte Tätigkeitsform, die Handlung im engeren Sinne, betrachtet wird (c), soll die «Selbständigkeit»[251] des Individuums anhand des hier rekonstruierten Gebotsverständnisses Barths im Sinne eines Bestimmtwerdens genauer beschrieben werden (b).

b) Der Gehorsam als *freier* Gehorsam: Der Mensch als *Verantwortungs*subjekt

Um beides, die unbedingte Bindungskraft des sich dem Menschen von außen ereignenden Gebotes und die freie Selbsttätigkeit des einzelnen Handlungssubjekts (seine «Selbständigkeit»[252]), zusammenbringen zu können, greift Barth erneut auf den Gehorsamsbegriff zurück. Die Verwunderung, die sich beim Lesen dieser Aussage vielleicht einstellt, weist auf die Quelle möglicher Missverständnisse hin. Denn Barth nutzt den gängigen Begriff «Gehorsam», interpretiert ihn aber – wie bereits gezeigt wurde – neu.[253] So unterscheidet sich sein Verständnis von Gehorsam von dem in den 40er-Jahren und auch noch Anfang der 50er-Jahre üblichen, bei dem Gehorsam vor allem mit Einschränkung persönlicher Freiheit (‹Kadavergehorsam›) in Verbindung gebracht wird.[254]

—

248 Vgl. auch II. 1.2.

249 Vgl. bes. a.a.O., 542–544.

250 A.a.O., 373.

251 A.a.O., 374.

252 Ebd.

253 Auch Laube weist auf die «Widerständigkeit der Barthschen Gehorsamssemantik» (Laube, Tätige Freiheit, 349) hin, die auch der heutige Leser noch empfindet. Dieses Kapitel versteht sich – im Anschluss an Laube – als ein Beitrag dazu, demgegenüber die freiheitstheoretischen Aspekte des Barthschen Gehorsamsbegriffs aufzuzeigen.

254 So bindet noch 1963 Oskar Hammelsbeck zwar wie Barth Glaubensgehorsam und Verantwortung eng aneinander, jedoch interpretiert er ihn als «Hingabe des freien Willens» (Hammelsbeck, Art. Verantwortung, 1278; ohne Hervorhebung). Friedrich Karl Schumann hingegen hebt hervor, dass Gehorsam frei von jedem «Zwangscharakter» (Schumann, Art. Gehorsam, 1265) sei, sieht sich

Durch das Erstaunen über die Zusammenstellung so gegensätzlicher Kategorien wie unbedingte Bindungskraft und Selbstständigkeit wird aber auch die Vielfalt der Aspekte deutlich, an denen Barth gelegen ist und die er in seinem Konzept zu vereinen sucht: Barth möchte das Individuum aus gesellschaftlichen und traditionalen Vorgaben herauslösen, um blinden Gemeinschaftsgehorsam im Sinne einer unhinterfragten Befolgung falscher gemeinschaftlicher Normen zu verhindern. Der Einzelne soll sich sein Handeln selbst zurechnen und Verantwortung dafür übernehmen. *Zugleich* ist Barth an einer verbindlichen ethischen Orientierung interessiert. Die inhaltliche Bestimmung des Guten spricht er daher nicht dem Individuum zu, sondern verlagert sie in eine andere unfehlbare externe Instanz, in Gott. Barth liegt daran, dass der Mensch vom Gebot Gottes unbedingt angegangen wird, aber so, dass er nicht eine dem Gebot willenlos ausgelieferte Marionette ist. Er schreibt: Die «Souveränität der göttlichen Entscheidung, deren Zeugnis das Gebot ist» und die der Glaubende gehorsam hören soll, «hebt die Freiheit unserer eigenen Entscheidung wahrlich nicht auf.»[255] Barth möchte die Unbedingtheit und Wirkmächtigkeit des externen Gebotes so gestalten, dass sie menschliche Freiheit nicht ausschließt, sondern gerade ermöglicht. Um beides, den unbedingten Verpflichtungscharakter des göttlichen Gebotes sowie die Freiheit des Menschen zusammendenken zu können, greift Barth auf die Gehorsamsstruktur zurück.

Die geschichtlichen Ereignisse des unmittelbaren Entstehungskontextes der hier herangezogenen Texte werden dazu beigetragen haben, dass Barth

---

mit dieser Position aber 1958 noch in der Minderheit. Für die Ethik und Pädagogik seiner Gegenwart konstatiert er, dass für ein «echtes Verständnis von G. [Gehorsam; E.G] kein Raum» sei und führt dies darauf zurück, dass durch die Aufklärung die «autonome Persönlichkeit» zum Leitbild geworden sei und Gehorsam daher nur noch als zu überwindende Heteronomie verstanden werde. Daneben gebe es eine zumeist für das Zusammenleben als notwendig erachtete Form von «soziale[m] Gehorsam», die Schumann jedoch nicht weniger defizitär bewertet, weil diese ebenfalls auf einem aus seiner Sicht abzulehnenden Autonomiegedanken gründe: «Die Bedingung, unter die solcher sozialer G. gestellt wird, ist dann in der Regel die, daß er freiwillig sein muß und daß die Autoritäten, denen er geschuldet wird, durch freiheitliche Entscheidungen eingesetzt sind.» Als problematisch erachtet er an diesem Gehorsamsverständnis zum einen, dass «aus der G.sbindung […] eine Klugheitsregel gemacht [wird; E.G.], die der vernünftige Mensch aus Zweckmäßigkeitsgründen einhält». Zum anderen konstatiert er: «Die überbeanspruchte Freiheit und Selbstverantwortung beginnt umzuschlagen in einen Kollektivismus, in dem es weder echte Freiheit noch echte Verantwortung mehr gibt» (a.a.O., 1264).

255 Barth, KD II/2, 704.

neben einem Geltungsmoment des Gebotenen auch an der Behaftung der Handlungssubjekte auf ihre Entscheidung so gelegen ist. Barth weiß offenbar darum, dass die Bedeutung des Gehorsams in seinem Ethikkonzept die Interpretation nahe legt, der Mensch sei «bloß passives Objekt»[256] und hebt daher hervor, dass der Mensch «handelndes Subjekt»[257] und «selbständiges Wesen»[258] ist. Das gilt nach Barth auch in Bezug auf göttliche Gebote. So gehört es Barth zufolge zur Aufgabe des Menschen, sein Leben «nicht in Form eines automatisch ablaufenden, sondern [...] in Form von frei gewählten und ausgeführten *Entscheidungen*»[259] zu vollziehen. «Das menschliche Leben will als des Menschen Handlung gelebt, es will nicht als ein bloßes Widerfahrnis erlitten und durchgestanden»[260] werden. Dass Barth Gehorsam nicht mit einem passiven Erleiden gleichsetzt, sondern für ihn Gehorsam konstitutiv ein aktivisches Moment beinhaltet, wird auch durch die Betonung der Verantwortung des Einzelnen für seine Handlungen deutlich.[261] Indem Barth die Selbsttätigkeit und Freiheit des Individuums derart betont, grenzt er sich deutlich gegenüber einem heteronomen Gehorchen ab. «Frei ist unser Handeln ja nur insofern, als es unsere eigene, die von selbst gegebene Antwort ist auf das, was uns von Gott gesagt ist.»[262] Barth bleibt seinem eigenen Ansatz treu, dass das Individuum kein absolut selbstständiges Subjekt und menschliche Selbstständigkeit keine unbedingte Freiheit, keine falsch verstandene Autonomie ist,[263] indem er den eben zitierten Satz folgendermaßen konkretisiert: «Als Antwort ist es [das freie Handeln des Menschen; E.G.] gebunden.»[264] Wie bereits erwähnt, greift Barth auf das Gebundensein gegenüber einer externen Instanz zurück, das er als «Gehorsam» bezeichnet.

Barth interpretiert «Gehorsam» – auch für damalige Zeit auf ungewöhnliche Art und Weise – eben nicht als Gegenbegriff zur Freiheit. Besonders deutlich wird das im Leitsatz von § 37, in dem Barth seine Zusammenfassung des Paragraphen mit der Aussage enden lässt, Gott möchte, dass die

---

256 Barth, KD III/4, 24.

257 Ebd.

258 Ebd. Dass für Barth das Gebot Gottes sich an ein freies Subjekt richtet, wird auch anhand seiner Frage deutlich (a.a.O., 373): «Was hätte es sonst für einen Sinn, daß Gott mit ihm [dem Menschen; E.G:] redet und nicht einfach über ihn verfügt?»

259 A.a.O., 392.

260 A.a.O., 381.

261 Vgl. bes. Barth, KD II/2, 566.607.713–718 und Barth, KD III/4, 16.51.

262 Barth, KD II/2, 607.

263 Vgl. Barth, KD III/4, 372–374.

264 Barth, KD II/2, 607.

Menschen «seiner Forderung [...] *freien* Gehorsam schenken»[265]. Es legt sich daher die Deutung nahe, dass Barth eine gehorsame Handlung nicht als eine widerwillige Tat versteht, bei der andere Möglichkeiten dem Handelnden attraktiver erscheinen als die von ihm tatsächlich vollführte und bei der er nur aufgrund eines Befehls gegen seine eigene Überzeugung verstößt. Dieser Aspekt lässt sich besonders gut verdeutlichen, wenn man zur Abgrenzung Peter Bieris Kriterien eines «erzwungenen Willen[s]»[266] heranzieht und auf Barths Theorie anwendet: Die gehorsame Tat beruht nach Barth nicht auf einem auf Zwang zurückzuführenden Willen, bei dem der Wunsch und die ihm korrespondierende Tat dem eigentlichen Willen des Handelnden widerspricht und er sie nur vollzieht, um sich «die Erfüllung eines anderen Wunsches zu sichern»[267]. Der Mensch empfindet sein gehorsames Handeln demnach gerade nicht als eine seiner eigentlichen Absicht widersprechende Handlung, zu der er sich nur aufgrund des unsymmetrischen Machtverhältnisses und der Androhung Gottes für den Menschen schwerwiegender Konsequenzen genötigt fühlt. Vielmehr deutet er gerade aufgrund des In-Anspruch-genommen-Seins seine Handlung selbst als eine der eigenen Freiheit entsprechenden Entscheidung und eigenes Tun.[268] So hält Barth es für ein Alleinstellungsmerkmal des Menschen gegenüber Tieren, dass seinen Handlungen – auch wenn der Bewusstseinsgrad sehr unterschiedliche Ausprägungen haben kann – notwendig «ethische Besinnung»[269] und «Erkenntnis»[270] vorausgehen bzw. nachfolgen. «Kraft dieser Begleitung unseres Tuns durch unsere Erkenntnis sind wir selbst die Täter, die Subjekte unseres Tuns.»[271] Aber auch diese Besinnung versteht Barth

—

265 A.a.O., 612; Hervorhebung E.G.

266 Bieri, Das Handwerk der Freiheit, 118.

267 A.a.O., 115. Als Beispiel nennt Bieri einen Banküberfall (vgl. a.a.O., 110–122). Auch wenn dies hier nicht weiter ausgeführt werden kann, sei darauf hingewiesen, dass grundlegend diskutiert werden müsste, inwiefern Entscheidungen, bei denen sich das Handlungssubjekt gezwungen sieht, gegen die eigene Überzeugung zu handeln, überhaupt ethische Entscheidungen im engeren Sinne sind.

268 Aufgrund Barths Hervorhebung der Subjekthaftigkeit des Menschen soll im Folgenden weiterhin von menschlichen «Entscheidungen» gesprochen werden. Auf den Begriff «Wahl» hingegen soll, um Assoziationen zur Wahlfreiheit zu vermeiden, verzichtet werden. Zur Aufgabe Dritter bei der Entscheidungsfindung vgl. II. 3.

269 Barth, KD II/2, 733.

270 Ebd.

271 Ebd.

nicht als ungebundenes Handeln, sondern er beschreibt es als «ein[en] Moment unseres dem Gebote unterworfenen Seins, Wollens, Tuns und Lassens»[272].

Es findet sich bei Barth aber auch eine zweite Antwortrichtung, in der dem religiösen Subjekt eine größere Beteiligung eingeräumt wird. So ermahnt Barth die Glaubenden zur Bereitschaft, sich vom Gebot bestimmen zu lassen. Demnach ist für eine gehorsame «freie Entscheidung»[273] eine ständige «*Prüfung* der Richtung unseres Weges im Ganzen»[274], eine Prüfung der Offenheit zum Gehorsam, und ggf. eine Korrektur des Weges notwendig. Eine solche zeitliche und innerliche Distanz voraussetzende Prüfung widerspricht jedoch der Unbedingtheitserfahrung, als die Barth den Gehorsamsakt beschreibt und die sich eben durch das Ineinanderfallen von Affektiv-angesprochen-Sein und freiem Gehorsam auszeichnet.[275]

Auch unter Beachtung dieser kritischen Anfrage lässt sich feststellen – und hier liegt die besondere Pointe des Barthschen Gebots- und Gehorsamsverständnisses –, dass Barth die Struktur des Gehorsams so definiert, dass das Unbedingt-Gebundensein gegenüber einem externen Gebot und die Freiheit des Menschen sich nicht nur nicht ausschließen, sondern ineinanderfallen. So konstatiert Barth, dass der Mensch nicht *unter* dem Gebot Gottes steht, sondern *durch* das Gebot in die Freiheit gerufen ist.[276] Für ihn

—

272 Ebd.

273 A.a.O., 706.

274 A.a.O., 705.

275 Auch die folgende Aussage Barths legt ein zeitliches Nacheinander von Gebot und Gehorsam nahe: Das Gebot Gottes setzt beim Menschen «die Fähigkeit voraus, nachdem es gesprochen ist, zu vernehmen, zu antworten, zu gehorchen, das heißt aber die Fähigkeit, in einem Vorher und Nachher (zum Beispiel im Vorher des göttlichen Fragens und im Nachher des menschlichen Antwortens) derselbe» zu sein (Barth, KD III/4, 373). Jedoch kann das in diesem Fall schlicht der Tatsache geschuldet sein, dass Barth in diesem Abschnitt die Zeitlichkeit als ein Spezifikum menschlichen Lebens herausstellt. Doch auch in seinen materialen Ausführungen in KD III/4 – besonders im Rahmen der Behandlung der sog. Grenzfälle – spricht Barth davon, dass das Individuum dazu aufgefordert ist, seinen Handlungsimpuls zu «prüfen». Z.B. Barth, KD II/2, 579.712; noch öfter in Barth, KD III/4, z.B. 237.309.589. Dieser Beobachtung wird in III. weiter nachgegangen.

276 Vgl. a.a.O., 745.

ist weder Heteronomie noch Autarkie, sondern Theonomie die wahre Autonomie[277]. Barth beschreibt diese als Einheit von «Gesetzlichkeit» und «Gesetzlosigkeit»[278], als ein Sollen, das zugleich ein Dürfen ist.

Barth begründet dies abermals durch Rückgriff auf die Gotteslehre: «Es ist der Gott, an den wir *glauben dürfen* und er allein, der uns so ruft, daß wir nicht nur hören, sondern gehorchen müssen – der uns so befiehlt, daß wir in aller Freiheit die Gewalt seines Befehls anerkennen müssen, der uns so beansprucht, daß der Anspruch gilt, daß wir selbst uns beansprucht finden müssen. Die Kraft des Müssens, nach der wir fragen, ist tatsächlich die Kraft des Glaubendürfens.»[279] Wenn die Menschen erkennen, dass sie glauben dürfen, wird ihnen zugleich bewusst, dass Gott sich ihnen gnädig zugewandt *und* er sie in Anspruch genommen hat. «Indem wir an Gott glauben dürfen, steht sein Anspruch vor uns in der Hoheit und Würde der Verpflichtung, die sich aus einem ebenso unbegreiflichen wie unermeßlichen Geschenk von selbst ergibt, das er uns gemacht hat. Gott hat uns sich selbst geschenkt.»[280] Nicht zufällig vereint Barth die «Lehre von Gottes Gnadenwahl» (7. Kapitel) und die «Lehre von Gottes Gebot»[281] (8. Kapitel) in Band II/2 der KD. Zu Beginn des 8. Kapitels, also als Scharnier zwischen beiden Teilen, begründet Barth dieses Vorgehen damit, dass die Gnadenwahl *und* das göttliche Gebot Bestandteile des Bundes sind.[282] Gottes Bund bedeutet Zuspruch *und* Anspruch und in Entsprechung ist sein Wort Evangelium *und* Gesetz. Ebenso wie beim Aufbau von KD II/2 – die Gnadenwahl (als Aufgabe der Dogmatik) wird vor dem göttlichen Gebot (als Aufgabe der Ethik) expliziert – so ist auch hier die Reihenfolge entscheidend: Das Wort Gottes ist gemäß Barth zunächst Evangelium und erst dann Gesetz.[283]

—

277 Im Umkehrschluss bezeichnet Barth einen Menschen, der nicht durch das Gebot Gottes bestimmt handelt als «Sünder». Dieser ist in seinem Handeln gerade nicht frei, «sondern ein gefangener, ein versklavter Mann» (Barth, Das Geschenk der Freiheit, 9f.). Zu Barths uneinheitlicher Verwendung des Begriffs «Autonomie» vgl. Fußnote 50.

278 Barth, KD II/2, 671.

279 A.a.O., 617.

280 A.a.O., 618. Dieser Anspruch Gottes gilt gemäß Barth auch für Nichtglaubende. Der Unterschied besteht demnach allein darin, dass sie seiner nicht gewahr werden. «Sie [die Majestät des Gebotes Gottes; E.G.] ist auch da Majestät, wo die Erweckung und das Erwachen des Glaubens noch nicht stattgefunden hat. Da und nur da wird sie freilich als solche erkannt. Sie gilt und besteht aber auch da, wo sie noch nicht als solche erkannt ist.»

281 A.a.O., 564.

282 Vgl. a.a.O., 564f.

283 Vgl. a.a.O., 567 und ausführlich Barth, Evangelium und Gesetz (1935).

Die Vorordnung, die – wie noch deutlich werden wird – Barth zufolge keine Trennung ist, ist für ihn nicht primär eine zeitliche, sondern eine sachliche.[284]

In seinem Ringen um ein vom gemeinhin üblichen Verständnis von Gehorsam abweichenden Gebots- und Gehorsamsverständnis greift Barth auch in KD II/2 auf diese Verhältnisbestimmung von Evangelium und Gesetz zurück. Es begegnen dort mehrere Formulierungsversuche Barths, die Identifizierung beider Größen auszusagen. So bezeichnet er zum einen das Evangelium als «Inhalt», das Gesetz als «Form und Gestalt»[285] des *einen* Wortes Gottes. Zum anderen findet sich die Aussage: «Es ist das Evangelium, das das Gesetz enthält»[286]. Barth zieht noch einen weiteren Vergleich heran und spricht davon, dass das Wort Gottes als Indikativ zum Imperativ wird.[287] Alle diese Ausführungen verdeutlichen, worin die besondere Zuspitzung im Barthschen Verständnis der göttlichen Autorität und auch der Zusammenhang zwischen Autorität und Gehorsam bestehen: Das Individuum erfährt das Gebot Gottes nicht als Zwang, sondern als Freiheit, dem Willen Gottes und dem eigenen Sein entsprechend zu handeln. Barth spricht daher auch davon, dass das Gebot Gottes «*Erlaubnis* ist: *Gewährung* einer ganz bestimmten *Freiheit*»[288]. Dadurch unterscheidet es sich grundlegend von allen anderen Gesetzen, denn «[i]hr Gebieten ist wesentlich Verbieten»[289]. Das Individuum erfährt das Gebot Gottes demnach deshalb als bindend, weil es ihm so gebietet, dass es Freiheit ermöglicht.[290] Das findet sei-

---

284 Zur Verhältnisbestimmung beider Größen vgl. auch a.a.O., bes. 81f. Hierin liegt auch Barths Ablehnung einer Trennung von Dogmatik und Ethik begründet (vgl. Barth, KD II/2, 604). Eine Unterordnung der Ethik unter die Dogmatik im Sinne eines Ableitungsverhältnisses oder eines von Rendtorff konstatierten «Dogmatismus» (Rendtorff, Ethik, 59), der darin besteht, dass «die dogmatische Redeweise als solche den Status einer übergeordneten ethischen Norm annimmt» (a.a.O., 58), lässt sich hingegen nicht erkennen. Auch Laube bestreitet, dass in der KD eine einseitige Abhängigkeit der Ethik von der Dogmatik besteht und belegt dies exemplarisch am Beispiel des Ineinanders von Erwählungslehre und Ethik in der Gotteslehre (vgl . Laube, Tätige Freiheit, bes. 344–352). Die Position, Barth leite «normative[ ] Gebote aus den Vorgaben der Dogmatik» (a.a.O., 345) ab, hält Laube daher ebenfalls für unzutreffend.

285 Barth, KD II/2, 567. Vgl. auch Barth, Evangelium und Gesetz, 82.

286 Barth, KD II/2, 567.

287 Vgl. ebd.

288 A.a.O., 650. Zu Barths Erlaubnis-Begriff vgl. auch II. 1.3.

289 Barth, KD II/2, 650.

290 Zu Barths Freiheitsverständnis vgl. II. 1 und 2.2.4.

nen Ausdruck auch in Barths Begründung der göttlichen Autorität: Sie besteht demnach darin, dass Gott dem Menschen mit «Gnade» begegnet und der Mensch an ihn glauben darf.[291] Ergeht das Gebot *dieses* Gottes an den Menschen, dann ist er hörend gehorsam.

Barth versteht, wie erwähnt, Gehorsam nicht so, dass die Handlungsalternative dem Handlungssubjekt ebenso attraktiv erscheint und Gehorsam ein Verzicht auf die ihm vorzugswürdiger erscheinende Handlung bedeutet. Nur als in seinem Handeln gebundener ist der Mensch Barth zufolge wirklich frei. Willkürfreiheit hingegen deutet er als das Gegenteil wahrer Freiheit.: «Das Gebot Gottes tritt der menschlichen Willkür entgegen: nicht darum, weil es dem Menschen nicht gönnte, wirklich frei und fröhlich zu sein, sondern umgekehrt: gerade darum, weil ihm das von Gott gegönnt ist, weil er in seiner Willkür nicht wirklich frei und fröhlich sein kann.»[292] Dass das göttliche Gebot an den Einzelnen ergeht, stellt daher gerade keine Einschränkung seiner Freiheit dar, sondern ermöglicht sie erst. *Nur eine Gehorsamsbiographie ist eine wirkliche Freiheitsbiographie.* Barth geht sogar so weit zu behaupten, dass sich der Mensch erst durch die Erfahrung des Unbedingt-von-außen-angesprochen-Seins als Subjekt wahrnimmt.[293] Der

---

291 Vgl. den Leitsatz von § 37 (Barth, KD II/2, 612): «Indem uns Gott in Jesus Christus gnädig ist, ist sein Gebot der Anspruch, der, indem er erhoben wird, Gewalt über uns hat, [...] und will es, daß wir dieser seiner Forderung unsern freien Gehorsam schenken.» Barth wendet sich in diesem Paragraphen explizit gegen drei in der Theologiegeschichte gängige alternative Antworten auf die Frage, worin der göttliche Anspruch begründet ist (vgl. a.a.O., 613–617): Anders als z.B. Zwingli und Calvin und in expliziter Ablehnung Schleiermachers «Gefühls schlechthiniger Abhängigkeit» ist es für Barth aber auch nicht die Macht Gottes. «Der Grund des göttlichen Anspruchs besteht nicht darin, daß Gott den Menschen überwältigen, zerschmettern und vernichten kann. Zum Gehorsam könnte und würde Gott den Menschen mit dem Allem noch nicht zwingen und hat er tatsächlich noch keinen Einzigen gezwungen. Wozu er ihn damit zwingen könnte, das wäre noch nicht des Menschen Gehorsam. Sofern Gott den Menschen damit zwingen würde, wäre sein Anspruch auf ihn noch unbegründet, könnte er auch mitten in der Hölle noch geleugnet und verachtet werden» (a.a.O., 615). Ebenso lehnt er ab, sich darauf zu berufen, dass Gott das Gute oder «das allgenugsame Wesen» (a.a.O., 616) sei.

292 A.a.O., 660.

293 Vgl. Barth, KD III/4, 373: «Das Wort Gottes konstituiert also, indem es an den Menschen ergeht, dessen Wissen um sich selbst als ein solches freies Subjekt seines Lebens. [...] Indem er [Gott; E.G.] mit ihm redet, appelliert er an seine Selbständigkeit.» Vgl. hierzu II. 1.3.

Mensch erkennt demnach erst in dieser Unbedingtheitserfahrung sein Subjekt-Sein. Barth leitet aus der Gehorsamsforderung daher auch einen Würdegedanken des Individuums ab: «Er [Gott; E.G.] hält den Menschen für würdig, ihm als sein Gebieter gegenüberzutreten, sich nun gerade auf diesem Fuß, als Partner mit einem Partner, mit ihm abzugeben. Das ist die wunderbare *Herablassung* Gottes in seinem Gebot, und das ist die wunderbare Erhöhung und *Ehrung* des Menschen in der an ihn gerichteten Gehorsamsforderung.»[294] Gerade durch die Anrede Gottes wird der Mensch zu einem «Jemand»[295], wird er auf sein Subjektsein und seine Unvertretbarkeit verwiesen, darin ernst genommen und dadurch ausgezeichnet. Die Inanspruchnahme durch Gott ist eine «Auszeichnung»[296] des Menschen. Barth versucht also durch den Gehorsamsgedanken gerade den besonderen Wert und die Hoheit menschlichen Lebens festzumachen. Diese Würdigung kommt Barth zufolge nicht den Menschen allgemein zu, sondern die Gehorsamsforderung ist «besondere, spezielle und spezifische Anerkennung»[297] des jeweiligen Handlungssubjektes.

Es wird deutlich, dass Barth durch den Rückgriff auf die Gehorsamsstruktur gerade die Unvertretbarkeit der individuellen Entscheidung ausdrücken möchte. Damit unterscheidet sich seine Auffassung von «Gehorsam» deutlich von der in den 40er-Jahren verbreiteten im Sinne eines heteronomen Gehorchens, die Unterordnung und einen willentlichen Verzicht auf Entscheidung des Befehls-Ausführenden implizierte.[298]

An seiner Verwendung von «Gebot» und «Gehorsam» zeigt sich, dass Barth an einer konstruktiven Begriffsbesetzung interessiert ist. So greift er den Begriff Gehorsam zwar aus der theologischen Tradition auf, um das Geltungsmoment, die «Autorität» des Gebotenen zu betonen. Barth interpretiert ihn aber um und hält ihn so von einem problematischen militärisch konnotierten Verständnis frei, indem er Gehorsam gleichzeitig als Befähigung zur Entscheidung deutet und damit die Behaftung des Handlungssubjekts für seine Taten ermöglicht. Trotzdem lässt sich, so positiv dieses An-

---

294 Barth, KD III/4, 747. Barth beschreibt die Inanspruchnahme zum Gehorsam auch als spezifische Auszeichnung des Menschen gegenüber anderen Lebewesen (vgl. Barth, Das Geschenk der Freiheit, 12).

295 Barth, KD III/4, 443.

296 A.a.O., 746: «Das Gebot Gottes ist als solches eine geradezu unbegreifliche Anerkennung des Menschen von Seiten Gottes, ein Ausdruck seiner Wertschätzung, eine Auszeichnung.»

297 A.a.O., 753.

298 Vgl. dazu Fußnote 254.

liegen bewertet werden kann, kritisch anfragen, ob die Verwendung «Gehorsam» aufgrund der höchst problematischen Verwendung des Begriffs in der NS-Zeit besonders glücklich war und eine solche Umdeutung in diesem Falle überhaupt gelingen konnte.

Nimmt man die Perspektive Becks ein, sieht man zudem, dass sich Barth in seiner Ethik durch die Gehorsamsstruktur auf innovative Weise dem Phänomen widmet, dass Glaubende sich *in* ihrem *Handeln von außen angegangen* fühlen; dass sie ihr Handeln also zumindest nicht allein als Konsequenz rationaler Abwägungen bzw. als Folge dieser Handlung vorauslaufender Zielsetzungen deuten.[299] Zum einen kann Barth durch das Ineinanderfallen von Gebot und Gehorsam diesem Phänomen Rechnung tragen, indem er den Verpflichtungscharakter von außen an das Handlungssubjekt herangetragener oder durch Vernunftgebrauch gewonnener Normen[300] anzweifelt und stattdessen betont, dass nur eine Unbedingtheitserfahrung im Menschen eine verpflichtende und handlungsbestimmende Bindungskraft bewirken kann. Zum anderen versucht er zu erklären, wie diese Unbedingtheitserfahrung im Menschen entsteht. Entscheidungen sind demnach stets personal rückgebunden an Gott als Ursache der menschlichen Unbedingtheitserfahrung. Diese Rückbindung an Gottes Gebot führt zur Selbstrelativierung und Entlastung des Individuums, das der inhaltlichen Bestimmung des guten Handelns entbunden ist. Barth bietet damit ein Deutungsmittel, um mit der Unvertretbarkeit des Individuums, die Beck stark problematisiert, umgehen zu können. Notwendiger Bestandteil dieses Konzeptes ist das – auch in Barths Gottesverständnis begründete[301] – aktuale Gebotsverständnis. Nur aufgrund seiner Aktuosität kann das Gebot im Individuum eine Bindung hervorrufen und zudem die Situationsgemäßheit der Handlung gewährleisten.

c) Der Gehorsam als *tätiger* Gehorsam: Der Mensch als *Handlungs*subjekt

Nachdem bisher der Mensch als das durch das Gebot Gottes gebundene freie Subjekt im Zentrum stand, soll nun die zweite Tätigkeitsform, die

---

[299] Vgl. hierzu William James' These, dass sich Wahrheitsgewissheit nur im Individuum und durch Erfahrungen einstellt (James, Was will der Pragmatismus?, 36f.).

[300] Auch in aktuellen – vor allem philosophischen – Ethikkonzepten wird Bindung auf Reflexion (und Kommunikation) zurückgeführt und damit als Bindung an durch Vernunftgebrauch (im Diskurs) als gültig anerkannte Normen definiert. Exemplarisch sei auf Peter Singer und Jürgen Habermas hingewiesen.

[301] Besonders zentral ist in Barths Konzept die Freiheit Gottes. Vgl. hierzu II. 1.2.

Handlung im engeren Sinne – nämlich, «daß er dann auch *etwas* ausrichte»[302] –, betrachtet werden.[303] Der Mensch ist Barth zufolge nie nur Subjekt, sondern stets «*handelndes* Subjekt»[304]. Wie wichtig Barth ist, dass der Mensch das Gebotene nicht nur zur Kenntnis nimmt, sondern auch danach handelt, zeigt sich daran, dass er in Anknüpfung an Immanuel Kant mit besonderer Betonung des Handlungsaspektes die Frage «Was sollen wir *tun*?»[305] als Grundform der ethischen Frage bezeichnet. Tätigkeit meint für Barth immer mehr als reine Innerlichkeit. So versteht Barth den Menschen nicht als reines Bewusstseinswesen, sondern auch als Handelnden.[306] Außerdem hebt er hervor, dass der Mensch eine leib-seelische Einheit ist.[307] Demnach gibt es keinen Bereich des Menschen, der nicht von dem Gebot angesprochen ist. Es wird «seine Erkenntnis und seine Tat in Anspruch»[308] genommen. Darin wird das reformierte Profil des Barthschen Gebotsverständnisses deutlich. Das aktual sich ereignende Gebot dient nach Barth nicht der Sündenerkenntnis, sondern es hat eine handlungsbestimmende

---

302 Barth, KD III/4, 542.

303 Dabei beziehe ich mich v.a. auf den Abschnitt «Was sollen wir tun?» in § 38 (Barth, KD II/2, 732–737) und die Ausführungen zur leib-seelischen Einheit in § 55 (Barth, KD III/4, 371f.) und zum «tätigen Leben» (a.a.O., 542–544).

304 A.a.O., 24; Hervorhebung E.G.

305 Barth, KD II/2, 718–737; mit Hervorhebung a.a.O., 732. So wendet sich Barth sowohl kritisch gegen die Formulierung der Frage in der 1. Person Singular (vgl. hierzu II. 3.1.2) als auch gegen die unpersönliche Frageform «Was soll man tun?» (Barth, KD II/2, 728f.). Seine Ablehnung letzterer begründet Barth damit, dass mit ihr die Gefahr einhergehe, dass das einzelne Handlungssubjekt sich auf eine distanzierte Position zurückziehe und sich daher durch das Gebotene nicht in Anspruch und Tätigkeit nehmen lasse.

306 Der Mensch wird, so Barth, durch das Gebot «mobil gemacht und in Tätigkeit versetzt» (Barth, KD III/4, 551).

307 Vgl. a.a.O., 371: Barth hält an der Einheit von Leib und Seele trotz der Verschiedenheit beider und der von ihm vertretenen Überordnung der Seele über den Leib fest. «Als Mensch da sein heißt in dieser Verschiedenheit, seelisch und leiblich, aber auch in der Einheit dieser beiden Bestimmungen und eben: in dieser Ordnung leben.»

308 Ebd. An anderer Stelle spricht Barth davon, dass das Gebot «mich selbst fordert», «das Ganze meines Lebens» (Barth, KD II/2, 678) und dass wir durch das Gebot zum «Zeugnis unseres Willens und unserer Taten» (a.a.O., 702) aufgefordert sind.

und -befähigende Funktion:[309] Durch die Beschreibung des Gebotes als Ereignis, das den Einzelnen unverfügbar und unbedingt von außen angeht, erreicht Barth nicht nur, dass Gebot und freier Gehorsam des Menschen ineinanderfallen, sondern auch Gehorsam und *Tätigkeit*. So heißt es in dem bereits zitierten Satz:[310] «Denn wer das Gebot Gottes gehorsam hört, der ist nicht in der Lage, darüber zu befinden, warum er ihm gehorchen muß und also nicht in der Lage, sich selbst oder anderen […] zeigen zu wollen, wie es zu diesem Gesetz menschlichen Wollens *und* Handelns kommt.»[311] Mit dem von außen Unbedingt-Angegangensein geht unmittelbar ein Handlungsimpuls einher, dessen Richtungssinn durch Gottes Gebot bestimmt ist. Den Gehorsamscharakter der Tätigkeit stellt Barth heraus, indem er sie als «Dienst»[312] bezeichnet. Die Rückbindung an Gottes Gebot ist auch in dieser Hinsicht Ermächtigung des Glaubenden zum Handeln, da er das Von-

---

309 Zu Barths kritischer Auseinandersetzung mit der lutherischen Vorstellung eines theologischen Gebrauches des Gesetzes vgl. ausführlicher Jüngel, Evangelium, 191–195. Barth sehe, so Jüngel, in dieser Vorstellung eine «Verharmlosung der Sünde». Für Barth sei «Sündenerkenntnis nur als Gotteserkenntnis und folglich als Offenbarungserkenntnis möglich» (a.a.O., 194).

310 Vgl. oben b) Der Gehorsam als freier Gehorsam: Der Mensch als Verantwortungssubjekt.

311 Barth, KD II/2, 579; Hervorhebung E.G. Bezüglich des Ineinanderfallens von Gebot und Handlung fühlt sich Barth inhaltlich eng mit Bonhoeffer verbunden. Die Übereinstimmung scheint so groß zu sein, dass Barth an der entsprechenden Stelle in KD III/4 einen Auszug in fast einer Seitenlänge aus Bonhoeffers Ethik wiedergibt und zwar – höchst ungewöhnlich für Barth – ohne nenenswerten Kommentar. «Ein Wille Gottes, der erkannt werden kann, ohne sofort ins Tun zu führen, ist ein allgemeines Prinzip, aber nicht Gottes Wille. […] Der gute Wille ist immer schon die konkrete Tat oder er ist nicht christlicher Wille. Der Mensch ist immer schon im konkreten Handeln» (Barth, KD III/4, 15 = Bonhoeffer, Ethik (1949), 166–203, 221, Fußnote 1).

312 Der Zusammenhang zwischen Dienst und Gehorsam wird beispielhaft an Barths Ausführungen zum Beruf deutlich: Sein «Dienst» besteht demnach darin, dass der Einzelne «der an ihn ergehenden Berufung Gehorsam leistet» (Barth, KD III/4, 696). Vgl. auch a.a.O., 746–748. Auch wenn dieser Aspekt hier nicht weiter thematisiert werden kann, sei auf die Ähnlichkeit zu Rudolf Bultmann hingewiesen, der in seinem Aufsatz «Welchen Sinn hat es von Gott zu reden?» (1925) ebenfalls Gottes Gebieten, menschlichen Gehorsam und freie Tätigkeit ineinander verschränkt: «Es kann hier aber nur ein Müssen gemeint sein, das freie Tat ist; […] Solche Tat ist Gehorsam; denn Gehorsam bedeutet: sich einem Müssen in freier Tat fügen. Sie bedeutet kein Werk, zu dem wir uns um Gottes Willen entschließen müssten; […] Sie bedeutet völlige Abhängigkeit, aber nicht als frommes Gefühl, sondern eben als freie Tat, denn nur in der Tat sind wir

außen-Angegangensein als Zusammenklingen von göttlichem und menschlichem Willen deutet und so der Gutheit seiner ethischen Tätigkeit versichert wird.

Durch das Ineinanderfallen von Gebot, Gehorsam und Tätigkeit kann Barth auch seinem Anliegen gerecht werden, dass Dogmatik und Ethik nicht dergestalt auseinanderfallen, dass das eine ohne das andere zu haben ist.[313] Das Leben, zu dem der Mensch aufgefordert ist, umfasst nach Barth vita contemplativa *und* vita activa.[314] Vehement wendet er sich gegen eine einseitige Akzentuierung einer der beiden Richtungen. Das wird auch in Barths Kritik deutlich, die er in seinem Vortrag in Wipkingen 1945 an lutherischen Theologen und Pfarrern in Deutschland geübt hat: Ihr religiöser Tiefsinn bringt sie, so Barths Vorwurf, um ihre Handlungsfähigkeit.[315]

Da er Glaube und Tätigkeit an Gott bindet, kann er zudem gewährleisten, dass sich beide Momente inhaltlich nicht widersprechen, sondern zwei Seiten derselben Medaille sind. Der Glaubende hat so die Gewissheit: «Theorie und Praxis *können* gar nicht auseinanderfallen.»[316] Für die Gutheit einer Handlung sind für Barth dementsprechend nicht primär die Folgen einer Handlung entscheidend, sondern ob die Tätigkeit einem Bestimmtwerden durch das Gebot Gottes entspringt. Oder anders gesagt: Barth rechnet damit, dass eine an das Gebot Gottes gebundene Handlung gute Folgen haben wird.

Für Barth kann Glaube, das typisch reformierte Moment der Zusammenbindung von Glaube und Ethik betonend, nie bloß reine Innerlichkeit sein, sondern stets ein Zur-Tat-bekräftigt-Werden.[317] Das Befreiende des

---

selbst» (Bultmann, Sinn, 34). «Das ‹Müssen› ist ja von Gott aus gesprochen und entzieht sich ganz unserer Verfügung. Uns allein ist die freie Tat» (a.a.O., 35).

313 Vgl. dazu II. 1.2.

314 Vgl. Barth, KD III/4, 542f.

315 Vgl. Barth, Die evangelische Kirche in Deutschland, 36–40.

316 Barth, KD II/2, 736.

317 Barth hat das Ineinanderfallen von Glaube und Tat auch durch die gemeinsame Darstellung von Dogmatik und Ethik in der KD zum Ausdruck gebracht. Die Besonderheit seines Ansatzes wird im Vergleich zu Schleiermacher besonders deutlich. Dieser hat die «Ausgänge der frommen Erregungen in Tätigkeit» zwar ganz ähnlich «als natürliche Folgen der [in der Glaubenslehre; E.G.] beschriebenen Zustände» (Schleiermacher, Der christliche Glaube, § 26, 2) des frommen Selbstbewusstseins bezeichnet. Doch hat Schleiermacher – ob bewusst oder unbewusst muss hier offen bleiben – durch die getrennte Behandlung von Dogmatik und Ethik den Eindruck verstärkt, dass er das Verhältnis von Glaube und Tätigkeit – anders als Barth – nicht als ein Ineinander, sondern als ein Nacheinander denkt.

Christentums – und darin liegt eine große Stärke seines Ansatzes – ist für ihn stets eine Befreiung, etwas tun zu können.

2.2.3 Das Gebot Gottes ermöglicht dem Individuum eine seinem «Charakter» gemäße Handlung und sichert den inhaltlichen Zusammenhang zwischen den Einzelhandlungen

Als ‹Nebenfolge› der Freisetzung des Individuums verlieren nach Beck Traditionen, natürliche oder göttliche Ordnungen ihre identitätsstiftende Funktion. Es obliege nun dem Einzelnen, sich «als Individuum zu konstituieren»[318] und einen inhaltlichen Zusammenhang zwischen seinen Einzelhandlungen, seine «moralische Identität»[319], zu gewährleisten. Identitätsarbeit, *die neben der Selbstkonstitution des Individuums vor allem die Verknüpfung der einzelnen Handlungen zu einem sinnvollen Ganzen umfasst, sei zur unumgänglichen Daueraufgabe des modernen Individuums geworden.*[320]

Die Frage nach der Identität und einem verbindenden Element zwischen den Einzelhandlungen eines Individuums stellte sich auch in den 50er-Jahren angesichts der Krise schöpfungsordnungstheologischer Ansätze sogar mit besonderer Dringlichkeit. Nach den Gräueltaten, die mit Rückgriff auf ihre Normen während des Nationalsozialismus gerechtfertigt wurden und des damit einhergehenden Verlustes ihrer orientierenden Kraft, konnten die postulierten göttlichen Ordnungen nicht mehr als normative Vorgaben und Integral dienen. Barth sucht daher nicht nur nach einer Möglichkeit, dem Individuum in den *einzelnen* Situationen Handlungsgewissheit, sondern ihm auch einen «sicheren *Zusammenhang*»[321] *zwischen seinen einzelnen Handlungen* gewährleisten zu können.

Zudem legt gerade Barths Betonung des aktualen Charakters der Gebundenheitserfahrungen die Frage nach dem inneren Konnex zwischen den Ein-

—

318 Beck/Beck-Gernsheim, Individualisierung, 14.

319 Vossenkuhl/Sellmaier, Situative Ethik, moralische Identität und Moralkonflikte. Vgl. I. 2.2.

320 Der Fokus liegt in diesem Kapitel – die in der Soziologie seit Erving Goffman übliche Unterscheidung aufgreifend – auf dem Individualitätsaspekt von Identität im Sinne der «persönlichen Identität» in Abgrenzung zum Rollenaspekt der «sozialen Identität». «Dabei stellt der Begriff der persönlichen Identität insbesondere auf die lebensgeschichtlich-biographische Dimension konkreter Individualität ab» (Christopher Zarnow, Identität und Religion, 11).

321 Barth, KD III/4, 17; Hervorhebung E.G. Vgl. auch a.a.O., 4: Das «wirkliche Handeln des Menschen ist die in sich zusammenhängende Folge von Ereignissen».

zelhandlungen nahe. Was verhindert, dass das menschliche Leben in aktuose Ergehensakte zerfällt? Gibt es ein verbindendes Element zwischen den einzelnen Handlungen, wenn diese sich dem Individuum jeweils in der konkreten Situation als geboten ereignen? Diese Fragen stellen sich nicht nur für vergleichbare, zeitlich auseinanderliegende Handlungen, sondern auch für verschiedenartige Handlungen.

Bei normativen Ethikkonzepten wird die Stetigkeit des Handelns und damit die ‹moralische Identität› durch Bindung an Normen sichergestellt, da zwar die Anwendungssituationen variabel, die Normen selbst aber gleichbleibend sind. Anstelle externer Normen könnte auch das «Selbst» als Integral herangezogen werden. Das zunächst zu beschreibende Selbst wäre dann leitendes Entscheidungskriterium und Garant der Stetigkeit zwischen den Einzelhandlungen.

Und tatsächlich ist Barth zufolge jeder Mensch dazu aufgefordert, «entschlossen *er selbst* sein»[322] zu wollen. Jedoch kritisiert er die Vorstellung, es gebe ein «‹Ich›» bzw. «‹Selbst›»[323], das der Einzelne von sich aus erkennen und besitzen könne, als falsch verstandene «Souveränität»[324]. «Dieses [‹Ich› bzw. ‹Selbst›; E.G.] zu seinem Gesetz zu erheben, sich selbst in diesem Sinne zu bejahen und ernst zu nehmen, in diesem Sinne sein besonderes, eigenes Leben zu leben»[325] lehnt Barth strikt ab. Dass der Mensch ungebunden, allein aus sich heraus ‹sich selbst› zu finden glaubt, kann, so Barth, nicht gelingen. Vielmehr konstatiert er, dass gerade wenn der Einzelne sein ‹Selbst› zum Entscheidungsmaßstab erhebt, ihm «sein ihm von Gott zugesprochenes und verliehenes Leben in seiner Einmaligkeit und Einzigartigkeit verborgen bleiben»[326] wird.

Barth hat das Risiko, das mit der Selbstkonstituierung eines vollkommen ungebundenen Individuums einhergeht und das der herausfordernden Aufgabe, seiner selbst gemäße Entscheidungen zu treffen, deutlich vor Augen.[327] Die Problematik, die er in einem solchen souveränen Akt erkennt,

---

[322] A.a.O., 439.
[323] A.a.O., 440.
[324] Ebd. Als Vertreter einer aus seiner Sicht falsch verstandenen Souveränität führt Barth den jungen Schleiermacher an. Zu Schleiermachers Individualitätsdeutung vgl. Pfleiderer, Protestantische Individualitätsreligion?, bes. 390–396.
[325] Barth, KD III/4, 440.
[326] Ebd.
[327] Den Antworten auf die «Frage unserer Übereinstimmung oder Nichtübereinstimmung mit uns selbst, unserer Treue oder Untreue gegenüber dem von uns selbst gefundenen und aufgerichteten Maßstab» (Barth, KD II/2, 741) fehlt, so Barth, jegliche Bindungskraft. Daher spricht er ihnen eine ethische Relevanz ab.

klingt deutlich durch, wenn er – mit Blick auf die Entwicklungsprozesse von Jugendlichen – das Streben, man selbst sein zu wollen als eine «Sackgasse»[328] bezeichnet und das damit begründet, dass der Einzelne dann tatsächlich «er selbst sein *muß*»[329]. Die Ausweglosigkeit einer solchen Situation besteht demnach darin, dass der Einzelne versucht, ein richtiges Anliegen, er selbst sein zu wollen, auf dem falschen Weg, nämlich durch Introspektive und Verwirklichung der so gewonnenen Erkenntnisse, zu erreichen.

Barth zufolge kann der Einzelne nur durch das Gebot Gottes gebunden, nur im Gehorsam, seiner selbst gemäß handeln. Im Ereignis des Gebotes erschließt sich die Handlung dem Individuum nicht nur als geboten, sondern auch «dem, was es selbst ist, *angemessen*»[330]. Nur im Gehorsam kann er sich deshalb auch selbst bejahen.[331] Dabei rechnet Barth nicht mit einer Varianz, sondern einer inhaltlichen «*Stetigkeit* und *Kontinuität*»[332] des Gebotes Gottes.

Erneut zeigt sich die entlastende Wirkung der Gehorsamsstruktur für das Individuum. Zunächst, weil die inhaltliche Bestimmung seines wahren Selbst-Seins nicht dem Einzelnen obliegt, sondern an Gott ausgelagert wird. Die Selbsterschließung geschieht durch das aktual ergehende Gebot Gottes, das – anders als ein introspektiv gewonnenes Selbstbild – im Glaubenden eine unbedingte Bindung hervorruft. Sodann bedeutet die Bestimmung auch eine entlastende Beschränkung: Jeder soll der werden, zu dem ihn Gott bereits bestimmt hat, aber «[n]iemand soll mehr aus sich machen, als er ist.»[333] Barth deutet diese Beschränkung zudem als Auszeichnung: Der Einzelne *darf* der Mensch sein, zu dem ihn Gott in seinem Gebot bestimmt

—

328 Barth, KD III/4, 442.

329 A.a.O., 440.

330 A.a.O., 649.

331 Vgl. a.a.O., 441. Vgl. hierzu auch II. 1.3.

332 Barth, KD III/4, 17. Die Bedeutung, die Barth hierbei der sozialen Dimensioniertheit des Menschen beimisst, wird in II. 3.1 aufgezeigt. Außerdem wird deutlich, dass Barth mit einer intersubjektiven Übereinstimmung der Gebote und damit der Handlungen der Glaubenden rechnet.

333 Barth, KD III/4, 443. Vgl. auch a.a.O., 372: «Ihm soll es genügen, immer gerade das Besondere zu sein und als das Besondere sich zu erkennen, als das er von Gott angeredet und damit erkannt ist.» – Ganz ähnlich bezeichnet auch Rendtorff die Weigerung, «der zu sein, der man ist, oder doch zumindest zu probieren, ein anderer zu sein» (Rendtorff, Ethik, 87) als eine Fehlform des «Aufbau[s] der eigenen Identität» (a.a.O., 86). Jedoch betont er stärker als Barth den Aufgabencharakter desselben, die Notwendigkeit einer «Stellungnahme zum eigenen Leben» (ebd.).

hat.[334] Barth wendet so die Beschränktheit menschlichen Lebens – auch die zeitliche[335] – in eine positive Attribuierung.

Barth spricht – wohl um sich von den von ihm abgelehnten Identitätskonzepten abzugrenzen – nicht vom «Selbst», sondern vom «Charakter»[336] des Individuums. Dementsprechend ist Charakter bzw. personale Identität für Barth nicht das Ergebnis von Selbstsetzung, sondern «jenes Du [...] als das er von Gott angeredet ist»[337] und «kein Selbstzweck», sondern «Dienst[ ]»[338] des Menschen.

Bemerkenswert ist auch, dass Barth ‹Charakter› nicht zuständlich, sondern prozesshaft denkt. Er ist demnach «die eigentümliche *Prägung* und Bestimmung des Lebenslaufs und der Lebensgestalt»[339] eines Individuums durch Gottes individuelle Anrede im Gebot. Besonders an der Vorstellung einer fortschreitenden Charakterherausbildung wird deutlich, dass Barth den Zusammenhang zwischen den Einzelhandlungen tatsächlich im engeren Sinn als ‹Stetigkeit und Kontinuität› versteht. Trotz seines aktualen Ethikverständnisses erwartet er, dass die *einzelnen* Handlungen sich zu bestimmten Handlungs*weisen* verdichten. So rechnet Barth mit einem Fortschritt in diesem Prozess, bei dem der Einzelne mit «wachsender Sicherheit»[340] seiner selbst gemäß handelt, sich sein Charakter immer deutlicher herausbildet und vor Augen tritt. Doch betont er auch die Unabschließbarkeit und *Offenheit* der Charakterbildung[341] und konstatiert, dass aufgrund dieser Prozesshaftigkeit kein Ist- und damit kein vom Einzelnen willkürlich gewählter Zustand verabsolutiert werden darf.[342] Charakter ist demnach der «*Umriß*

---

334 Vgl. § 56 Freiheit in der Beschränkung, bes. Barth, KD III/4, 651: «Gerade sein Beschränken ist sein bestimmtes, konkretes, spezifisches Bejahen. Gerade der von ihm beschränkte ist der von ihm geliebte Mensch.» Denn nur im Gehorsam, so konstatiert Barth, kann der Mensch seiner selbst gemäß handeln. Vgl. II. 2.2.3.

335 «Menschliche[s] Leben [ist] in seiner Beschränkung durch Geburt und Tod» eine «einmalige Gelegenheit», die, so konstatiert Barth, «vom Menschen als solche erkannt, ergriffen, genützt sein will» (Barth, KD III/4, 652f.).

336 A.a.O., 442–445.

337 A.a.O., 443.

338 A.a.O., 444.

339 A.a.O., 443.

340 A.a.O., 444.

341 Vgl. ebd.: Der Charakter müsse «bei aller Bestimmtheit [...] notwendig auch offen sein, weil sein Ursprung, die göttliche Anrede und also das Du, als das der Mensch vor Gott steht, kein totes, sondern selbst ein lebendiges Sein und Geschehen ist.»

342 Vgl. ebd.

seiner [des einzelnen Menschen; E.G.] besonderen Lebensgestalt»[343], aber eben auch nicht mehr. Barth beschreibt die Charakterbildung mit einem seinem Anliegen nach Konstanz und aktualem Charakter des Gebotes entsprechenden Sowohl (Verstetigung des Charakters) Als auch (Unabgeschlossenheit der Charakterbildung).

In Barths Konzept fungiert Gott als Garant einer dem Charakter gemäßen Handlung und damit eines «sicheren *Zusammenhang[s]*»[344] zwischen den Einzelhandlungen eines Individuums: Zum einen dadurch, dass Barth mit der strukturellen Stetigkeit rechnet, dass sich Gottes Gebot dem Glaubenden *beständig bzw. immer wieder* ereignet. Zum anderen sichert Gott den *inhaltlichen* Zusammenhang der Handlungen, indem durch die Übertragung der inhaltlichen Bestimmung an Gott als unbedingte Instanz die Situations- und Selbstgemäßheit und damit die ‹moralische Identität› aller auf dem von Gottes Gebot Affektiv-Angegangenseins beruhenden Handlungen eines Individuums gewährleistet wird.[345] Kontinuitätssichernd wirkt sich der aktuale Charakter des Gebotes aber auch noch in anderer Hinsicht aus. Denn aufgrund des Unbedingt-Angegangenseins deutet das Individuum seine Handlungen, auch seine länger zurückliegenden, als seine eigenen. Nur die Rückbindung an das sich ereignende Gebot Gottes kann Barth zufolge also den Zusammenhang zwischen den Einzelhandlungen eines Individuums sichern. Und nur als durch das Gebot Gottes Gebundener kann und «darf der Mensch diese Identität in einer ihm unübersehbaren, aber begrenzten Reihe von zeitlichen Augenblicken unter allmählich sich verändernden Bedingungen seiner psychisch-physischen Existenz immer aufs neue entdecken und behaupten»[346].

Barth kann mit seinem prozesshaften Identitäts-Konzept zwar konstante Entwicklungen der Identität abbilden und auch Ausnahmehandlungen als identitätsgemäß beschreiben, aber keine sprunghaften und dauerhaften Veränderungen. Dieser harmonistische Zug fällt beim Thema Ehescheidung besonders deutlich ins Auge. So kann Barth den Fall, dass jemandem die Scheidung als die ihm gebotene Handlung erscheint, nur so erklären, dass diese Gebundenheit mit der Erkenntnis einhergehen muss, dass die Eheschließung

—

343 A.a.O., 442; Hervorhebung E.G. In diesem voranschreitenden Prozess wird sich, so Barth, der eigene Charakter «als die Form des gerade dir von Gott zugesprochenen und verliehenen Lebens herausstellen».

344 A.a.O., 17.

345 Barth rechnet zudem mit einer intersubjektiven Stetigkeit des Gebotes Gottes. Vgl. dazu II. 3.

346 A.a.O., 697. Nur an dieser Stelle in KD III/4 verwendet Barth den Begriff «Identität» im Sinne einer ‹personalen Identität›.

auf einer souveränen Entscheidung und nicht auf einem Von-außen-unbedingt-Angegangensein beruht hat.[347] Die Möglichkeit hingegen bleibt unberücksichtigt, dass einem Menschen eine Scheidung in der Gegenwart z.B. aufgrund einer deutlich veränderten Lebenssituation oder Persönlichkeit eines bzw. beider Ehepartner oder einschneidender Erlebnisse alternativlos erscheinen kann, ohne dass die Eheschließung rückblickend anders bewertet würde. Die Einschätzung der zeitlich zurückliegenden Handlung ist geprägt von der Gegenwart.

Die Selbst- und Wirklichkeitserschließung des Individuums geschieht bei Barth durch das Gebot Gottes, das an den Einzelnen ergeht. Mit dem Unbedingt-Angegangensein geht die Gewissheit einher, dass die gebotene Handlung der Situation und dem Individuum entspricht. Da Barth an der Geschichtlichkeit der Individuen so wenig interessiert ist, ist es innerhalb seines Ansatzes nur schlüssig, dass er Wertebindungen losgelöst von geschichtlichen Kontexten denkt.[348]

2.2.4 Fazit: Kein Gebot ohne Freiheit

Durch die Relektüre des Barthschen Gebotsverständnisses anhand der ‹Entzauberungsdimension› der Individualisierung wurde ersichtlich, wie sehr Barth – offensichtlich auch beeinflusst durch die unmittelbar vorgängigen geschichtlichen Ereignisse – um eine Antwort auf die Frage bemüht ist, wie sich ein Christ in ethischen Entscheidungssituationen orientiert. Dabei ist Barth daran interessiert, dass das Gebotene sich dem Handlungssubjekt in Klarheit und mit unbedingtem Verpflichtungscharakter erschließt, um einerseits ein Abrutschen in eine – von Barth als gefährlich bewertete – Beliebigkeit zu verhindern und um ihn andererseits auf sein Handeln behaften und dafür verantwortlich machen zu können. Ein Rückgriff auf die in den 30er-Jahren vorherrschenden kasuistischen bzw. schöpfungsordnungstheologischen Ethikmodelle war für Barth ausgeschlossen, da diese die Gräueltaten und den Vergemeinschaftungsterror der NS-Zeit entweder nicht verhindert oder sogar befördert haben. Zum einen war für ihn trotz seines Festhaltens an einem Geltungsmoment ein Rückgriff auf natürliche Ordnungen oder Gesetzestexte zur Normengewinnung nicht mehr denkbar. Gleiches galt für die Vernunft: Die Antwort auf die Frage nach der guten Handlung

—

[347] Vgl. a.a.O., 237: Barth rechnet demnach mit der Möglichkeit, dass dies «unter Umständen die nicht nur erlaubte, sondern gebotene Konsequenz aus der Erkenntnis sein kann: diese Ehe ist nicht von Gott zusammengefügt».

[348] Gründe für Barths mangelndes geschichtstheoretisches Interesse werden in II. 3 diskutiert.

lässt sich, so hat sich nach Barths Meinung gezeigt, auch nicht auf der Ebene rationaler Argumentation herbeiführen. Zum anderen sah Barth höchst kritisch, dass in beiden Theorierichtungen Gesetze bzw. Ordnungen den Handlungssubjekten übergeordnet wurden und durch die Betonung der Gültigkeit der jeweils vertretenen Normen demgegenüber die Möglichkeiten der Kritik bzw. einer Anpassung, die in den meisten Theorien sehr wohl vorgesehen war,[349] so stark zurücktrat, dass von ihr in der Praxis kaum Gebrauch gemacht wurde.

Barth sucht nach neuen Wegen, wie der Einzelne in ethischen Entscheidungssituationen bindende Orientierung erfährt und so ethische Beliebigkeit verhindert werden kann, ohne dass das Gebundensein zu blindem Gehorsam und unkritischem Nachvollzug führt. Dabei weist Barth – anstelle irdischer Autoritäten und der menschlichen Vernunft, die hierfür nicht mehr in Frage kommen – Gott die Funktion des Normengebers zu und bindet das Individuum direkt an die unmittelbare Gottesbeziehung zurück. Aufgrund seiner Bemühung, menschliche Beteiligung bei der inhaltlichen Bestimmung des gebotenen Handelns auszuschließen und ein Gebundensein des einzelnen Christen in seinem Handeln zu erreichen, konturiert Barth das Gebot Gottes als aktuosen Akt, der sich dem Handlungssubjekt von außen inhaltlich gefüllt ereignet und in ihm ein Unbedingt-affektiv-Hingezogensein bewirkt.

Mit Barths Konzept, dass sich das Gebot Gottes dem Einzelnen mit bestimmtem Inhalt ereignet und in ihm ein Unbedingt-Gebundensein auslöst – Barths Verständnis von «Gehorsam» –, das unmittelbar zur Tätigkeit führt, gehen eine Entlastung durch Selbstrelativierung des Individuums bei der ethischen Orientierung sowie eine stabilisierende Wirkung einher, da die Bestimmung der guten und ihm gemäßen Handlung nicht mehr dem Handelnden selbst, sondern Gott zufällt. Außerdem wirkt das Gebot Gottes als Integral zwischen den verschiedenen Einzelhandlungen eines Handlungssubjektes und versetzt es in Tätigkeit. Erneut wird deutlich, dass der Christ

---

349 In besonderem Maße gilt dies, wie bereits erwähnt (vgl. oben Fußnote 146), für Brunners «Das Gebot und die Ordnungen», in abgeschwächter Weise aber auch für Althaus' «Theologie der Ordnungen». So fordert Althaus nicht nur zur Achtung der Ordnungen auf («Der menschlichen Ordnung gebührt Respekt, weil sie Gottes Ordnung vertritt.»), sondern auch zu ihrer Kritik: «Sie [die menschliche Ordnung; E.G.] bedarf der Kritik, sofern immer die Möglichkeit besteht, daß sie Gottes Ordnung verkennt» (Althaus, Theologie der Ordnungen, 30).

für Barth nur als durch das göttliche Gebot Gebundener wirklich frei handeln kann. Oder, das Ergebnis des 1. Kapitels aufgreifend: Es gibt Barth zufolge *keine Freiheit ohne Gebot*.[350]

Zugleich zeigt sich, dass Barth daran gelegen ist, die Bindung an das Gebot Gottes so zu denken, dass diese nicht als Heteronomie, sondern als Ruf der Freiheit geschieht. Das erreicht Barth durch das Ineinanderfallen von Bestimmtwerden und Selbstbestimmung[351] und seine Neuinterpretation der Gehorsamsstruktur als «freier Gehorsam»: Der Glaubende erlebt das Unbedingt-Gebundensein an das sich ihm ereignende Gebot als Selbstbestimmung und rechnet sich seine Handlung daher als eigene zu.[352] Dadurch wird das Verantwortungsgefühl des Einzelnen für das eigene Handeln gestärkt und der Einzelne kann auf seine Taten behaftet werden. Das jede Handlung begleitende Risiko besteht Barth zufolge – anders als bei kasuistischen und schöpfungsordnungstheologischen Modellen – nicht darin, die richtige Handlung zu wählen, sondern darin, nicht durch das Gebot Gottes bestimmt zu handeln und von Gott dafür zur Verantwortung gezogen zu werden.

Barth deutet das Gebot aber auch als Befreiung zum Handeln: Durch den Ereignischarakter geht das Gebot Gottes den Menschen nicht rein kognitiv an und lässt seine Handlungsformen unbeschadet, sondern es geht ihn so an, dass es ihn zum Handeln befreit und sein Verhalten unmittelbar steuert. Oder in Anlehnung an Becks Beschreibung der zweiten Individualisierungsdimension: Die *Erwählungsbiographie* ist für Barth *nicht primär eine Risiko-, sondern eine tätige Freiheitsbiographie.*

Die Auslagerung der Bestimmung des Guten in den Gottesgedanken bedeutet für Barth somit keine Ausschaltung des Individuums, sondern im Gegenteil gerade seine Selbstbestimmung, Verantwortung und Befähigung zur Tat. Das oben genannte Ergebnis muss also weiter ergänzt werden: Die Besonderheit des Barthschen Ethikkonzeptes besteht darin, dass es *keine Freiheit ohne Gebot* gibt *und kein Gebot ohne Freiheit.*

---

350 Vgl. II. 1.5.

351 Vgl. Laube, Tätige Freiheit, 349f.

352 Aufgrund dieser Selbstdeutung läuft Wagners Vorwurf ins Leere, es handle sich bei Barths Freiheitsverständnis, da sich der Mensch der Offenbarung Gottes «zu unterwerfen» habe, letztlich nur um eine «Scheinfreiheit» (Wagner, Was ist Religion?, 162). Denn Wagner lässt mit der Gleichsetzung von Bindung und Unterwerfung die handlungsleitende Bedeutung von Wertbindung sowie deren Unverfügbarkeit unberücksichtigt (vgl. hierzu bes. Joas, Die Kreativität des Handelns sowie ders., Die Entstehung der Werte). Es ist daher fraglich, ob es überhaupt Handlungen gibt, die im Wagnerschen Sinne frei sind.

Barth hat, so ist positiv hervorzuheben, nicht nur ein Gespür für die ethischen Herausforderungen seiner Zeit, sondern auch für ihre Vielschichtigkeit. Durch die Betrachtung mit Becks Individualisierungstheorem als Referenztheorie hat sich gezeigt, dass Barth eine Vielzahl zunächst scheinbar unvereinbarer Aspekte wie z.B. Autonomie Gottes und menschliche Freiheit miteinander zu vereinbaren sucht. Daraus lässt sich schließen, dass er bereits in den 40er- bzw. 50er-Jahren ein diffuses Sensorium für die Ambivalenz von Freisetzungen wie Beck sie für die Zeit ab Anfang der 60er-Jahre beschreibt hat. Eine Entwicklung, die sich zur damaligen Zeit also erst in Ansätzen zeigte und die er zu verhindern versuchte.

Doch bleibt fraglich, ob das Orientierungsproblem moderner Individuen mit Barths Konzept wirklich gelöst werden kann. Indem Barth die Kontinuität und Widerspruchsfreiheit aus einer menschlichen Entscheidungskonstellation in den Gottesgedanken zurückverlegt, hat er den Menschen als Unsicherheitsfaktor zwar ausgeschaltet, dafür gerät er in die Schwierigkeit, dass der Mensch auf Unbedingtheitserfahrungen angewiesen ist, um sein Leben als gelingend erleben zu können. Problematisch ist dies vor allem für die Situationen, in denen sich dem Individuum nicht erschließt, welche Handlung geboten ist.[353] Für Barth stellt sich dieses Problem nicht, da er mit dem beständigen und eindeutigen Ergehen des Wortes Gottes rechnet.[354] Phänomenologisch betrachtet lässt sich zwar festhalten, dass tatsächlich die deutliche Mehrzahl von Handlungen, die nicht auf äußerlichem oder innerlichem Zwang beruhen, mit der Überzeugung vollzogen werden, das Richtige zu tun. Darauf hinzuweisen und dies konzeptionell einzufangen, ist eine große Stärke des Barthschen Ansatzes. Jedoch lässt sich ebenfalls feststellen, dass es daneben auch ethische Entscheidungssituationen gibt, die von den Handlungssubjekten als dilemmatisch empfunden werden.[355]

---

353 Das könnte nur durch eine Phänomenologie des Ethischen geklärt werden, die Barth jedoch nicht leistet.

354 Besonders deutlich zeigt sich das an den ‹Grenzfällen› des Tyrannenmordes bzw. des Schwangerschaftsabbruchs, die oft als Beispiele für dilemmatische Entscheidungen genannt werden. Anders bei Barth, der auch in diesen Situationen mit dem sich dem Handlungssubjekt in Eindeutigkeit ereignenden Gebot Gottes rechnet. Die Frage ist damit nicht, ob und unter welchen Bedingungen ein Schwangerschaftsabbruch ethisch legitimiert ist, sondern, ob sich der Abbruch dem Individuum als von Gott geboten ereignet. Zu Barths Figur des Grenzfalls vgl. ausführlich III. 2.

355 Ein in den 40er- und 50er-Jahren prominentes Beispiel hierfür ist die von Martin Niemöller in seinem Buch «Vom U-Boot zur Kanzel» (1934) beschriebene Erfahrung: Im Ersten Weltkrieg musste er als U-Boot-Offizier über die Versenkung

Für die heutige Zeit anschlussfähig erweist sich Barths Ethikkonzept in der Hinsicht als sein aktuales und situatives Gebotsverständnis eine Offenheit für die Besonderheiten und Verschiedenheiten ethischer Entscheidungssituationen und -subjekte impliziert.

Des Weiteren hat sich erwiesen, dass Barth die – aus seiner Sicht unlösbaren – Schwierigkeiten einer Selbstkonstitution bewusst waren und sein Ansatz, das Selbst-Sein bzw. die personale Identität stattdessen in Gott begründet zu sehen für das Individuum entlastend ist. Positiv hervorzuheben ist zudem, dass Barth sich der Identitätsthematik, die in Deutschland erst ab den 60er-Jahren vermehrt Beachtung fand,[356] bereits in den 50er-Jahren angenommen hat, auch wenn er sie vorrangig unter anderen Begrifflichkeiten verhandelt.[357] Barth entspricht damit dem inneren Bedürfnis des modernen Menschen nach Kontinuität und danach, sich auf Dauer mit sich selbst identisch fühlen. Jedoch setzt er voraus, dass der Gottesgedanke, der in seinem Konzept die Identität verbürgt, für den einzelnen Menschen auch über Plausibilität verfügt.

Doch verspielt Barth die genannten Vorzüge etwas, indem er aufgrund seines harmonistischen Identitätskonzeptes zwischen Entscheidungssituation und rückblickender Perspektive nicht klar genug unterscheidet. So rechnet er mit der Möglichkeit, dass einem Individuum aus gegenwärtiger Perspektive eine zurückliegende Handlung als nicht geboten erscheinen kann. Es ist jedoch anzufragen, inwiefern eine solche Infragestellung der vergangenen Unbedingtheitserfahrung legitim ist. Vielmehr scheint es angemessener eine Differenz in der Bewertung dadurch zu erklären, dass Handlungen, die sich dem Individuum in der Vergangenheit als richtig erschlossen hatten, sich diesem erst in der Gegenwart als falsch erwiesen haben und überhaupt

---

eines französischen Torpedozerstörers entscheiden und hat dies als ethisches Dilemma empfunden. Vgl. hierzu ausführlich III. 5.

356 Vgl. Joas, Die Entstehung der Werte, 237. Joas sieht einen Zusammenhang zwischen der – maßgeblich durch Habermas angestoßenen – Rezeption der zu dieser Zeit vorrangig aus den USA stammenden Identitätskonzepten seit den 60er-Jahren in Deutschland und den Diskussionen um eine Bildungsreform: Man erhoffte sich «eine moderne und verwissenschaftlichte Reformulierung der Ideale von Bildung und Emanzipation».

357 Denkbar wäre – trotzt aller inhaltlichen Differenzen – eine Sensibilisierung für dieses Thema durch Barths Lehrer Wilhelm Herrmann, in dessen Ethik die «Persönlichkeit» besondere Beachtung fand, weil er sie als Voraussetzung von «Sittlichkeit» und Religion ansah (vgl. Herrmann, Ethik).

erst angesichts der konkreten Situation als falsch erweisen konnten.[358] Daraus darf aber nicht geschlossen werden, dass diese Handlung deshalb bereits in der Vergangenheit nicht geboten war.

Als Folge seines harmonistischen Identitätskonzeptes bleibt der Spannungsreichtum von Identitätsarbeit bei Barth zu wenig beachtet: So kann er mit seinem Konzept nicht abbilden, dass Identitätsarbeit auch die Herausforderung umfasst, trotz Kontingenzen und der eigenen Veränderlichkeit sich dennoch immer als derselbe zu begreifen.[359] Damit vergibt er die Chance, eine theologische Deutung der Differenzerfahrungen aufzuzeigen.

So entlastend die von Barth beschriebene Gehorsamsstruktur für das Handlungssubjekt ist[360], so problematisch sind die Konsequenzen, die damit einhergehen: Durch die Echtzeitstruktur besteht keine Möglichkeit, über die Angemessenheit einer Handlung nachzudenken und sie zu hinterfragen. Auch wenn Barths Beschreibung der Entstehung von Wertvorstellungen durch Unbedingtheitserfahrungen überzeugen kann, ist zu fragen, ob Barth der Evidenz im Hören zu viel zutraut. Dass Barth bei gleichzeitigem Festhalten an der Aktuosität und Unverfügbarkeit des Gebotes an einigen Stellen eine weitergehende Beteiligung des Menschen erwähnt, legt die Deutung nahe, dass er das Problem einer fehlenden Reflexion und die damit einhergehende Willkürgefahr selbst erkennt. So fordert er die Glaubenden auf, sich durch das Gebot Gottes bestimmen *zu lassen*. An anderer Stelle fordert

—

358 So auch Joas: Seiner pragmatistischen Erklärung der «Kreativität des Handelns» gemäß erschließen sich Werte dem Individuum erst in der jeweiligen Handlungssituation. Anhand eines von Dreyfus übernommenen Zitats erläutert Joas am Beispiel des Verliebens, dass die handlungsleitenden Bedürfnisse nicht der Handlung vorgängig sind, sondern sich erst in der Situation selbst konkretisieren und daher wandelbar sind. In der Handlungssituation kann es zu «kreativen Entdeckung[en]» (Joas, Die Kreativität des Handelns, 239) kommen. Daher kann eine Abwertung zurückliegender Handlungen nur aus der Perspektive der Gegenwart und im Wissen um den dazwischenliegenden Wertewandel geschehen. Eben diese Verschiebung bleibt bei einem rückblickenden negativen Urteil über eine Handlung, die sich einem gegenwärtig als falsch, zum damaligen Zeitpunkt aber als richtig erwiesen hat, unberücksichtigt.

359 Besonders Erik H. Erikson hat in seiner Identitätstheorie, wie er sie erstmals in dem Werk «Identity and the life cycle» 1959 (dt. «Identität und Lebenszyklus», 1966) dargelegt hat, auf die Veränderbarkeit von Identität, aber auch auf das der Identitätsbildung eigene Wechselspiel zwischen Individuum und Gemeinschaft hingewiesen. Eine instruktive Einführung zu Eriksons Begriff der Ich-Identität und seine Rezeption in der Theologie bietet Zarnow, Identität und Religion, 27–37.

360 Vgl. dazu II. 2.2.2 und 2.2.4.

er eine nachgängige bzw. vorgängige Prüfung.[361] Jedoch hat Barth diesen Ansatz nicht weiter ausgebaut und in sein System integriert.

Kritisch ist zudem anzumerken, dass Barth alle soziologischen Faktoren, jegliche Prägungen der Werte durch Milieu, gesellschaftliche oder religiöse Traditionen und damit das geschichtliche Gewordensein von Wertvorstellungen ausblendet.[362] In seinem Ethikkonzept fehlt daher ein zweites Standbein, das es ihm erlaubt hätte, der Willkürgefahr zu wehren, die mit einem aktualen Gebotsverständnis einhergeht. Sowohl dem Handlungssubjekt als auch Dritten fehlt ein externer Maßstab wie z.B. ethische Traditionen, um den Inhalt der Unbedingtheitserfahrung zu hinterfragen.[363] Zieht man allein Barths eigene ethische Äußerungen aus den Jahren nach 1945 heran, so zeigt sich, dass doch bei nicht wenigen durch eine solche kritische Überprüfung bestimmte Positionierungen, die damals wie heute als Irrwege bewertet werden müssen, hätten verhindert werden können.[364] Vergegenwärtigt man sich hingegen das geschichtliche Gewordensein ethischer Traditionen, dann kann so auf sie zurückgegriffen werden, dass sie als Prüfinstanz fungieren können. Zugleich kann so auch an der Notwendigkeit individueller Aneignung samt der Möglichkeit der Modifikation bzw. begründeten Ablehnung festgehalten werden.[365]

---

[361] Zur Prüfungsaufforderung vgl. III. 2.

[362] Hierzu ausführlich II. 3.

[363] Vgl. hierzu ausführlich II. 3.3.

[364] Exemplarisch kann auf eine der wahrscheinlich prominentesten, weil bereits zur damaligen Zeit höchst umstrittenen, Aussagen Barths hingewiesen werden: Seine Äußerung zum Kommunismus und besonders zu Stalin in seinem Vortrag «Die Kirche zwischen Ost und West» aus dem Jahr 1949. Es ermangele, so Barth, «nun wirklich alles Sinnes, wenn man den Marxismus mit dem ‹Gedankengut› des Dritten Reiches, wenn man einen Mann von dem Format von Joseph Stalin mit solchen Scharlatanen wie Hitler, Göring, [...] auch nur einen Augenblick im gleichen Atem nennen wollte» (Barth, Die Kirche zwischen Ost und West, 137). Zu weiteren Äußerungen Barths zum Ost-West-Konflikt und dem sich wahrscheinlich wesentlich an Barths Vortrag von 1949 entzündenden «Berner Kirchenstreit» vgl. Daniel Ficker Stähelin, Berner Kirchenstreit.

[365] Besonders Rendtorff hat darauf hingewiesen, dass eine individuelle Aneignung von Prinzipien als «Antwort der eigenen Lebensführung» notwendig ist, die aber die Kenntnis der «Antwort der Tradition» voraussetzt: «Prinzipien erweisen ihren handlungsleitenden Sinn nur dann, wenn sie zu einer für die jeweilige Lebensführung spezifischen Individualisierung hin offen sind, in der es darum geht, sinngemäß zu leben und zu handeln» (Rendtorff, Ethik, 176).

Zudem ist zu beachten, dass Wertebindung auch bei nicht-religiösen Menschen in vergleichbarer Weise geschieht, ohne dass sie ihre Unbedingtheitserfahrung auf Gott zurückführen. Diese phänomenologische Beobachtung, die systemimmanent zu der Anfrage hätte führen müssen, ob das Affektiv-von-außen-Angegangensein als vorrangiges Kriterium für die Gutheit einer Handlung geeignet ist, bleibt bei Barth außen vor.[366]

Abschließend sei ein Aspekt, der durch die Relektüre sichtbar wurde, besonders hervorgehoben: Da die aktual gebotene Handlung nicht abstrakt bestimmbar ist, sondern sich nur dem Individuum erschließt, bestätigt sich, dass in Barths Ethikkonzept trotz der Hochschätzung des Gemeinschaftsbezugs[367] dem Individuum in ethischen Entscheidungssituationen eine bedeutende Rolle zukommt. Die Nichtobjektivierbarkeit ethischer Entscheidungen beinhaltet zugleich ein großes Spannungspotential für die Relation zwischen Individuum und Gemeinschaft. Wie Barth beide Größen genau zueinander in Verhältnis setzt und ob es ihm gelingt, die möglichen Spannungen zu verhindern, wird im folgenden Kapitel anhand der dritten Individualisierungsdimension, der ‹Kontroll- bzw. Reintegrationsdimension›[368], in den Blick genommen.

Exkurs: Die Bedeutung biblischer Gebote in Barths aktualem Ethikkonzept

Aus der sichtbar gewordenen Absage Barths an jegliche Art der Vergegenständlichung des göttlichen Gebotes ergibt sich eine offensichtliche Spannung zu der Vorstellung, biblische Gebote seien gleichzusetzen mit dem an den einzelnen Glaubenden ergehenden konkreten Gebot, und damit zu einem biblizistischen Zugriff. Im Folgenden soll daher gefragt werden, welche Zugriffsweise auf biblische Gebote Barth stattdessen präferiert und ob die Bedeutung, die er diesen bei der Generierung des konkreten Gebotsinhalts zuschreibt, mit seinem aktualen Ethikansatz vereinbar ist.

«Die Bestimmtheit der göttlichen Entscheidung», so lautet die Überschrift des 2. Abschnittes von § 38, in dem Barth in KD II/2 die Bedeutung der biblischen Gebote erläutert.[369] Diese Bestimmtheit wird nach Barth gerade an den Geboten der Bibel deutlich, weshalb seine Ausführungen mit über 40 Seiten den Hauptteil des Abschnittes ausmachen.[370] Bereits hier – nicht erst in KD III/4 im Rahmen seiner kritischen Auseinandersetzung mit

---

366 Vgl. hierzu ausführlich III. 5.
367 Vgl. II. 1.1.
368 Vgl. hierzu ausführlich I. 2.3.
369 Barth, KD II/2, 737–791.
370 A.a.O., 748–791.

Kasuistik und Theologien der Schöpfungsordnungen im einleitenden § 52[371] – kritisiert Barth, dass biblische Gebote oft missverstanden werden als Quelle für allgemeingültige Regeln oder Prinzipien. Nach Barths Meinung ist es umgekehrt: Gerade die biblischen Texte verdeutlichen den aktualen Charakter des Gebotes des freien Gottes. Denn die biblischen Gebote ergehen «nicht raum- und zeitlos, nicht an eine unbestimmte Vielzahl irgendwelcher Menschen gerichtet», sondern «in Form von lauter geschichtlich *eigenartigen* und *einmaligen* konkreten *Befehlen*, *Verboten* und *Weisungen*»[372] an einzelne Individuen oder Gruppen in ihrer spezifischen Situation. «Sie zielen also gerade auf das Einzelne und Konkrete, das Gott dem Menschen hinsichtlich seines Handelns in diesem Verhältnis gebieten und verbieten wird.»[373] Und so wie den Protagonisten in der Bibel begegnet auch uns das göttliche Gebot mit konkretem und individuellem Inhalt.[374] Daher müssten alle biblischen Texte, die Gesetzestexte genauso wie die narrativen, nicht abstrakt und allgemein, sondern in ihrer Aktualität und Situationsgebundenheit verstanden werden.[375]

Es findet sich in KD II/2 aber auch noch eine Deutung, die in eine andere Richtung weist: So betont Barth, nachdem er sich eingehend gegen ein kasuistisches Verständnis gewandt hat, dass das Gebot Gottes, wie wir es in der Bibel vorfinden, gerade in seiner situativen Form «*ewigen* auch für uns *gültigen* Gehalt hat und das in unserer ganz anderen Zeit und Lage gerade von uns *gehört* und *respektiert* sein will»[376]. Er interpretiert die Gesetzestexte als *Programmschriften*, in denen das Wesen, Handeln und der Anspruch Gottes offenbar werden.[377] Sie dienen damit der *Vergewisserung* des Gnadenbundes, aber auch der *Orientierung* für das eigene Handeln. In eine ganz ähnliche Richtung weist seine Bezeichnung der biblischen Gebotstexte als «Ortsangabe»[378] für die göttlichen Weisungen. Demnach stecken sie

—

371 Auf seine Kritik in § 52 an kasuistischen und schöpfungsordnungstheologischen Ethikmodellen, die die Bibel als Gesetzeskodex deuten, wurde bereits in II. 2.1 hingewiesen.

372 Barth, KD III/4, 11f. Barth verwendet den Begriff «Geschichte» nicht im geschichtstheoretischen Sinne, sondern als Äquivalent für Heilsgeschichte. Vgl. a.a.O., 16f. und oben Fußnote 81.

373 Barth, KD II/2, 781.

374 Vgl. a.a.O., 748.

375 Vgl. a.a.O., 756.759.

376 A.a.O., 789.

377 Vgl. a.a.O., 765.

378 A.a.O., 764.778.

einen Bereich ab, innerhalb dessen sich die konkreten Gebotsinhalte bewegen werden.[379] Barth spricht den biblischen Geboten aber auch eine *vorbereitende Funktion* zu: Sie sind «Ordnungen, die der Men[s]ch schon in den Ohren haben muß, um Gottes sein wirkliches Leben betreffende Verordnungen hören zu können und wirklich zu hören.»[380] Zugleich betont er immer wieder, dass die biblischen Texte nicht normativ verallgemeinert verstanden werden dürfen.[381] Sie dienen vielmehr der «Zubereitung der Herzensoffenheit»[382], sich in den konkreten Handlungssituationen vom Gebot angehen zu lassen.[383] Es gibt aber auch Aussagen, in denen Barth die biblischen Gebote nicht nur als einen *Hinweis* auf die göttliche Forderung, sondern auch als ihren *Inhalt* versteht. Barth geht an einer Stelle sogar so weit zu sagen, dass das in der Gegenwart und Zukunft an den Einzelnen ergehende Gebot «formell und materiell kein anderes»[384] sein wird als jenes, was die Personen in der Bibel empfangen haben. Das Wissen um ihre Aktualität darf uns – so Barth – nicht davon abhalten, die Gebote so zu hören, als seien sie gerade zu uns gesprochen; nicht nur als Beispielerzählung, sondern als *«Anordnungen»*[385].

Es findet sich noch eine wieder etwas anders gelagerte Zuschreibung Barths: Die biblischen Texte liefern demnach auch *Prüfkriterien* für die konkreten Einzelfälle. Ein Gebot ist daran als göttliches erkennbar, dass es zur «Wiederholung und Bestätigung»[386] der biblischen Gesetze anleitet. Die Handlungen, die Gott fordert, werden nach Barth, immer der durch die Bibeltexte vorgezeichneten Linie folgen.[387] Dass Barth hier von einer Linie und nicht von einzelnen Punkten spricht, ist kein Zufall. Zugleich wehrt er sich vehement dagegen, dass die Bibel als «Zettelkasten»[388] missbraucht wird, in dem die verschiedenen Willensäußerungen Gottes willkürlich nebeneinanderstehen. Die Bibel ist nur «in der geschichtlichen Einheit ihres

---

379 Vgl. a.a.O., 780: «Es wird der Umkreis der an die […] Menschen gerichteten Forderungen bestimmt nicht größer und nicht kleiner sein, als hier umrissen ist.»

380 A.a.O., 781; Anm. E.G.

381 So konstatiert Barth, dass «das biblische Zeugnis Gebote Gottes als allgemeine moralische Grundsätze in Wirklichkeit nicht kennt» (ebd.).

382 A.a.O., 782.

383 Vgl. auch a.a.O., 761.781.

384 A.a.O., 788; ohne Hervorhebung.

385 A.a.O., 787.

386 A.a.O., 781.

387 Vgl. ebd.

388 A.a.O., 787.

Inhalts [...] Quelle, Norm und Richter materieller Ethik»[389]. Eine weitere Funktion der Gesetzestexte der Bibel besteht für Barth also darin, dass sie *zur* kritischen *Prüfung* von Geboten *auffordern* und *befähigen*.[390]

Trotz der Vielzahl der Aspekte liegt in KD II/2 der Akzent der Barthschen Argumentation eindeutig auf der Situationsgebundenheit des Gebotes. So nutzt Barth den Großteil des § 38.2 um ausführlich zu erläutern, dass das Gebot einmalig und geschichtlich konkret ergeht; für die Hinweise auf eine bleibende Verbindlichkeit reicht ihm weniger als ein Viertel dieser Seitenzahl.[391]

Auf gut einer Seite, also deutlich kürzer als in KD II/2, handelt Barth dieses Thema auch zu Beginn von KD III/4 in § 52 ab.[392] Dass er an dieser Stelle selbst auf den Abschnitt § 38.2 verweist und seine Ausführungen zudem größtenteils im Petit-Druck gesetzt sind, zeigt, dass er seine hier dargelegten Gedanken in bewusster Fortsetzung zu KD II/2 sieht und daher die Kernaussagen nur kurz wieder präsent machen möchte. Und tatsächlich gestaltet sich das Bild in dieser Passage von KD III/4 ganz ähnlich wie im § 38.2. Wieder weisen Barths Ausführungen disparate Gedanken auf: Vorrangig möchte Barth in Abgrenzung von einem kasuistischen Umgang mit der Bibel die Aktuosität und Konkretheit des göttlichen Gebietens hervorheben: Dies wird bereits am Aufbau der Argumentation deutlich. Anfang und Ende sind parallel gestaltet und zielen darauf ab, die Ereignishaftigkeit und Situationsgebundenheit der biblischen Gebote herauszustellen: «Mit einem Wort: das göttliche Gebot ist gerade in der Bibel eine *geschichtliche Wirklichkeit* und nicht [...] eine *zeitlose Wahrheit*.»[393] Fast etwas polemisch spricht Barth davon, dass immer dann, wenn das göttliche Gebot als «zeitlose Wahrheit» missdeutet wurde, es nach eigenem Gutdünken mit Versatzstücken der Tradition oder des Naturrechts ergänzt wurde. Nur durch diese Ergänzungen, die Barths grundlegendem Bestreben zuwider laufen, menschliche Beteiligung bei der inhaltlichen Bestimmung des Gebotenen auszuschließen, könne es überhaupt auf die aktuelle Situation angewendet werden. So endet er mit dem Urteil, dass ein Gebot nicht mehr Gebot Gottes sein kann, wenn sein aktualer und situativer Charakter geleugnet

—

389 Ebd.

390 Es wird sich zeigen, dass der in der Gemeinde bezeugte «geformte Hinweis» eine ganz ähnliche Funktion für die Generierung des konkreten Gebotsinhaltes hat. Vgl. dazu II. 3.1.3.

391 Auf S. 749–782 erläutert Barth den individuellen und situativen Charakter der Gebote, auf S. 782–791 ihren Anspruch auf Gültigkeit auch für heute.

392 Barth, KD III/4, 11f.

393 A.a.O., 12.

wird. In der Mitte dieses Abschnittes aus § 52 zeigt sich, dass Barth trotzdem daran gelegen ist, den Bereich des Gebotenen einzuschränken, denn er spricht den biblischen Texten auch hier eine *orientierende Funktion* zu. Wie in KD II/2 konstatiert er, dass in den biblischen Texten «der Raum abgesteckt [wird], in welchem das konkrete göttliche Gebieten und Verbieten stattfindet. Sie zeigen dessen Grenzen an, indem sie sagen, was in diesem Raum unmöglich ist»[394]. Zudem sind sie Charakterisierungen des gebietenden Gottes, *Zusammenfassungen* seines Handelns in der Geschichte des Bundes und damit seiner Erwartungen an die Menschen. Erneut weist Barth den biblischen Weisungen die Aufgabe zu, den Einzelnen auf das an ihn ergehende Gebot *vorzubereiten*. Die biblischen Gebote zielen in ihrer Zeit darauf ab, «daß diese Menschen [die sie empfangen; E.G.] sich mit ihrem Tun der von Gott regierten Bundes- und Heilsgeschichte zu bestimmter Zeit an bestimmtem Ort in bestimmter Weise einordnen sollen»[395]. Dann schwenkt Barth erneut um und hebt hervor, dass die biblischen Texte dennoch kein Ersatz sind für das konkret sich dem Einzelnen ereignende Gebot: «Was diese Menschen im einzelnen tun und nicht tun sollen, das wird ihnen weder in den Zehn Geboten noch in der Bergpredigt noch in den anderen biblischen Texten dieser Art gesagt»[396]. Gerade die Texte des Alten und Neuen Testaments selbst zeigen nach Barth, dass die konkrete und freie Weisung durch Gott selbst oder seine Boten den Menschen entgegenkommt und nicht das Ergebnis menschlicher Exegese ist.

Die sichtbar gewordenen inhaltlichen Spannungen lassen sich vor allem auf Barths spezifischen, dynamisch-prozessualen Denkstil, der die gesamte KD prägt, zurückführen.[397] Kennzeichnend ist, dass Barth eine Frage aus verschiedenen Blickwinkeln beleuchtet: er greift immer wieder einen neuen Aspekt heraus und stellt ihn in den Fokus seiner Reflexion. In der Zusammenschau können die Ergebnisse zunächst durchaus disparat wirken. Doch nur gemeinsam bieten sie nach Barth eine angemessene Antwort auf die behandelte Frage. Deshalb umkreist er die einzelnen Themen und löst die Diskrepanzen zwischen den einzelnen Aussagen nicht auf, sondern lässt die

---

[394] Ebd.

[395] Ebd.

[396] Ebd.

[397] Vgl. hierzu Laube, Tätige Freiheit, 358f. Laube stellt die höchst überzeugende These auf, dass in der KD ein nach seiner Meinung für Barth eigentümlicher «prozessuale[r] Denkstil» Niederschlag gefunden hat, der kein Zufallsprodukt ist, sondern sich in den theologischen Überzeugungen Barths gründet, dass sich auf «‹prinzipiellem› Wege» die Gegenstände theologischer Reflexion wie z.B. «die Wirklichkeit der Freiheit nicht einholen» (a.a.O., 358) lassen.

scheinbar sich widerstreitenden Aussagen nebeneinander stehen. Erst gemeinsam ergeben sie ein komplexes Ergebnis. Auch bei der Frage nach der Bedeutung der biblischen Texte zeigt sich diese Argumentationsweise.

Dennoch – oder gerade deshalb – bleiben auch unter Beachtung dieser Besonderheit inhaltliche Unausgeglichenheiten bestehen, die meines Erachtens auf die disparaten Interessen Barths zurückzuführen sind, die bereits bei der Relektüre seines Gebotsverständnisses deutlich wurden:[398] Barth möchte einerseits ein heteronomes Gehorchen ausschließen und das Individuum auf seine Verantwortung behaften. Daher stellt er heraus, dass biblische Gebote Zeugnisse des unmittelbaren Angegangenseins von Individuen in einer bestimmten Handlungssituation sind. Sie entbinden das Handlungssubjekt nicht davon, sich in der jeweiligen Situation vom Gebot angehen zu lassen. Einen biblizistischen Zugriff auf biblische Gebote, bei dem sie mit Handlungsnormen gleichgesetzt werden, deutet er deshalb als unzulässige Vergegenständlichung. Andererseits möchte er ethischer Beliebigkeit wehren und hält daher an einer bleibenden Gültigkeit sowie Verbindlichkeit biblischer Gebote fest und spricht ihnen eine vorbereitende und orientierende Funktion zu. Die Individualentscheidung dispensiert also nicht von biblischen Grundlagen. Jedoch gelingt es Barth auch hier nicht, die Spannungen beider Anliegen aufzulösen. So bleibt beispielsweise ungeklärt, wie eine die Ereignishaftigkeit des Gebotes wahrende kritische Prüfung desselben aussehen könnte. Ungeachtet dessen ist erneut Barths Gespür für die Vielfalt der Aspekte, die in einer theologischen Ethiktheorie mit einbezogen werden müssen, hervorzuheben.

---

398 Es lässt sich daher nicht von der Hand weisen, dass die Spannungen innerhalb von Barths Argumentation, auf die Maßmann verweist (so z.B. bezogen auf KD III/4 § 52: Maßmann, Bürgerrecht, 199–208), tatsächlich im Text vorhanden sind. Wenn Maßmann diese jedoch allein darauf zurückführt, dass Barths Darlegungen «nicht konsequent durchgearbeitet» (a.a.O., 208) wurden, dann legt er zum einen einen Bewertungsmaßstab an, der Barths theologischen Denkstil nicht ausreichend berücksichtigt. Zum anderen und als Folge aus Ersterem übersieht er, dass das spannungsvolle Verhältnis zwischen «Aktualismus» und den mit Anspruch auf Verbindlichkeit vorgetragenen materialethischen Darlegungen auch dadurch erklärt werden kann, dass hinter beiden – von ihm gleichwertig erachtete – Absichten Barths stehen.

3. Barths Verhältnisbestimmung von Individuum und Gemeinschaft: Die Erwählungsbiographie als Gemeindebiographie ist keine institutionenabhängige Biographie

Neben der Entlassung des Einzelnen aus traditionalen und familialen Normen und den die neuen Wahlfreiheiten begleitenden Risiken besteht die dritte Dimension der Individualisierung in der Theorie Becks in der Kontrolle durch die Reintegration des Einzelnen in soziale Institutionen – wie etwa Arbeitsmarkt und sozialstaatliche Sicherungssysteme – die jedoch ihrerseits, wie Beck hervorhebt, nur schwer zu beeinflussen seien.[399] *Ihre Bewertung durch Beck fällt dabei ambivalent aus: Einerseits übernehmen sie Aufgaben, die bisher v.a. von der Familie übernommen worden seien (das trifft vor allem auf die Institutionen des Sozialstaates zu) und ermöglichen bzw. befördern so die Herauslösung des Individuums aus familialen Bezügen. Andererseits führen sie zu neuen Abhängigkeiten, die normierend auf die Lebensgestaltung der Individuen wirken. Auch diese Freiheitsbeschränkungen seien, wie die Risikosteigerung, eine beschränkende «Nebenfolge»*[400] *von eigentlich individualisierungsfördernden Veränderungen: Der Arbeitsmarkt, staatliche Bildungs- und soziale Sicherungsmaßnahmen lancieren die Individualisierung, indem sie räumliche Mobilität begünstigen sowie Bildungszuwachs und ökonomische Unabhängigkeit von bisher normierenden Bezugsgrößen ermöglichen. Arbeitsmarkt und Staat begünstigen aber nicht nur eine Stärkung des Individuums und eine Ausweitung seiner Handlungsoptionen, sondern beschränken durch ihre institutionellen Vorgaben zugleich seine Wahlmöglichkeiten. Die Begrenzungen seien teils unbeabsichtigte ‹Nebenfolgen› – wie zum Beispiel die beruflichen Nachteile für Alleinerziehende, die der Forderung nach zeitlicher Flexibilität nicht immer gerecht werden können – teils aber auch Folgen gezielter regulierender Maßnahmen – beispielsweise die Erhöhung des Drucks zur Aufnahme einer sozialversicherten Beschäftigung durch Änderung der Sozialgesetzgebung. An die Stelle der klassen-, standes- bzw. familienabhängigen Biographie sei die institutionenabhängige Biographie getreten.*[401]

---

[399] Vgl. hierzu ausführlich I. 2.3.

[400] Beck, Das Zeitalter der Nebenfolgen, 27.

[401] Erneut sind zu Beginn eines Unterkapitels die Passagen kursiv gesetzt, die die entscheidenden Relektüre-Aspekte des Beckschen Konzeptes vergegenwärtigen.

In diesem Kapitel wird die ‹Kontroll- bzw. Reintegrationsdimension› als Interpretationsperspektive herangezogen.[402] Blickt man aus dieser Perspektive auf Barths Ethik in KD II/2 und KD III/4, so wird erkennbar, dass Barth das spannungsreiche Verhältnis von freiem Individuum und den das Individuum einbettenden bzw. rückbindenden Bestandteilen – neben der Bindung des Einzelnen an das sich ihm von außen ereignende Gebot Gottes[403] – vor allem durch die Einordnung des Einzelnen in die Kirche bzw. in die christliche Gemeinde thematisiert (3.1).[404] Dabei wird sich zeigen, dass Barth «Gemeinde» als hierarchielose «Versammlung»[405] von Glaubenden deutet (3.1.1), die er zum einen konturiert als Gemeinschaft, in der das inhaltlich stetige Gebot Gottes verkündet wird (3.1.3). Dahinter wird Barths Interesse erkennbar, durch die Einbindung in die Gemeinde einer von ihm kritisch bewerteten Vereinzelung des Menschen zu verhindern sowie durch Kenntnis des Gebotes Gottes eine ethische Orientierungslosigkeit der einzelnen Handlungssubjekte zu verhindern (3.1.2). Zum anderen zeigt sich, dass Barth das Verhältnis von Individuum und Gemeinde so bestimmt, dass Letztere gerade keine dem einzelnen Glaubenden übergeordnete Instanz – also keine Institution im Beckschen Sinne – ist, die seine Handlungen heteronom normiert (3.2).

3.1 Die Erwählungsbiographie als Gemeindebiographie

Zunächst fällt auf, dass Barth an einer unhintergehbaren Sozialität des Menschen festhält: Das Individuum kommt bei ihm stets als gemeinschaftsbezogenes in den Blick.[406] Er nennt verschiedene Gemeinschaftsformen, in die er den Menschen eingebunden sieht: Demnach ist er Teil einer Familie sowie im Normalfall auch einer ehelichen Gemeinschaft.[407] Darüber hinaus betont Barth, dass es konstitutiv zum Christsein gehört, Teil der Gemeinde zu

---

402 Zum Ansatz dieser Arbeit und der Funktion, die dabei der Beckschen Theorie zukommt vgl. Einleitung und II.

403 Vgl. II. 1 und 2.

404 Zu Barths Verständnis dieser beiden Begriffe vgl. II. 3.1.1.

405 Barth, Die lebendige Gemeinde, 8.

406 Vgl. hierzu II. 1.1.

407 Vgl. hierzu bes. Barth, KD III/4, § 54 «Freiheit in der Gemeinschaft». Für Barth ist die Beziehung zwischen Mann und Frau (vgl. a.a.O., 127–269, zur Ehe bes. 202–257) «exemplarische[r] Bereich der Mitmenschlichkeit» (a.a.O., 128). Barth wendet sich zwar dagegen, in «der Erzeugung und Aufzucht von Kindern» einen Zweck der Ehe zu sehen. Dennoch «schließt [die Ehe; E.G.] freilich die innere Bereitschaft zum Kinde und also zur Familie in sich, so gewiß sie eben

sein.[408] Entsprechend bezeichnet er die Beteiligung des Einzelnen an den Aufgaben der christlichen Gemeinde als «eigentliche[ ] und höchste[ ] Form» des «dem Menschen gebotene[n] tätige[n] Leben[s]»[409]. Die Erwählungsbiographie ist daher Barth zufolge immer eine Gemeindebiographie. Was versteht nun Barth unter «Gemeinde», wie bestimmt er ihr Verhältnis zur «Kirche» und welche Konsequenzen hat dies für die Rolle des Individuums in ethischen Entscheidungssituationen?

3.1.1 Die «Gemeinde»

Da eine Beantwortung der ersten beiden Fragen allein unter Bezugnahme auf KD II/2 und KD III/4 nicht möglich ist,[410] wird auch Barths Aufsatz «Die lebendige Gemeinde und die freie Gnade» (1947) hinzugezogen, in dem Barth erstmals seine Ekklesiologie in Grundzügen darstellt.[411] Zunächst und grundlegend ist festzustellen, dass wie bereits der Untertitel «Die Kirche – die lebendige Gemeinde des lebendigen Herrn Jesus Christus» andeutet, Barth «Gemeinde» und «Kirche» nahezu synonym verwendet.[412] Barth bevorzugt zwar den Begriff «Gemeinde» und erachtet daher Überlegungen, «Kirche» gänzlich durch diesen zur ersetzen, für bedenkenswert,

—

auch vollkommene sexuelle Gemeinschaft ist» (a.a.O., 211). Zur Beziehung zwischen Eltern und Kindern vgl. a.a.O., § 272–297.

408 Vgl. a.a.O., 568: «Er kann ja gar nicht Christ sein, ohne in der Gemeinde zu sein.» Entsprechend behandelt Barth in KD III/4 die «Freiheit in der Gemeinschaft» (§ 54) vor der «Freiheit zum Leben» (§ 55).

409 A.a.O., 590. Deutlich wird dies u.a. in Barths Interpretation des Feiertagsgebots (vgl. a.a.O., 68): Nur durch die gemeinsame Feier des Gottesdienstes mit anderen Christen kann der Einzelne den gebotenen Feiertag angemessen begehen.

410 Dieser Umstand findet, da KD II/2 und KD III/4 dennoch die maßgeblichen Texte auch für die Relektüre anhand der dritten Individualisierungs-Dimension bleiben, ebenfalls im verhältnismäßig geringen Umfang dieses Kapitels seinen Niederschlag.

411 Vgl. Georg Plasger, Kirche als ökumenisches Ereignis, 473. Für diese Auswahl spricht zum einen, dass dieser Aufsatz 1947 veröffentlicht wurde, also in der Zeit zwischen Erscheinen von KD II/2 und KD III/4; zum anderen spricht dafür, dass Barths Kirchenverständnis dort in komprimierterer und pointierterer Form als in KD IV vorliegt (so auch ebd.), wo seine ekklesiologischen Darlegungen dem systematischen Aufbau der KD entsprechend auf zwei Bände (KD IV/1 und KD IV/2) verteilt sind.

412 Vgl. neben Barmen III («christliche Kirche» als «Gemeinde von Brüdern») auch Barth, KD III/4, 559. Dort spricht Barth von der «christlichen Gemeinde oder Kirche».

spricht sich aber dennoch für die Beibehaltung beider Begriffe aus, weil seiner Meinung nach beide jeweils einen maßgeblichen Aspekt eines angemessenen Verständnisses von Kirche zum Ausdruck bringen:

Das Wort *Kirche* verdeutlicht, dass Gemeinde nicht nur eine bestehende Gemeinschaft, sondern das «*Ereignis* ihrer *Versammlung*»[413] bezeichnet. Darin zeigt sich, dass Barth verhindern möchte, dass Gemeinde sich mit ihrer bloßen Existenz begnügt und vernachlässigt, dass sie ihrer gemeinschaftlichen Vollzugsformen bedarf. So ereignet sich Barth zufolge Gemeinde vor allem in der gemeinsamen Feier des Gottesdienstes. Primär besteht dieser in der Evangeliums-Verkündigung, umfasst weiterhin aber auch Seelsorge, «Unterweisung der Jugend» und «brüderliche Disziplin»[414]. Barth spricht außerdem dem gemeinsamen Gebet, dem Abendmahl und der Taufe eine große Bedeutung zu. Darin kommt zum Ausdruck, dass für Barth der Gemeinschaftsaspekt wesentlich zur Gemeinde gehört. Demgemäß bedarf es, auch wenn Barth dies nur für einen Ausnahmefall hält, mindestens zweier Glaubender, um Gemeinde zu sein. Als reguläre Form erachtet Barth dabei die «Ortsgemeinde als die Versammlung der Christen eines bestimmten Lokalbereichs»[415].

Der Begriff *Gemeinde* – man beachte: Barth ergänzt in Klammern das lateinische Wort congregatio – hingegen hebt im besonderen Maße hervor, dass «‹Kirche› nicht nur […] eine Einrichtung»[416] ist. Dementsprechend wendet sich Barth gegen ein institutionelles Verständnis von Kirche, indem er konstatiert, dass Gemeinde keine Institution *ist*.[417] Vielmehr *hat* sie Institutionen, die Barth näher als «Form, in der die christliche Gemeinde tätig ist»[418], bestimmt und diese damit funktional den Gemeindeaufgaben unterordnet. An ihren genauen Ausgestaltungen ist Barth daher nur sekundär interessiert. Sie sollen der Gemeinde dienen, ihren Aufgaben nachzukommen und entsprechend gestaltet werden – nicht umgekehrt. Damit geht, so streicht Barth heraus, die Notwendigkeit einer ständigen Offenheit für die Veränderung der institutionellen Verfasstheit und Regelungen einher. Ent-

---

413 Barth, Die lebendige Gemeinde, 8.
414 A.a.O., 18.
415 A.a.O., 17; ohne Hervorhebung.
416 A.a.O., 8.
417 Vgl. Barth, KD III/4, 559. Diese institutionenkritische Haltung findet ihren Ausdruck auch in der Aussage: «Wir setzen […] voraus, daß unter der christlichen Gemeinde oder Kirche nicht eine so oder so geordnete Anstalt oder Institution […] zu verstehen ist.»
418 Ebd.

scheidend ist dabei für Barth, dass sie ein egalitäres Miteinander ermöglichen. Dementsprechend nennt Barth kaum Kriterien für die Verfasstheit der Gemeinde, außer dass er Hierarchien[419] und Kirchenzucht[420] in der Gemeinde ablehnt. Eine «Unterscheidung zwischen ‹Geistlichen› und ‹Laien›, Amtsträgern und gewöhnlichen Christen»[421], die eine hierarchische Verhältnisbestimmung impliziert, weist Barth ebenso zurück wie eine Vorrangstellung von wissenschaftlichen Theologen.[422] Eine egalitäre Ausrichtung bildet selbstverständlich kein Alleinstellungsmerkmal der Barthschen Ekklesiologie. Dennoch wird ihre Besonderheit nicht nur gegenüber reformierter Tradition deutlich; zu nennen ist besonders die Kirchenzucht, sondern auch gegenüber sozialethischen Versuchen seit den 1950er-Jahren, die Wandelbarkeit von Institutionen theoretisch einfangen und zugleich an ihrem verbindlichen Charakter festhalten zu können.[423] Für Barth ist die Gemeinde

---

419 Vgl. Barth, Die lebendige Gemeinde, 16f. Barths hierarchiekritische Einstellung wird besonders deutlich in seiner Anfrage an Bonhoeffers Mandatelehre (Barth, KD III/4, 23): «Muß es sich – man wird bei Bonhoeffers Lehre von den Mandaten einen kleinen Geschmack von norddeutschem Patriarchalismus nicht ganz los – durchaus und immer gerade um solche Verhältnisse von Oben und Unten handeln? Ist die Anschauung von der Autorität bestimmter menschlicher Personen bestimmten Anderen gegenüber für das ethische Ereignis nun wirklich bezeichnender als die Anschauung von der Freiheit auch der untersten auch den höchsten Personen gegenüber?»

420 Vgl. a.a.O., 256; ausführlicher in Barth, KD IV/1, 779f.

421 Barth, KD III/4, 560. Entsprechend konstatiert Graf: «Radikale Kritik eines klerikalen Selbstmißverständnisses der Kirche stellt ein bemerkenswert kontinuierliches Element im Denken Barths dar» (Graf, Munus Propheticum, Endnote 88).

422 Vgl. Barth, Die lebendige Gemeinde, 17.

423 Zu nennen ist v.a. die Institutionenkommission, die sich auf Initiative von Hans Dombois erstmals 1955 und dann bis 1961 jährlich traf und deren Mitglieder es sich zum Ziel gesetzt hatten, «mit Hilfe des Institutionenbegriffs den Mittelweg zwischen Naturrecht und Rechtspositivismus begehbar zu machen» (Gert Ulrich Brinkmann, Theologische Institutionenethik, 162). Vgl. neben Brinkmanns ausführlicher Darstellung und Analyse der Arbeit der Kommission (a.a.O., 115–174) auch Wolf-Dieter Marsch, Das Institutionen-Gespräch in der evangelischen Kirche. Zur Verwendung des Institutionenbegriffs in der Theologie der 50er-Jahre sowie theologischer Kritik an der Institutionentheorie in den 60er-Jahren vgl. Jan Hermelink, Kirchliche Organisation, 104–106; zu Letzterem auch Rössler, Grundriß der Praktischen Theologie, 466–468.

gerade keine dem Einzelnen übergeordnete und seiner Mitgestaltung entzogene Institution[424] – in diese Richtung würde beispielsweise Ernst Wolf tendieren[425] –, sondern jeder Glaubende ist zur Gestaltung und Mitwirkung in der Gemeinde aufgefordert und befähigt.

Ebenso plädiert Barth für ein kongregationalistisches Gemeindeverständnis[426] und gegen ein synodal-presbyteriales. Er begründet dies damit, dass bei letzterem den Gemeinden eine übergemeindliche Kirchenleitung übergeordnet wird, der eine gewisse Entscheidungshoheit eingeräumt wird. Aber, so Barths Kritik, kann eine «solche Zwischenschaltung menschlicher Hoheit und Autorität den freien Lauf des Wortes und Geistes Gottes nur hemmen und nicht fördern»[427]. Daran wird deutlich, dass Barth zwar an der Eingebundenheit des einzelnen Glaubenden in eine Gemeinde liegt, er diese aber nicht als Vermittlungsinstanz zwischen Individuum und Gott deutet. Vielmehr möchte er sie so fassen, dass sie den Einzelnen stärkt, das sich ihm aktual ereignende Wort Gottes zu vernehmen.

3.1.2 Die Integration des Einzelnen in die Gemeinde: Entlastung und Absicherung

Hinter der Betonung der sozialen Dimension des Menschseins werden drei weitere Anliegen Barths erkennbar: *Erstens* und grundlegend erreicht Barth dadurch einen Schutz vor einer von ihm negativ bewerteten Absonderung des Individuums. Demgemäß fordert er, ethische Besinnung solle in der Gemeinschaft stattfinden und ihre Erhaltung zum Ziel haben. Kennzeichen einer angemessenen Form ethischer Besinnung ist demnach, dass sie «nicht in der Abwendung von den Anderen, sondern gerade in der Zuwendung zu

—

424 Vgl. Rössler, Die Institutionalisierung der Religion, 67. Er problematisiert die «Objektivität» von Institutionen und speziell die der «Kirche als religiöse[r] Institution», da sie mit einer Unterordnung des Einzelnen einhergehe. Zur Bedeutung des Begriffs «Institution» in der Sozialethik und Kirchentheorie nach 1945 vgl. Hermelink, Kirchliche Organisation, 103–110.

425 Vgl. Wolf, Zum Normencharakter der Institutionen, 83–95 und Wolf, Sozialethik, 171–173 (zum Institutionenbegriff).226–242 (zur Kirche als Institution des Bundes). Anders als Barth hebt Wolf die Notwendigkeit «der Ordnung und des Rechts» besonders hervor. Des Weiteren betont er, dass dem «geistliche[n] Amt», das er zudem als «Stiftung Gottes» (a.a.O., 234) bezeichnet, besondere Aufgaben zukommen.

426 Vgl. Barth, Die lebendige Gemeinde, 23.

427 A.a.O., 17. Um diesen hierarchie- und institutionenkritischen Grundzug der Barthschen Ekklesiologie hervorzuheben, wird im Folgenden vorrangig von Gemeinde gesprochen.

ihnen, nicht im Bruch, sondern im Halten der Gemeinschaft mit ihnen vollzogen wird»[428]. Entsprechend insistiert Barth darauf, dass die ethische Frage, auch wenn sie situativ vom Individuum beantwortet werden muss, stets in der 1. Person Plural formuliert wird («Was sollen *wir* tun?»[429]). Nur in dieser Fassung der Frage kommt, so Barth, der Anspruch auf allgemeine Gültigkeit des Gebotenen zum Ausdruck.[430]

Eine solche ethische Gemeinschaft setzt jedoch voraus, dass es Entsprechungen des von den verschiedenen Mitgliedern für gut erachteten Handelns entweder bereits gibt oder diese hergestellt werden müssen. Und tatsächlich behauptet Barth nicht nur eine intrasubjektive Stetigkeit der Vorstellung des Guten[431], sondern auch eine intersubjektive Übereinstimmung der Gebotsinhalte, an die sich die verschiedenen Christen gebunden fühlen. Die Konstanz des Guten versucht Barth dabei erneut über den Gottesgedanken zu sichern, indem er eine «Stetigkeit und Kontinuität des göttlichen Gebietens»[432] konstatiert. Dies ermöglicht ihm zudem, die Menschen aus der inhaltlichen Bestimmung des Guten herauszuhalten.[433] Sowohl für den Einzelnen als auch für die Gemeinschaft gibt es demnach nicht nur die «Vertikale», das Ereignis, sondern auch die «Horizontale» des göttlichen Gebietens; die Gemeinde ist Barth zufolge die Gemeinschaft, von welcher der Inhalt dieses Gebietens bezeugt wird.[434]

Barth scheint sich aber auch der Probleme bewusst zu sein, die sich durch die Nichtobjektivierbarkeit des Gebotenen als das Sich-dem-Individuum-Ereignende ergeben. So steht hinter seinem Hinweis auf inhaltliche Stetigkeiten das Anliegen, die Gemeinschaft nicht nur vor individualistischer Absonderung, sondern *zweitens* auch vor Willkürhandlungen Einzelner zu schützen. Daher lehnt Barth trotz des von ihm hervorgehobenen Ereignischarak-

—

[428] Barth, KD III/4, 672.

[429] Barth, KD II/2, 727.

[430] Vgl. a.a.O., 730. Dabei pflichtet Barth Kant in dem Punkt bei, dass das Gebotene Allgemeingültigkeit beansprucht, ohne jedoch zu problematisieren, dass Kant die Frage in der 1. Person Singular formuliert, also in der Fassung, die Barth selbst ablehnt. Er begründet seine Ablehnung der Frage «Was soll ich tun?» (a.a.O., 729) damit, dass sie dem Einzelnen die Möglichkeit gewährt, für sich eine Ausnahme vom allgemein Gebotenen zu beanspruchen und sich so der allgemeinen Verbindlichkeit des Gebotes zu entziehen. Zum Tätigkeitsaspekt der Frage vgl. II. 2.2.2 c).

[431] Vgl. II. 2.2.3.

[432] Barth, KD III/4, 18.

[433] Vgl. hierzu II. 2.2.

[434] Vgl. hierzu ausführlich II. 3.1.3.

ters des göttlichen Gebotes eine Situationsethik in Reinform bzw. Ethikkonzepte ab, die sich allein mit einem Verweis auf das aktuale Geistwirken begnügen.[435] Zudem konstatiert er, dass es Auftrag der Gemeinde ist, Einzelne zur Überprüfung ihrer Entscheidung aufzufordern, wenn die Handlung dem von der Ethik beschriebenen ‹Normalfall› widerspricht.[436]

Ebenso liegt die Deutung nahe, dass sich Barth offenbar der Herausforderung bewusst ist, die ein aktuales Ethikkonzept, wie es von ihm vertreten wird, für das Individuum bedeutet.[437] Durch das Aufzeigen von inhaltlichen Konstanten des Gebotes versucht er *drittens* die Unwägbarkeit des ethischen Ereignisses abzumildern und so die Offenheit, die vom Individuum gefordert wird, einzuschränken und ihm zugleich einen Abgleich des sich ihm ereignenden Gebotes mit anderen in der Gemeinde zu ermöglichen. Stellt der einzelne Glaubende dabei eine Übereinstimmung zwischen dem Handeln, das sich ihm in einer bestimmten Situation als gut erweist und dem ethischen ‹Normalfall› fest, führt dies zu einer weiteren Vergewisserung.

Alle drei Aspekte lassen erkennen, dass sein aktuales Ethikverständnis Barth selbst Unbehagen bereitet und er, um Individualismus, willkürlichen Handlungen und einer möglichen Verunsicherung des einzelnen Handlungssubjektes vorzubeugen, umso mehr die Bedeutung des Eingebundenseins in die Gemeinde hervorhebt und ihr eine orientierende Funktion zuschreibt. Hier zeigt sich abermals, dass Barth freisetzenden Individualisierungsprozessen im Beckschen Sinne nicht nur skeptisch gegenübersteht, sondern sie sogar zu verhindern sucht.

3.1.3 Die Stetigkeit des Gebotes Gottes und seine Bezeugung in der Gemeinde

Auch wenn Barth es nicht explizit benennt, setzt eine solche ethische Gemeinschaft zunächst voraus, dass das sich dem Einzelnen ereignende Gebot in ihm nicht nur eine persönliche Bindung hervorruft, sondern er auch mit dessen überindividueller Gültigkeit rechnet. Er hat die Erwartung einer inhaltlichen Konvergenz zwischen dem Handeln, das sich ihm und dem Handeln, das sich anderen der Gemeinschaft in einer Unbedingtheitserfahrung

---

435 Vgl. Barth, KD III/4, 19: Die von ihm abgelehnten Ethikkonzepte beschreibt er als solche, «die sich etwa mit dem formlosen Hinweis auf den im ethischen Ereignis fordernden, entscheidenden und richtenden Gott, auf den Heiligen Geist oder gar auf das ‹Gebot der Stunde› und dergleichen begnügen wollte[n].»

436 Vgl. hierzu ausführlich III. 3.

437 So kennt Barth den «Einwand, daß uns der Wille Gottes gerade in seiner Bestimmtheit unbekannt oder doch nicht genügend bekannt ist» (Barth, KD II/2, 747).

als gut erwiesen hat bzw. erweisen wird. Es zeigt sich, dass Barth auch die intersubjektive Konvergenz der verschiedenen Gebote, wie schon die aktuale inhaltliche Bestimmung des Guten, über die bereits beschriebene Auslagerung in den Gottesgedanken sicherstellt.[438] Nicht die Menschen, sondern Gott als die Ursache ihrer Unbedingtheitserfahrung gewährleistet demnach die inhaltliche Kontinuität des Guten.

Barth bestreitet daher, dass das göttliche Gebot aufgrund seines aktualen und situativen Charakters beliebig oder unzusammenhängend ist.[439] Er hält dagegen fest, dass, auch wenn das göttliche Gebot mit jeweils speziellem Inhalt als konkrete Offenbarung an den Einzelnen ergeht, es kein zufälliges Nebeneinander individuell ergehender Anweisungen ist. Stattdessen postuliert er, dass es etwas gibt, «was in den Ereignissen des göttlichen Gebietens und des menschlichen Handelns *dauernd* ist»[440]. Barth rechnet also unbeschadet des aktualen Charakters («Ereignisse[ ]») des göttlichen Gebotes mit inhaltlichen Stetigkeiten desselben (etwas, «was [...] *dauernd* ist»). Alle ethischen Ereignisse haben, wie er es ausdrückt, einen konstanten «*Charakter[ ]*»[441].

Das zeigt sich auch an dem bereits erwähnten Bild, das Barth verwendet, um sowohl die Ereignishaftigkeit als auch die Stetigkeit des Gebotes Gottes zu verdeutlichen: Demnach ereignet es sich dem Einzelnen als «Vertikale», durchschneidet aber in diesem Ereignis eine Horizontale. Barth hält es bei Wahrung des aktualen Charakters des Gebotes daher für möglich und auch notwendig, diese Horizontale zu beschreiben: «[D]er Hinweis auf die dort hereinfallende Vertikale des ethischen Ereignisses kann, ohne dessen Geheimnis zu nahe zu treten, ohne also kasuistisch zu werden, nicht punktuell bleiben, sondern er muß insofern *linear* werden, als er jene Konstanz des göttlichen Gebietens und des menschlichen Tuns und Lassens als die *Form* zu berücksichtigen hat, die *allen* ethischen Ereignissen als solchen, ihrer Je-Einmaligkeit und Einzigartigkeit unbeschadet, eigentümlich ist.» Demnach gibt es eine Art ‹Normalfall› des göttlichen Gebotes und der ethische ‹Hinweis› wird «von jener Horizontalen her und im Blick auf sie zum *geformten* Hinweis»[442].

Barth versucht durch die Trinitätslehre den Zusammenhang zwischen den Einzelgeboten sicherzustellen, ohne ihre Verschiedenheit leugnen zu müssen: So wie Gott «in seiner Vielheit und Einzelheit Eines und Einer» ist,

—

438 Vgl. II. 2.2.1.

439 Vgl. Barth, KD III/4, 16.31.

440 A.a.O., 24.

441 A.a.O., 18.

442 Ebd.

«so ist Gott Eines und Einer auch in seinem *Wirken.*»[443] So vielfältig die einzelnen geschichtlichen Momente sind, so verschieden ist demnach auch die Form des Gebotes, nicht aber das göttliche Gebot, das stetig und konstant ist:[444] Als Gebot des einen Gottes ist es in seiner Vielgestaltigkeit ein «*einziges*, in sich *einiges* Gebot»[445]. Neben der Trinitätslehre dient diesem Anliegen Barths auch seine heilsgeschichtliche Interpretation der menschlichen Unbedingtheitserfahrungen. Barth deutet das sich dem Individuum ereignende Gebot Gottes als «*Punkt*» auf dem «*Feld*»[446] als Ereignis in der zusammenhängenden Heilsgeschichte Gottes.[447] Den Gegenstandsbereich ethischer Beschreibung charakterisiert er auch als «Zusammenhang, die Gliederung und Differenzierung der *Geschichte*, in der das ethische Ereignis laut des Wortes Gottes seinen Ort hat, in der es einen Moment bildet.»[448]

Die Aufgabe der «Erforschung und Darstellung»[449] dieses Bereiches kommt nach Barth der christlichen Ethik[450] zu, die er – wie die Theologie insgesamt – in der Gemeinde verortet.[451] «Er [der Theologe; E.G.] weiß,

443 A.a.O., 35.
444 Vgl. a.a.O., 17.
445 A.a.O., 16. In der Forschung wurde zwar die von Barth in KD I/1 dargelegte Trinitätslehre intensiv behandelt (vgl. z.B. Michael Murrmann-Kahl, «Mysterium trinitatis»?, 55–77). Eine eingehende Diskussion, inwiefern Barths Unterfangen, mit Hilfe des Rückgriffs auf die Trinitätslehre die Einheit der göttlichen Gebote zu gewährleisten, gelungen ist, hingegen fehlt meiner Kenntnis nach bisher. Es ist jedoch in unserem Zusammenhang weder möglich noch nötig diese Lücke zu schließen. Denn für die Fragestellung dieser Arbeit ist weniger von Interesse, auf welchem Wege Barth versucht, eine Kontinuität zwischen den Geboten zu sichern, entscheidend ist vielmehr, dass er daran interessiert ist und zwar auf eine Art und Weise, die es ihm erlaubt gleichzeitig am Ereignischarakter des Gebotes festzuhalten.
446 Barth, KD III/4, 28.
447 Vgl. a.a.O., 16f.
448 A.a.O., 28. Zu Barths Verwendung des Begriffs «Geschichte» vgl. Fußnote 372.
449 A.a.O., 18.
450 Barth spricht abgesehen von wenigen Ausnahmen in KD II/2 und KD III/4 von «theologischer Ethik» oder «christlicher Ethik», nur bei bewusster Abgrenzung gegenüber von ihm behandelten katholischen Positionen von «evangelische[r] Ethik» (a.a.O., 153.156; zu Barths grundlegender Kritik an katholischer Moraltheologie vgl. Barth, KD II/2, 586–594).
451 Gemäß seiner Bestimmung der Theologie als «Funktion der Kirche» (Barth, KD I/1, 1) in der Einleitung der KD fordert Barth auch bezüglich der Ethik, dass sie «in der Kirche» (Barth, Das Geschenk der Freiheit, 25) betrieben wird.

daß es um die Gemeinde geht, um ihre Sammlung, ihren Aufbau, ihre Sendung in der Welt. Er forscht und lehrt in ihr und für sie: als ihr Glied»[452]. Barth bestimmt damit auch die christliche Ethik als Funktion der Kirche bzw. Gemeinde. Der Theologe ist selbst Teil der Gemeinde und betreibt Ethik für die Gemeinde.

Barth geht aber noch darüber hinaus: So führt er – seinem hierarchiekritischen Gemeindeverständnis gemäß – an, dass nicht nur Wissenschaftler und Pfarrer Theologie und damit auch Ethik betreiben können, sondern «jeder Christ, der sich der theologischen Aufgabe der ganzen christlichen Gemeinde bewußt, und willig und fähig ist»[453]. Und selbst die Christen, die sich nicht dazu in der Lage sehen, sollen die Arbeit der Ethiker zumindest kritisch begleiten.[454] In seinem Konzept verschwimmt so die Grenze zwischen Theologie und Religion.

Seinem Verständnis des Gebotes als Ereignis[455] gemäß betont Barth, dass die Beschreibungen des ‹Normalfalls› nicht auf theoretischer Reflexion beruhen, sondern nur im Modus des Bezeugens geschehen können.[456] Den Wunsch nach theoretischer Reflexion bewertet Barth zwar in gewisser Hinsicht positiv.[457] Problematisch wird das theoretische Interesse allerdings, sobald es sein «eigenes Forschen mit der ethischen Frage verwechseln, sich selbst für Ethik halten will»[458]. Distanzierte Überlegung kann keine Ethik sein. «Was uns geboten ist, das können wir nie bloß wissen wollen, dem gegenüber können wir uns ja gar nicht in jenen Abstand begeben, in welchem es uns ein reiner Gegenstand sein könnte.»[459] Gottes Gebot ist Barth zufolge nicht normativ fixierbar, weil es stets Ereignis ist, aber sein Inhalt ist dennoch bezeugbar. Die Aufgabe des Ethikers besteht daher im Bezeugen des Inhalts des Gebotes, von dem er unbedingt von außen angegangen ist. Eine Distanzierung ist dem Ethiker hingegen nicht möglich. Eine ‹Zuschauer-Theologie› ist ausgeschlossen: «Vom Gebot Gottes und damit von

---

[452] A.a.O., 26.
[453] A.a.O., 21.
[454] Vgl. Barth, KD III/4, 570.
[455] Vgl. hierzu II. 2.2.1.
[456] Vgl. Barth, KD III/4, 32: «Ethik als Umschreibung und Bezeugung des Gebotes Gottes und des ihm entsprechenden guten menschlichen Handelns.»
[457] Vgl. Barth, KD II/2, 732f. So spricht Barth davon, dass reflexive Überlegungen auf «edler Neugierde» beruhen können. Das gilt vor allem dann, wenn «die Praxis selbst zum Gegenstand der Theorie» (a.a.O., 732) wird.
[458] A.a.O., 733.
[459] Ebd. Vgl. II. 2.2.2.

der Verwirklichung des Guten […] kann man nur dann reden, wenn man dabei selber durch das Gebot Gottes gebunden ist.»[460]

Die Frage, wie Ethiker zwischen den Bestandteilen der an sie ergehenden Gebote unterscheiden können, die ‹dauernd› sind und denen, auf die das nicht zutrifft, bleibt in Barths Konzept hingegen auffällig unterreflektiert. Es bleibt bei dem vagen Hinweis, dass das an den Einzelnen ergehende in dem größeren ‹Feld›, in der ‹Geschichte› der Gebote zu verorten ist. Ein ‹geformter Hinweis›, so konstatiert Barth, wird «in dem Maß möglich und notwendig werden, als wir diesen geschichtlichen Umriß des ethischen Ereignisses zu Gesicht bekommen»[461], ohne dass er Kriterien nennt, wann das der Fall ist. Es finden sich Äußerungen, die darauf schließen lassen, dass das Fehlen kein Versehen, sondern programmatisch ist: So nennt Barth als wichtigstes Kriterium für die Legitimität ethischer Äußerungen, dass sich Ethik «ihr Materialprinzip wirklich durch *Gottes Wort vorschreiben* läßt»[462]. Demnach müssten zwei Bedingungen dafür erfüllt sein, dass es sich bei dem sich dem Einzelnen ereignenden Gebot tatsächlich um ein Gebot Gottes handelt und sein Inhalt daher eine intersubjektive Übereinstimmung mit anderen Geboten aufweist. Notwendig wäre zum einen die grundsätzliche Orientierung des Handelnden an den biblischen Zeugnissen[463] und an bereits in der Gemeinde bezeugten Geboten, zum anderen das Unbedingt-Gebundensein an ein bestimmtes an ihn aktual ergangenes Gebot Gottes.

Indem Barth die Stetigkeit in den Gottesgedanken verlagert hat, wird sie einer menschlichen Überprüfung unzugänglich. Die Behauptung einer Konstanz des göttlichen Gebotes trotz seiner Verschiedenheit ist folglich nur als Glaubensaussage möglich, die dem Einzelnen unverfügbar ist. Das gilt gleichermaßen für die Deutung jedes als bindend erfahrenen Gebotes als Bestandteil einer ‹Geschichte› Gottes mit den Menschen.[464]

Ins Auge fällt zudem, dass Barth die Pluralität von Beschreibungen des Normalfalls des Gebotes und den Umgang damit in der KD nicht eigens behandelt. Im Vortrag «Geschenk der Freiheit» hingegen nennt er die «*Kommunikation* mit den anderen Theologen»[465] als Merkmal ethischer Arbeit. Ganz selbstverständlich thematisiert er den inhaltlichen Dissens, der

[460] Barth, KD II/2, 598.
[461] Barth, KD III/4, 33.
[462] Ebd.
[463] Vgl. II. 2 Exkurs: Die Bedeutung biblischer Gebote in Barths Ethikkonzept.
[464] Gleiches gilt für Stetigkeit des individuellen Lebens, die Barth zufolge ebenfalls nur im Glauben aussagbar ist. Vgl. II. 2.2.3.
[465] Barth, Das Geschenk der Freiheit, 27.

dabei zutage tritt, und fordert die Ethiker zu einem gemeinsamen Verständigungsprozess auf, der durch verantwortungsvolle Beharrlichkeit, Achtung voreinander und Enthaltung von Verurteilungen geprägt sein soll. Die Frage, wie Vielheit und Einheit der ‹geformten Hinweise› zusammenkommen, wird von Barth jedoch ausgespart.[466]

Barth spricht christlicher Ethik aber nicht nur eine beschreibende, sondern auch eine orientierende Aufgabe zu: Ethik soll «*Unterweisung*»[467] sein und sich in Form von «Direktive[n]»[468] an die Christen richten und so ihrer «Führung»[469] dienen. Barth fordert Ethiker zudem auf, die Gültigkeit ihrer Hinweise mit Intensität und großem Nachdruck zu vertreten.[470]

Ethik als Beschreibung des ‹Normalfalls› des göttlichen Gebotes zielt Barth zufolge auf die «*Einübung* im Halten des Gebotes»[471]. Angesichts der zentralen Bedeutung des Ereignischarakters des Gebotes und seiner Ablehnung jeglicher heteronomer Gesetzlichkeit wäre es schwerlich plausibel, wenn Barth «Einübung» als bloßen Nachvollzug von anderen formulierter Normen verstehen würde. Es ist vielmehr schlüssiger, dass Barth das Hören des Zeugnisses anderer als unterstützende Vorbereitung dafür erachtet, dass die Individuen das aktual sich ihnen ereignende Gebot vernehmen. Die Be-

---

466 Es scheint fast so, als rechne Barth – der hegelianischen Geschichtstheorie entsprechend – mit einem Wirken des objektiven Geistes, der zwischen den verschiedenen Zeugnissen vermittelt.

467 Barth, KD III/4, 18.

468 A.a.O., 33.

469 Ebd.; ohne Hervorhebung.

470 Vgl. ebd. Barth nennt diese Art Ethik zu treiben «Kasuistik des prophetischen Ethos» (a.a.O., 8). An diese Aufgabenbeschreibung hat sich Barth selbst gehalten, wie seine mit großer Vehemenz vorgetragenen Beiträge zu politischen Themen in der Nachkriegszeit zeigen. Vgl. z.B. seine Stellungnahme zur Wiederbewaffnung Deutschlands in seinem offenen Brief an Wolf-Dieter Zimmermann (Barth, An Pfarrer Wolf-Dieter Zimmermann, 205–214). Diese Äußerungen können daher nicht als Beleg für einen Wandel seines Ethikverständnisses herangezogen werden (so Biggar, The Hastening that Waits, bes. 25–32). Vielmehr belegen sie, dass sich für Barth ein aktuales Gebotsverständnis und eine deutliche und mit Anspruch auf Gültigkeit vorgetragene ethische Positionierung nicht ausschließen. Auch Maßmann deutet die von ihm negativ als «autoritären Ton» charakterisierte Ausdrucksweise als Ausdruck von Barths «aktualistische[m] Offenbarungsbegriff» (Maßmann, Bürgerrecht, 197). Jedoch findet sich diese Diktion nach Maßmann allein in KD II/2. In KD III/4 erkennt er hingegen eine Hinwendung Barths zu einer Verantwortungsethik (vgl. a.a.O., 253f.).

471 Barth, KD III/4, 34.

zeugung wirkt damit entlastend für den Einzelnen, ohne dass es ihn der Verantwortung für sein Handeln entbindet.[472] Diese Deutung wird durch folgenden Befund unterstützt: Auch wenn Barth die Aufgabe der Ethik als ‹Unterweisung› und ‹Führung› des Einzelnen bezeichnet, hält er am Ereignischarakter des Gebotes fest. Die Ethik kann demnach nur einen «*geformte[n] Hinweis* auf das ethische Ereignis»[473], aber «[n]icht die Antwort selber»[474] geben. Ihr Orientierungsauftrag beschränkt sich auf die «*Führung* in der *Richtung* auf die Antwort»[475] des Einzelnen. Es ist wahrscheinlich, dass Barth sich die Orientierungsfunktion der von Ethikern bezeugten ‹geformten Hinweise› ganz ähnlich vorstellt, wie bei den in der Bibel bezeugten Stetigkeiten, über die er – in dem bereits angeführten Zitat[476] – sagt, dass sie «der Men[s]ch schon in den Ohren haben muß, um Gottes sein wirkliches Leben betreffende Verordnungen hören zu können und wirklich zu hören.»[477] Die Unterweisung ist demnach eine Vorbereitung in zweierlei Hinsicht: Zum einen dient sie der Erinnerung, sich durch das Gebot Gottes bestimmen zu lassen («*Hinweis* auf das ethische *Ereignis*»). Zum anderen zielt sie auf die Kenntnis des ‹Normalfalls› des göttlichen Gebotes («*geformter* Hinweis auf das ethische Ereignis»[478]).

Offen zu Tage tritt damit die Barthsche Antwort auf die für die ethische Methodologie zentrale und unumgängliche Frage nach der Verhältnisbestimmung von Norm bzw. Prinzip und Handlung:[479] Er spricht dem Wissen

—

472 Vgl. II. 2.2.2 b).

473 Barth, KD III/4, 32.

474 A.a.O., 33. Vgl. aber auch a.a.O., 15 sowie II. 2.1.

475 Barth, KD III/4, 32. Beide Aspekte, die Orientierungsfunktion bei Beibehaltung des aktualen Charakters des Gebotes, verbindet Barth auch, wenn er die Aufgabe der Ethik umschreibt als «Anleitung […] immer wieder diesem Ereignis entgegenzugehen» (a.a.O., 16).

476 Vgl. II. 2 Exkurs: Die Bedeutung biblischer Gebote in Barths Ethikkonzept.

477 Barth, KD II/2, 781; Anm. E.G.

478 Hervorhebung E.G.

479 Verwiesen sei hier u.a. auf die viel traktierte Frage nach dem Verhältnis von Maximen und den konkreten Handlungssituationen bei Kant. Im hier behandelten Kontext ist eine genaue Darstellung der verschiedenen Auffassungen nicht weiterführend, da es nur um die grundsätzliche Relevanz der Verhältnisbestimmung für Ethik geht. Daher sei hier exemplarisch Otfried Höffes Position kurz skizziert: Nach Höffe können Maximen «nur den allgemeinen Grundriß einer Handlung» (Höffe, Kants kategorischer Imperativ, 95) angeben, aber keine konkrete Anweisung für den Einzelfall bieten. Vielmehr ist eine «Applikationsleistung» erforderlich, ist es «notwendig, die nur empirisch und je neu feststellbare geschichtliche Situation nach Maßgabe der normativen Vorgabe zu

um den Normalfall eine orientierende Funktion zu, die die ethische Entscheidung des Individuums in der konkreten Handlungssituation jedoch nicht ersetzt. Die inhaltliche Vorbereitung ist für ihn aber nicht nur deshalb bedeutsam, weil sie dem Einzelnen eine ethische Grundorientierung bietet, sondern auch, weil sie ihm die Erkenntnis ermöglicht, wann sich ihm eine vom ‹Normalfall› unterschiedene Handlung als geboten ereignet. In diesem Fall fordert Barth den Einzelnen dazu auf, sein Unbedingt-Gebundensein einer zusätzlichen Prüfung zu unterziehen.[480] Barth versteht den ethischen Hinweis demnach als inner-gemeindliche Prüfinstanz für die Handlung des Individuums. Dafür spricht auch seine Forderung, die ethischen «Direktiven» mit *«Schärfe»* und *«Dringlichkeit»*[481] vorzutragen. Ethiker haben somit eine Art innergemeindliches ‹Wächteramt›.

Im Anschluss an die bisher gewonnenen Erkenntnisse hat Ethik innerhalb Barths System eine dreifache Funktion: a) Die Erinnerung der Glaubenden, sich durch das Gebot Gottes bestimmen zu lassen, b) die dem Einzelnen Orientierung und Entlastung bietende Bezeugung des ‹Normalfalls› des Gebotes Gottes in der Gemeinde und c) die Aufforderung an die Handlungssubjekte, bei inhaltlicher Nichtübereinstimmung zu prüfen, ob das von

erschließen» (a.a.O., 94). Zwar können, so Höffe, aus den Maximen Regeln für bestimmte Situationsarten abgeleitet werden, jedoch haben sie nur den «Status von Orientierungshilfen, die den einzelnen von der persönlichen Beurteilung nicht grundsätzlich entlasten» (a.a.O., 96). – In der evangelischen Ethik hat in besonderem Maße Rendtorff auf dieses Problem hingewiesen (was sich bis in die Gliederung seines Werkes zeigt): Der «Ethik als Theorie der Lebensführung» (Rendtorff, Ethik, 131) spricht Rendtorff die Aufgabe zu, zwischen «Antwort der Tradition» und «Antwort der eigenen Lebensführung» – sowie als drittem Element der «Antwort der theoretischen Rechtfertigung» (a.a.O., 134–141) – zu unterscheiden, aber auch ihre Bezogenheit zu verdeutlichen. Sowohl Prinzipien als Vorgaben der Tradition als auch ihre Aneignung – mit der Möglichkeit zur Umformung – durch das Individuum kommt nach Rendtorff eine entscheidende Bedeutung zu. So gilt zum einen: «Zwischen Prinzipien und Entscheidungen besteht eine dynamische Relation. Es wird also nicht ein prinzipienfreier Raum reiner Entscheidungen postuliert, sondern die Selbständigkeit der im Prozeß der Lebensführung notwendigen Entscheidungen im Verhältnis zu den Prinzipien aufgezeigt» (a.a.O., 175). Diese «dynamische Relation» besteht aber, so Rendtorff, auch in die andere Richtung: Das Individuum «modifiziert, bildet und erneuert sie [die Prinzipien; E.G.] auch im Vollzuge lebensgemäßer Praxis» (a.a.O., 174).

480 Vgl. hierzu ausführlich III. 2.

481 Barth, KD III/4, 33.

ihnen als gut erachtete Handeln wirklich auf eine Unbedingtheitserfahrung zurückzuführen ist.

Zusammenfassend lässt sich sagen, dass für Barth die Erwählungsbiographie als tätige Freiheitsbiographie konstitutiv eine Gemeindebiographie ist: Das einzelne Handlungssubjekt, dem sich das Gebot Gottes situativ ereignet, ist demnach stets Teil der Gemeinde und das Gebot zielt zugleich auf ihre Erhaltung. Barth bindet das einzelne Handlungssubjekt derartig an die Gemeinde, um eine Freisetzung zu verhindern und so die Gemeinschaft, aber auch den Einzelnen vor Handlungen zu schützen, die mit dem Gebot Gottes unvereinbar sind. Zugleich versucht er die ethische Unterweisung so zu konturieren, dass sie keine Einschränkung, sondern eine Förderung der Freiheit des Individuums bedeutet, indem sie den Einzelnen darin bestärkt und unterstützt, sich vom Gebot Gottes bestimmen zu lassen.[482] Damit erhärtet sich die These, dass Barth auch an einer Bestärkung des Individuums zu Entscheidung und Tat gelegen ist.

Allerdings zeigt sich, dass es Barth nicht gelingt, die verschiedenen Interessen, die er verfolgt, sowohl auf der Darstellungs- als auch auf der Theorieebene, kohärent zusammenzufügen: So bleibt das Verhältnis zwischen Aktualität des Gebotes und Reflexivität des Glaubens ungeklärt. Die Spannung zwischen seiner ablehnenden Haltung gegenüber ethischer Reflexion und seiner Prüfaufforderung, die sowohl bei den ‹Wächtern› als auch beim angesprochenen Handlungssubjekt einen Reflexionsakt voraussetzt, kann Barth nicht auflösen. Ähnlich wage bleibt seine Verhältnisbestimmung von ethischer ‹Direktive› und ethischem Ereignis. Erkennbar wird zudem, dass Barth in seinem Ethikkonzept Aktualität und Stetigkeit des Gebotes zusammendenken möchte. Dies kann er jedoch theoretisch nicht adäquat umsetzen. Des Weiteren versucht er das Problem, wie Konstanz und Wandel des Gebotes vermittelt werden können, über den Gottesgedanken zu lösen. Jedoch gelingt es ihm dadurch nicht, das Problem auf der Handlungsebene zu lösen.

—

482 Zu Barths Freiheitsverständnis vgl. II. 1.5. Das Wächteramt ist für Barth daher keine unfehlbare Instanz, sondern er wusste – wie auch Graf festhält – stets um die «Endlichkeit und Fehlbarkeit des prophetischen Zeugnisses der Gemeinde» (Graf, Munus Propheticum, 97). Das oft fälschlicherweise Barth zugeschriebene Verständnis eines prophetischen Wächteramtes, bei dem dieser Aspekt kaum noch relevant ist, hat sich folglich erst bei seinen Schülern herausgebildet. So auch Graf, der beispielhaft auf Dieter Schellong verweist (a.a.O., Endnote 91).

3.2 Die Gemeindebiographie ist keine institutionenabhängige Biographie

Das aus klassischen Sozialformen herausgelöste Individuum sei, so Beck, reintegriert in Institutionen wie z.B. den Arbeitsmarkt oder soziale Sicherungssysteme, die seiner direkten Einflussnahme entzogen seien und deren Eigengesetzlichkeiten seine Wahloptionen einschränken.

Ungeachtet der aufgezeigten Unausgeglichenheiten im Barthschen Konzept bleibt festzuhalten, dass Barth weder Ethik noch Gemeinde als ihn heteronom normierende Instanzen dem Einzelnen überordnen möchte. Diese These wird dadurch weiter untermauert, dass Barth den Ethikern einschärft, die Beschränktheit ihrer Äußerungen nicht zu vergessen[483]. An mehreren Stellen geht er darauf ein, dass Ethiker immer wieder von anderen mit der Forderung konfrontiert werden, nicht nur einen ‹geformten Hinweis›, sondern eine konkrete Anweisung zu geben und schildert – mit durchaus ironischem Unterton – die Verlockung, diesem Drängen aufgrund der positiven Folgen für das Selbstwertgefühl des Ethikers nachzugeben.[484] Genauso deutlich benennt Barth auch das Problem, das mit diesem Selbstverständnis und dieser Vorgehensweise einhergeht: Der Ethiker sieht sich als Experte für ethische Fragen und maßt sich an, selbst zwischen Gut und Böse, zwischen falschem und rechtem Handeln zu unterscheiden und setzt sich so an die Stelle Gottes.[485] Ebenso kritisiert er, dass dem Handlungssubjekt die Kompetenz und Verantwortung, die ethische Frage zu beantworten, abgesprochen bzw. entzogen wird und der Ratschlag der Ethiker stets extern bleibt und so im Individuum nicht die notwendige Handlungsgewissheit hervorrufen kann.[486]

Zudem fordert Barth Ethiker auf, sich Urteilen über Handlungen anderer zu enthalten. Sie sollen Glaubende zwar einerseits unterweisen und sie

—

483 Vgl. Barth, KD III/4, 33: So warnt Barth Ethiker davor, dass sie selbst bei größter Gewissheit ihr Zeugnis «nicht als Antwort ausgeben» dürfen und «das letzte Urteil also auch dann Gott überlassen» müssen.

484 So z.B. a.a.O., 6: «In der Regel wird doch Jedermann dem Ethiker dankbar sein für die überlegene Sachkunde, in der er ihm die im wirklichen Leben doch oft sehr bedrängende Mühe eigener Orientierung und Entscheidung abzunehmen in der Lage ist.» Die Erwartung an Ethiker hat sich mittlerweile deutlich gewandelt. Sie werden weniger als Experten für individuelle Entscheidungen in Anspruch genommen als vielmehr besonders durch Einrichtung von Ethikkommissionen als Konsensstifter bei gesellschaftlichen Kontroversen. Vgl. Anselm, Beraten oder Entscheiden?, bes. 163.

485 Vgl. Barth, KD III/4, 9.

486 Vgl. II. 2.1 und 2.2.1.

zu Handlungen auffordern, die dem an sie ergangenen Gebot Gottes entsprechen. Barth spricht ihnen also die Aufgabe zu, Kenntnis zu geben von den Geboten, die innerhalb der Gemeinde für gültig erachtet werden. Sollten die Glaubenden allerdings anders handeln, warnt Barth die Ethiker andererseits, über die Gebotsgemäßheit dieser Handlungen zu urteilen. Ein solches Urteil stehe allein Gott zu.[487] Hierin liegt auch der Grund für seine ablehnende Haltung gegenüber Kirchenzucht.

An dieser Stelle wird zweierlei deutlich: Zum einen zeigt sich, dass Barth zwischen allgemeinen Regeln und konkreten Handlungen klar unterscheiden möchte. Dies findet seinen Ausdruck auch darin, dass Barth offensichtlich differenziert zwischen innergemeindlichem ‹Wächteramt›, dem er eine bleibende Bedeutung beimisst, und Kirchenzucht, in der er eine normative Fehlform des ethischen Hinweises sieht. Festzuhalten ist zum anderen: Obwohl Barth sich gegen ein Expertentum von Ethikern in der Bestimmung des dem Individuum gebotenen Handelns wendet, kommt in Barths Konzept der Aufgabe eine große Bedeutung zu, vom Gebot Gottes Zeugnis abzulegen.

Auch daran, dass Barth der Ethik zwar eine die Christen unterweisende Aufgabe zudenkt, die ‹Antwort› und auch die Prüfung dennoch beim Individuum verortet,[488] zeigt sich, dass er die Eingliederung so gestalten möchte, dass sie keine Freiheitseinschränkung bedeutet. Hingewiesen sei hier beispielhaft auf Barths Verhältnisbestimmung des «prophetischen Dienst[es]»[489] der Gemeinde und dem des einzelnen Glaubenden: So betont Barth, dass der Einzelne sich bei seinen Äußerungen stets bewusst sein soll, dass sein prophetischer Dienst Teil des Dienstes der Gemeinde ist. Abstimmung und Rücksichtnahme seien daher notwendige Bestandteile. Er hebt aber ebenso hervor, «daß er [der einzelne Glaubende; E.G.] sich in seinen Stellungnahmen durch die der Anderen […], und wären es die der höchsten Organe der Gemeinde, nie für absolut dirigiert und gebunden halten, daß es ihm vielmehr unter Umständen geboten sein kann, ohne sie und wohl auch im Gegensatz zu ihnen einen einsamen Weg anzutreten und also nicht im Chor, sondern nun doch – in der Hoffnung, daß der Chor dereinst einfallen möchte – gar sehr Solo zu singen.»[490] Als Voraussetzung nennt Barth auch dieses Mal die Bindung des Einzelnen an das mit entsprechendem Inhalt an ihn ergangene Gebot. Außerdem bedürfe es einer Prüfung, ob das Gebot tatsächlich diesen Inhalt habe, die Barth allein beim Individuum verortet.

---

[487] Vgl. Barth, KD III/4, 8 und die Ausführungen in III. 3.
[488] Vgl. Barth, KD III/4, 33 und III. 3.
[489] Barth, KD III/4, 589.
[490] Ebd.

Barth streicht daher heraus, dass die ethische «Entschließung» trotz der Eingebundenheit in die Gemeinde und «bei aller bleibenden und immer zu erneuernden Offenheit [für den Rat anderer; E.G.] auch ein[ ] Akt in der *Einsamkeit*»[491] ist. Es zeigt sich, dass Barth sehr genau vor Augen hat, dass in manchen Situationen Vereinzelung richtig ist.[492] Jedoch scheint ihn zugleich die Sorge um einen ethischen Individualismus umzutreiben und so schränkt er die Selbstständigkeit des Individuums gleich wieder ein. Deutlich wird das spannungsvolle Verhältnis beider Anliegen Barths beispielsweise an seiner Aufforderung, der Einzelne soll «inmitten aller Anderen nun eben ohne Borniertheit selbständig»[493] sein.

Obwohl Barth dies in den hier untersuchten Texten nicht explizit macht, so ist davon auszugehen, dass für ihn die Gemeinde auch deshalb die einzelnen Gläubigen befähigt, dem Ereignis des Gebotes entgegenzugehen, weil sie in der Verkündigung des Evangeliums, ihrer ureigensten Aufgabe[494], bleibend auf die Verschiedenheit der Menschen vom Grund ihrer Freiheit hinweist. Die Verkündigung dient damit der permanenten Vergegenwärtigung der Figur, die für Barth für das rechte Freiheitsverständnis fundamental wichtig ist: Frei ist der Mensch nur dann, wenn er in seinem Handeln von Gott bestimmt wird.[495]

Barths Interesse an einer Integration in die Gemeinde, die keine neuen Abhängigkeiten für das Individuum bringt, sondern freiheitsfördernd wirkt, wird auch an seiner bereits aufgezeigten ablehnenden Haltung gegenüber einem institutionellen Verständnis von Kirche deutlich: Barth möchte ihre Institutionen gerade nicht fixiert und der Mitgestaltung des Einzelnen entzogen wissen. Hinsichtlich der Thematisierung von einbettenden Strukturen ist an dieser Stelle zu bemerken, dass Barth ein Idealbild von Vergemeinschaftung entwirft, das einen Großteil seines Wertes daraus gewinnt, dass

—

491 A.a.O., 672. Graf hat zurecht darauf hingewiesen, dass die Vorstellung eines prophetischen Auftrags bereits «ein radikal autonomes Handlungssubjekt» (Graf, Munus Propheticum, 98) impliziert.

492 Als Beispiel kann auf eine spätere Äußerung Barths zur Kindertaufe verwiesen werden. So erzählt Barth bei einem Gespräch mit der Kirchlichen Bruderschaft in Württemberg 1963, dass er Pfarrern, die Bedenken gegen die Taufe ihrer Kinder hätten, obwohl die Kirchenordnung dies fordere, rate: «Ja also, wenn du es nicht kannst [...], dann mußt du es auch nicht tun – man soll nichts gegen sein Gewissen tun –, dann laß es! Aber meine nicht, daß damit die ganze Tauffrage ins Rollen gebracht würde, daß du jetzt das tust! Du mußt vielleicht jetzt isoliert deinen Weg gehen» (Barth, Gespräch mit der Kirchlichen Bruderschaft, 99).

493 Barth, KD III/4, 672.

494 Vgl. Barth, Das Geschenk der Freiheit, 6f. und Barth, Die lebendige Gemeinde, 18.

495 Vgl. II. 1.5 und 2.2.4.

es dem Individuum Mitgestaltungsspielräume eröffnet.[496] Dahinter steht eine sehr positive Gemeinschaftstheorie, in der Freiheit und Bindung keine Gegenpole bilden. Die *Gemeindebiographie* ist für Barth, weil das Eingebundensein in die Gemeinde *keine Abhängigkeit erzeugt, sondern Freiheit ermöglicht*, gerade *keine* – im Beckschen Sinne – *institutionenabhängige Biographie.*

Anzufragen ist, ob Barth ernsthaft der Meinung war, dass die Gemeinden zu seiner Zeit diese ‹Führung› leisten konnten. Notwendige Voraussetzungen dafür wären gewesen, dass es erstens in einer Gemeinde zumindest in gewissen Maßen eine Einigkeit über die inhaltlichen Stetigkeiten des göttlichen Gebotes gegeben hätte, zweitens die Ethiker die Gemeindeglieder als primäre Adressaten angesehen, die Christen drittens der Gemeinde diese Orientierungsfunktion auch zugesprochen und viertens sie sich dann auch tatsächlich durch die Hinweise der Ethiker beeinflussen lassen hätten.[497] Naheliegender ist, dass Barth im Modus des angeblich Deskriptiven ein Idealbild der Gemeinde entwirft und – trotz aller gegenteiligen Behauptungen – letztlich doch eine normative Steuerung des Vorfindlichen beabsichtigt.

3.3 Fazit: Das freie Individuum ist in die Gemeinde integriert

Durch die Relektüre der Barthschen Ethik anhand der ‹Kontroll- bzw. Reintegrationsdimension›[498] hat sich erwiesen, dass Barth um die Gefahr ethischer Beliebigkeit wusste, die mit einem aktualen Ethikkonzept, nach dem sich das Gebotene allein dem Individuum ereignet, einhergeht und versuchte sie theorieintern einzudämmen. Barth empfindet den Weg kasuistischer und schöpfungsordnungstheologischer Modelle aufgrund der historischen Erfahrungen zwar nicht mehr als gangbar,[499] ihm war aber sehr wohl an einer Universalisierbarkeit von Geltungserfahrungen gelegen. Dabei suchte er

—

[496] Ganz ähnlich Brinkmann, der konstatiert, dass Barth «das Anliegen [hat], den Menschen in seinem Menschsein vor institutioneller Vereinnahmung zu schützen» (Brinkmann, Theologische Institutionenethik, 113).

[497] An dieser Anfrage treten Schwierigkeiten zutage, die geklärt werden müssten, wenn man diesen Teil des Barthschen Ethikkonzeptes für die heutige Zeit fruchtbar machen wollte. Es müsste dann irgendeine Instanz die Funktion übernehmen, den Gläubigen von den inhaltlichen Konstanten des Gebotes im Modus des Zeugnisses zu berichten und ihnen so Orientierungshilfe zu bieten. Da Gemeinden, aber auch den Kirchen heute diese Funktion größtenteils nicht zugesprochen wird, müsste geklärt werden, wie dies geändert werden bzw. wer diese Aufgabe stattdessen übernehmen könnte.

[498] Vgl. hierzu I. 2.3.

[499] Zu seinen Kritikpunkten vgl. die ausführlichen Darlegungen in II. 2.1.

nach Alternativen zu den Rückbindungsmöglichkeiten, die aus seiner Sicht ins Unheil geführt haben. Anstatt das Handeln des Individuums durch seine Eingliederung in fixierte und der Mitgestaltung des Einzelnen weitgehend entzogene Formen menschlichen Zusammenlebens zu normieren, also in Institutionen im Beckschen Sinne, betont er die Bedeutung der Organisationsgestalt Gemeinde für die ethische Orientierung des Einzelnen. Barth hebt damit die Bedeutung einer klassischen Sozialform hervor, die nach Beck in individualisierten Gesellschaften nur noch über eine geringe Bindungskraft verfügen.[500]

Bereits in Kapitel 1 (*Barths Freiheitsverständnis*) und 2 *(Barths Gebotsverständnis)* konnte anhand Barths Deutung von Autonomie als Theonomie gezeigt werden, dass für Barth nur gebundene Freiheit wahre Freiheit ist. Ein Individuum ist demnach nur dann frei, wenn es sich in seinem Handeln durch das Gebot Gottes gebunden fühlt. Die dort gewonnene Erkenntnis, dass Barth ethischer Beliebigkeit wehren möchte, wird durch die Ergebnisse dieses Abschnitts zusätzlich untermauert: Barth bindet den Einzelnen bei der Frage, wie er zu ethischer Orientierung gelangt, nicht nur durch sein aktuales Ethikkonzept direkt an das Gebot Gottes, sondern zusätzlich auch an die in der Gemeinde bezeugte Form des Gebotes. Die Bezeugung des Gebotes Gottes und die Unterweisung in ihm in der Gemeinde *und* die Unbedingtheitserfahrung des Individuums sind zwei Anliegen, die in Barths Ethik zu erkennen sind und dort ihren theoretischen Niederschlag finden. Den offensichtlichen Konfliktpotentialen zwischen beiden Ansätzen versucht Barth durch den Verweis auf die Stetigkeiten des Gebotes beizukommen, aufgrund derer seiner Meinung nach eine Kongruenz zwischen dem Inhalt der bezeugten Form des Gebotes und des Gebotes, an das sich der Einzelne gebunden fühlt, zu erwarten ist. Barth bestreitet also die grundlegende Konflikthaftigkeit beider Ansätze. Nur im äußerst seltenen Ausnahmefall könne es doch dazu kommen, dass beide im Widerspruch zueinander stehen. Doch versucht Barth den möglichen Konfliktherd gleich wieder einzuhegen, indem er sich für eine Hierarchisierung zugunsten der Bindung des Individuums an das aktuale Gebot ausspricht.

Barth zielt folglich *sowohl* auf eine orientierende Rückbindung des Individuums in die Gemeinde *als auch* auf die Wahrung bzw. Ermöglichung der Freiheit und Verantwortung des Individuums. Er versucht die Integration daher derart zu gestalten, dass er zugleich an einem starken Individuum als auch an seinem aktualen Gebotsverständnis festhalten kann. Demnach entheben weder Ethiker noch Gemeinde den Einzelnen davon, sich vom Gebot konkret angehen zu lassen. Barth schreibt Ethik und Gemeinde keine nor-

---

[500] Vgl. I. 2.1 und 2.2.

mierende, sondern eine orientierende Funktion und eine Art innergemeindliches ‹Wächteramt› zu. Sie sollen, so seine Absicht, den individuellen ethischen Auftrag in keiner Weise mindern und keine Einschränkung für die Freiheit des Individuums bedeuten. Der besondere Charakter der Barthschen Ethik besteht vielmehr darin, dass er die Einbindung in eine Gemeinschaft nicht nur als nicht freiheitsbeschränkend denken möchte, sondern so, dass nur das in die Gemeinde integrierte Individuum seine ethische Aufgabe verantwortungsvoll wahrnehmen kann. Er vertritt damit ein positives und für den Einzelnen produktives Sozialgestaltsparadigma: Die Gemeinschaft leitet den Einzelnen an und bestärkt ihn, sich je neu vom aktualen Gebot von außen unbedingt angehen und sein Handeln von ihm bestimmen zu lassen. Er versucht die Bindung an die Gemeinde daher so zu gestalten, dass sie keine Ausschaltung, sondern eine Stärkung des Individuums bedeutet. Dahinter zeichnet sich aufs Neue Barths Bemühen ab, das Handeln des Einzelnen nicht an menschliche Normen, sondern unmittelbar an Gottes Gebot rückzubinden. Daher meidet er bestimmte Begriffe (z.B. «Kirchenzucht», «Antwort»), gleichzeitig verwendet er jedoch stattdessen mindestens ebenso missverständliche Begriffe (wie «Direktive» und «Führung»).

Zudem legt er nicht hinreichend offen, welche Spannungen diese Begrifflichkeiten mit sich bringen. Ganz offensichtlich weiß Barth um die Probleme, die mit einer Fehlform eines ‹Wächteramtes› einhergehen. Es ist aber kritisch anzufragen, ob zum einen eine ethische ‹Direktive› im Barthschen Sinne aufgrund ihres normativen Impetus im Ernstfall von den Handlungssubjekten nicht doch als Aufforderung verstanden wird, sich einer eigenen Entscheidung zu entziehen bzw. sich diese nicht erlauben zu dürfen.

Zum anderen ist der Übergang zwischen einem «geformten Hinweis» und einer Forderung, die aufgrund des Gebundenseins universale Gültigkeit für sich beansprucht, fließend. Barth bietet daher mit seinem Konzept einen Ansatzpunkt für eben jenen Überlegenheits- und absoluten Autoritätsanspruch der gemeindlichen ‹Wächter› und damit auch für einen Klerikalismus, die er beide eigentlich verhindern wollte.[501] Dies trifft auch auf einen

---

501 Vgl. Graf, Munus Propheticum, 97: «Er [der prophetische Wächter; E.G.] kann selbst bei Barth, der Endlichkeit und Fehlbarkeit des prophetischen Zeugnisses der Gemeinde hervorhebt, die Rätsel der gegenwärtigen Weltlage lösen und die Zeichen der Zeit deuten.» Hier liegt wohl auch die Ursache dafür, dass, wie Wolfgang Lienemann konstatiert, «viele Zeitgenossen und Nachgeborene Barth nicht abgenommen [haben; E.G.], daß er Autorität und Gehorsam nicht für sich, sondern nur für das Wort Gottes, dem er als irrtumsfähiger Mensch zu dienen suchte, in Anspruch nahm» (Lienemann, Gebot, 175).

weiteren inhaltlich eng damit verwandten Aspekt zu: Wagner und Graf haben die Gefahr richtig gesehen, dass Barths Ethikkonzept auch totalitaristischen Positionen Vorschub leistet.[502] Sie lagen aber falsch darin, dies intentional zu deuten. Barth wollte keinen Totalitarismus einführen, sondern die Möglichkeit, dass unter Bezug auf sein Gebotsverständnis dennoch totalitaristische Positionen vertreten werden, ist *nicht-intentionale «Nebenfolge»* im Beckschen Sinne des Versuches Barths, menschliche Entscheidungen an eine unfehlbare Instanz zu binden.

Unklar bleibt aber auch das Verhältnis von Reflexion und Zeugnis, von Theologie und Glaube. Indem er Ethikern und Gemeindegliedern die Aufgabe zuschreibt, den Einzelnen zur Prüfung seiner Handlungsabsicht aufzufordern, gesteht er der Reflexion eine gewisse Berechtigung bei ethischen Entscheidungen zu, die er an anderer Stelle ablehnt.[503] Auch wenn sein Bemühen positiv zu bewerten ist, den Einzelnen bei seiner ethischen Entscheidung durch die Rückbindung an Ethik und Gemeinde zu entlasten, so muss doch festgehalten werden, dass er nicht ausreichend reflektiert, wie sich das Verhältnis zwischen Individuum und Gemeinde genau gestaltet. Auch geht mit seiner Leugnung von Machtstrukturen in Gemeinden die Gefahr einher, dass vorhandene Machtverhältnisse verschleiert werden.

Aber nicht nur der Versuch, Ereignishaftigkeit des Gebotes und Reflexion sowie Selbstständigkeit und Eingebundenheit des Individuums zusammenzudenken, weist Spannungen auf. Betrachtet man sein Ethikkonzept, so ist zudem augenfällig, dass Barth die theoretische Fundierung des aktualen Gebotsverständnisses viel besser gelingt als die der Kontinuität zwischen den Einzelgeboten. Auf das Problem der vorhandenen Pluralität der geformten Hinweise, die Barth theoretisch unzureichend reflektiert und nur dürftig in sein Konzept integriert, wurde bereits hingewiesen.[504]

Ebenso wenig gelingt es ihm, die Vielzahl der Kontinuitätsproblematiken einzufangen, die mit dem Gedanken einer Stetigkeit des Gebotes einhergehen. Zu nennen ist zunächst der Tradierungszusammenhang. Aufgrund des aktualen Charakters des Hinweises deutet Barth die Gemeinde weniger als *Tradierungs*gemeinschaft denn vielmehr als *Zeugnis*gemeinschaft. Barth

---

502 Vgl. Wagner, Theologische Gleichschaltung, bes. 38: «Insofern nämlich die Selbstbestimmung Gottes ihres positionellen Charakters zum Trotz als unbedingt, allgemein und souverän behauptet wird, nimmt sie die Züge von Gewaltherrschaft an.» Vgl. zudem Graf, Die «antihistorische Revolution», 404 und II. 2.2.4.

503 Vgl. III. 3.

504 Vgl. II. 3.1.3.

nimmt zwar sehr deutlich wahr, dass es der empirischen Kirche für die Kontinuitätssicherung des Gebotes bedarf. Da er aber auf die Dimension der Geschichtlichkeit nicht zugreifen möchte, fehlt ihm eine Möglichkeit, dies theoretisch auch abbilden zu können.[505] Zudem ist der Kritik der Offenbarung-als-Geschichte-Vertreter zuzustimmen, dass Kontinuität ohne Geschichtlichkeit nicht ausgesagt werden kann und daher auch Barth den Geschichtsbegriff immer implizit voraussetzen muss.[506]

Des Weiteren reflektiert er den Stellenwert des ‹geformten Hinweises› nicht ausreichend, dem er die Aufgabe einer vorbereitenden und orientierenden Unterweisung in den Inhalt des ‹Normalfalls› des Gebotes zuweist. Ist dieser Hinweis nach Barths Meinung Voraussetzung, *damit* sich das Gebot im einzelnen Glaubenden ereignen kann? Bedarf es der Unterweisung, damit sich der Einzelne an das *richtige* Handeln gebunden fühlt? Auch wenn er dies nicht explizit erwähnt, so weisen Formulierungen wie «Einübung im Halten des Gebotes» in diese Richtung. Demnach scheint Barth mit einer Prägung der individuellen Wertbindungen durch die Bezeugung in der Gemeinde und von ihr geteilten Werte zu rechnen. Deutlich wurde, dass er zwischen Regel (‹geformter Hinweis›) und konkreter Handlung unterschieden wissen möchte, jedoch bleibt bei ihm die genaue Verhältnisbestimmung beider und damit auch zwischen ethischer Theoriebildung und individuellem Handlungsvollzug unterreflektiert. Ähnliches gilt – systemimmanent schlüssig, da sie von ihm verneint werden – für die Bedeutung geschichtlicher Zusammenhänge. Auch wenn er Überlieferungszusammenhänge benennt, kann er nicht plausibel machen, dass und inwiefern sie eine Rolle spielen. Sowohl aufgrund der methodischen als auch der geschichtstheoretischen Schwäche seines Ansatzes bleiben Barth denkbare Erklärungen für die Verschiedenheit der bezeugten Normalform des göttlichen Gebotes verschlossen. Des Weiteren folgt aus ihnen, dass Barth diachrone Entwicklungen und Veränderungen des bezeugten Gebotsinhaltes weder angemessen

—

505 Auf die zentrale Bedeutung der Kirche als Tradierungsgemeinschaft und die prägende Kraft der in der Gemeinschaft «erzählten Geschichte» (Hauerwas, Selig sind die Friedfertigen, 101) für die Wertvorstellungen der einzelnen Glaubenden hat in jüngerer Zeit vor allem Stanley Hauerwas hingewiesen.

506 Vgl. aus dem von Wolfhart Pannenberg, Rolf Rendtorff, Trutz Rendtorff und Ulrich Wilckens herausgegebenen Buch «Offenbarung als Geschichte» bes. den Aufsatz von Trutz Rendtorff, Das Offenbarungsproblem im Kirchenbegriff: «Denn auch der Zugang zur Offenbarung ist ja nicht unmittelbar gegeben, sondern durch die von ihr bestimmte Geschichte vermittelt» (Rendtorff, Das Offenbarungsproblem im Kirchenbegriff, 129).

abbilden noch plausibel erklären kann.[507] Dass dies kein Versehen ist, sondern Barth gar nicht mit einem Wandel des bezeugten Gebotes oder gar mit Neuerungen rechnet, zeigt sich daran, dass er Veränderungen sachlich nicht thematisiert und sprachlich sogar ausschließt, indem er von der «Stetigkeit»[508] des Gebotes spricht. Er versucht das Problem der Vermittlung zwischen Konstanz und Wandel vielmehr über den Gottesgedanken einzufangen, kann damit jedoch das Problem auf der Handlungsebene nicht lösen.

Auffällig ist zudem, dass Barth die grundlegende Bedeutung der Kontinuität gesellschaftlicher Ordnungen für die Gemeinde und damit auch für die Bezeugung des Gebotes kaum im Blick hat. So lässt er diesen Themenkomplex in KD III/4 außen vor.[509]

Eher beiläufig merkt er an, dass «die staatliche Ordnung als solche auf Gottes Willen beruht»[510] und daher für ihren Bestand Sorge getragen werden soll. Kriterien für ihre Gestaltung nennt er aber nicht.

Wenden wir uns Barths Behauptung einer Kontinuität des Gebotes zu, so lässt sich fragen, ob sich Barths großes Interesse an dieser daraus ergibt, dass sich die Traditionsabbrüche, die Beck für die Zeit seit den 60er-Jahren beschreibt, bereits in den 40er- bzw. 50er-Jahren abgezeichnet haben. Hierüber können nur Mutmaßungen angestellt werden. Doch auch unabhängig davon, ob die *abnehmende Bedeutung* von Traditionen schon inhärent das Problem ist, lässt sich festhalten, dass Barth an einem *Fortbestand* von Traditionen bei der Wertegenerierung sehr gelegen ist, die er jedoch nicht als solche deutet. Zugleich aber hat er den Abbruch von Traditionen unbeabsichtigt befördert, indem er die Kontinuitäten nicht ausreichend theoretisch reflektiert hat. Dazu beigetragen hat aber auch, dass er nicht ausreichend plausibilisieren kann, wieso das durch seinen aktualen Ansatz gestärkte Individuum sich an die in der Gemeinde bezeugte Form des Gebotes gebunden

---

[507] So verfügt Barth über kein Instrument, um fassen zu können, dass sich das von ihm in KD III/4 dargelegte Zeugnis des Gebotes Gottes inhaltlich von dem Zeugnis evangelischer Theologen späterer Generationen unterscheiden wird.

[508] Besonders augenfällig ist dies im grundlegenden § 52 (Barth, KD III/4, 17–23).

[509] Barth weist im Vorwort von KD III/4 selbst auf das Fehlen des «Komplex[es] Staat, Gesellschaft und Recht» (a.a.O., VII) hin und begründet dies damit, dass er angesichts der Fülle von Themen zu einer Auswahl gezwungen war. Gerade, dass er sich gegen die Behandlung von Themen dieses Bereiches entschieden hat, belegt die nachgeordnete Bedeutung, die Barth ihnen in der KD gegenüber dem Individuum als Verantwortungssubjekt noch unmittelbarer betreffenden ethischen Fragen beimisst.

[510] A.a.O., 511. Welche große Bedeutung Barth dem Fortbestand der staatlichen Ordnungen beimisst wird daran deutlich, dass er bei ihrer Gefährdung mit der Möglichkeit eines «Grenzfalls» rechnet, d.h. dass die Verhängung der Todesstrafe geboten sein kann. Zur Figur des Grenzfalls vgl. III.

fühlen sollte. Eine Bindungskraft der ethischen Direktive, sollte sie denn vorhanden sein, wird darüber hinaus dadurch gefährdet, dass er inhaltliche Veränderungen nicht schlüssig erklären kann.

Handelt Barth sich diese Probleme ein, weil er sich für die mit dem Historismus gegebene Problematik nicht interessiert? Oder gelingt es ihm nicht, geschichtsphilosophische Fragestellungen befriedigend zu beantworten und in sein Konzept zu integrieren? Beide Erklärungen mögen nicht ganz von der Hand zu weisen sein. Viel entscheidender ist aber, dass Barth eine Wertegenerierungs-Theorie, die der Geschichte und den Überlieferungszusammenhängen eine große Bedeutung beimisst, programmatisch gefährlich findet. Offensichtlich hat er, geschichtlich begründet, die Gefahren eines solchen Zugriffs gekannt und daher versucht, sie bewusst zu umgehen. Oder anders gesagt: Barth verweigert sich der geschichtlichen Dimension aufgrund geschichtlicher Erfahrungen.

Ebenso wird die zentrale Stellung der normativ verstandenen Institutionen in den von ihm abgelehnten schöpfungsordnungstheologischen Ethikkonzepten[511] dazu beigetragen haben, dass Barth trotz seines Bestrebens nach ethischen Verbindlichkeiten keinen Institutionenbegriff entwickelt hat, der es ihm erlaubt hätte, das Risiko einzufangen, dass Einzelne sich auf Stetigkeiten und Bestimmtheiten berufen, die nicht mit dem Gebot Gottes übereinstimmen können. Der Vorwurf Grafs, eine Ethiktheorie, die das Gebotene allein als dem Individuum zugänglich erachtet und zugleich die Gebundenheit an Gottes Gebot ins Zentrum stellt, ermögliche, dass das Handlungssubjekt für sich eine nicht mehr kritisierbare Position beanspruchen kann, hat in dieser Hinsicht seine sachliche Richtigkeit.[512] Andererseits weist Barth zurecht darauf hin, dass die Vertreter einer Theologie der Schöpfungsordnungen vor den gleichen Schwierigkeiten stehen: Auch Ordnungen und Institutionen, die als richtig erachtet werden, können falsch sein. Und dieses Problem lässt sich nicht lösen – auch das hat Barth zutreffend konstatiert – indem vermeintliche Gesetzmäßigkeiten postuliert werden.[513]

Betrachtet man vor diesem Hintergrund theologische institutionentheoretische Erörterungen, so zeigt sich, dass Dietrich Rössler in seiner Prakti-

---

511 Vgl. II. 2.1.2.

512 Vgl. Graf, Die «antihistorische Revolution», 401: Graf wirft den «Antihistoristen der zwanziger Jahre» vor, für sich «zugleich etwas von jener endgeschichtlich souveränen Handlungskompetenz, die in der theologischen Tradition exklusiv Gott vorbehalten war», in Anspruch zu nehmen. Diese Kritik kann gleichermaßen auf Barths Ethikkonzept in der KD angewandt werden.

513 Vgl. II. 2.1.

schen Theologie eine Institutionentheorie entwickelt, die nicht dieser normativen Fehldeutung anheimfällt, sondern Barths Anliegen einer freiheitsfördernden Integration des Individuums in eine Gemeinschaft erstaunlich nahekommt. «Die eigentliche Leistung der Institution liegt nicht nur in der Produktion und Erhaltung der religiösen Vorstellungen, [...] sondern ebenso im Instrumentarium und in den Modalitäten der Weitergabe, die eine individuelle Aneignung der Vorstellungen und Interpretationen im Zusammenhang jeweils eigener unverwechselbarer Erfahrung ermöglichen. Das institutionelle Handeln erweist sich als ausgerichtet auf die Individualität.»[514] Rössler gelingt es – anders als Barth – gerade indem er Kirche als Institution deutet, orientierende Wertetradierung *und* «individuelle Aneignung» zusammenzudenken. Die in der Kirche tradierten Werte sind in seinem Konzept Grundlage für individuelle Wertvorstellungen. Sie können aber – auch wenn Rössler selbst darauf nicht explizit hinweist – darüber hinaus als kritisches Korrektiv für individuelle Positionen herangezogen werden, ohne dass ein normativer Anspruch damit einherginge.

Anders als Barth halte ich daher eine kritische Reflexion der eigenen Werte – auch im Austausch mit anderen – für einen notwendigen Bestandteil von ethisch verantwortungsvollem Handeln.[515] Hierfür bedarf es – im Anschluss an Rendtorff – eines Bewusstseins der eigenen Geschichtlichkeit und darin noch einmal einer überprüfbaren ‹Stetigkeit›, einer Langzeitperspektive auf die eigenen Werte.[516] Ein Problem Barths konsequenter Leugnung der Geschichtlichkeit besteht jedoch darin, dass er – anders als Rendtorff – die ‹Stetigkeiten› des Guten nicht in die Selbstbindung des einzelnen Handelnden, sondern in den unzeitlichen Gott hinein verlagert. Damit entzieht er sie einer Überprüfung, denn die Bestätigung, dass ein aktual sich ereignendes Gebot tatsächlich in Kontinuität zu anderen Geboten steht, ist bei Barth nur als Glaubensaussage des jeweiligen Handlungssubjektes möglich. Unmöglich wird so aber auch eine Hinterfragung und Korrektur der eigenen Wertvorstellungen.

—

514 Rössler, Grundriß der Praktischen Theologie, 477.

515 Vgl. Rendtorffs drittes Element der ethischen Lebenswirklichkeit «Die Reflexivität des Lebens» (bes. Rendtorff, Ethik, 122–129). Auch Rendtorff kritisiert an Barths Ethik, dass sie «apodiktisch-autoritativ denkt und redet» und damit «dem Gebot der Dialogfähigkeit gerade in der Ethik nicht genügt» (a.a.O., 59). Ursächlich hierfür sieht Rendtorff allerdings eine Unterordnung der Ethik unter die Dogmatik. Zur Verhältnisbestimmung von Dogmatik und Ethik bei Barth vgl. Fußnote 284.

516 Eine solche Langzeitperspektive ist für Rendtorff notwendiger Bestandteil der eigenen Lebensführung. Vgl. bes. den Abschnitt «Von der ethischen Entscheidung zur Bildung eines Lebensplanes», a.a.O., 179–183.

Übergang: Barth als komplexer Problemanalytiker und die bleibenden Spannungen in seinem Ethikkonzept

Leitend für diese Arbeit ist die Frage, welche Aufgabe Barth dem Individuum in ethischen Entscheidungssituationen zuschreibt. Die Relektüre seines Freiheits-, Gebots- und Gemeinschaftsverständnisses anhand von Becks Individualisierungstheorem hat erkennbar werden lassen, dass hinter Barths Ethikkonzept ein breitgefächertes Spektrum verschiedener Interessen steht. Zusammenfassend seien hier die wesentlichen, die Stellung des Individuums betreffenden Interessen noch einmal in Erinnerung gerufen: Es hat sich gezeigt, dass Barth der Vorstellung einer Herauslösung von Individuen aus gemeinschaftlichen Zusammenhängen kritisch gegenübersteht. Er betont daher die Sozialität des Menschen und weist der Gemeinde die wichtige Aufgabe der ethischen Unterweisung des Einzelnen zu. Zugleich ist seine Ethik gekennzeichnet durch eine ablehnende Haltung gegenüber einer Unterordnung des Einzelnen unter die Gemeinschaft sowie menschliche und geschichtlich bedingte Normen. Dennoch möchte er zum einen ethischer Beliebigkeit wehren, zum anderen verlässliche Orientierung ermöglichen. Beides erreicht er, indem er die Verantwortung des einzelnen Handlungssubjektes betont und dessen ethische Entscheidung unmittelbar an Gott bindet: Menschliches Handeln kann demnach nur ein gutes sein, wenn es durch das sich ihm aktual ereignende Gebot Gottes bestimmt ist. Diese unbedingte Bindung deutet Barth nicht als Heteronomie, sondern als Ausdruck der Freiheit.

Zunächst fällt eben diese Vielzahl von Aspekten auf, die Barth in sein Ethikkonzept zu integrieren versucht. Sie lässt zum einen darauf schließen, dass Barth ein ausgeprägtes Gespür für die Komplexität der ethischen Aufgabe hat. Sein Ethikkonzept zeugt von seinem Bemühen, die zahlreichen aus seiner Sicht relevanten Gesichtspunkte in seiner Ethik zu berücksichtigen – auch dann, wenn diese teils schwierig zu vereinbaren scheinen wie z.B. Autorität Gottes und menschliche Freiheit. Dieser Versuch ist eine besondere Stärke des Barthschen Konzeptes und zeichnet es gegenüber anderen Theorien seiner Zeit aus. Zum anderen legt die Integration teils zunächst widersprüchlich erscheinender Aspekte nahe, dass Barth ein Sensorium für die Ambivalenz einer Herauslösung von Individuen aus normierenden Bindungen hat, eine Problemlage, die sich in den 40er- und 50er-Jahren erst in Ansätzen zeigt.

Doch muss auch festgehalten werden, dass Barth es nicht vermag, alle Spannungen konzeptuell aufzulösen. So gelingt es ihm nicht, die Aufforderung, sich durch das Gebot Gottes bestimmen zu lassen, mit der Unverfügbarkeit des Gebotes zu vereinbaren. Spannungsvoll bleibt auch das Verhältnis von Bezeugung von Handlungsregeln und Aktuosität des Gebotes. Dahinter steht auch das andere ungelöste Problem der Relation von Stetigkeit des Gebotes und göttlicher Freiheit.

Barth handelt sich, so die hier vertretene These, die bleibenden Spannungen innerhalb seiner Theorie aus drei Gründen ein: Neben dem bereits genannten Versuch, zahlreiche nur schwer vereinbare Aspekte in sein Konzept zu integrieren, der von einer sensiblen Problemwahrnehmung und einem ausgeprägten Problembewusstsein zeugt, liegt dies des Weiteren darin begründet, dass es Barth aufgrund seines offenbarungstheologischen Ansatzes nicht gelingt, einen reflexiven Zugriff auf den Inhalt des Gebundenseins zu ermöglichen. Weitere Schwierigkeiten bereiten drittens die Auslagerung der inhaltlichen Bestimmung des Gebotenen in den Gottesgedanken bei gleichzeitigem Ausschluss jeglicher (ideen)geschichtlicher Einflüsse und die Behauptung einer Stetigkeit des Gebotes angesichts der empirisch feststellbaren Diversität und Wandelbarkeit der in den Gemeinden bezeugten Gebote Gottes. Wenn es tatsächlich eine Stetigkeit und damit keine sich widerstreitenden Gebote Gottes gibt, stellt sich auf individueller Ebene die Frage, wie es zu einer Veränderung des Inhalts des Ergriffenseins kommen kann. Auf intersubjektiver Ebene hingegen müsste geklärt werden, welchem der verschiedenen Zeugnisse des Gebundenseins der Vorzug gegeben werden müsste und vor allem anhand welcher Kriterien dies beurteilt werden könnte.

Aufschlussreich für die Frage, ob Barth sich dieser Schwierigkeiten bewusst war und wie er ihnen zu begegnen sucht, verspricht die nun anschließende Untersuchung seiner materialethischen Darlegungen zu sein. Die Ergebnisse dieser Untersuchung werden zudem weitere wichtige Erkenntnisse zur Aufgabe liefern, die für Barth dem Individuum bei ethischen Fragen zukommt.

III. Die Figur des «Grenzfalls» und die Stellung des Individuums in den materialethischen Passagen von KD III/4

Bisher standen Barths fundamentalethische Überlegungen im Blickpunkt dieser Arbeit. Nun sollen auch die Passagen aus den §§ 53 bis 56 aus KD III/4 hinzugezogen werden, die eher materialethischer Natur sind.[1] Von Belang sind hier nicht Barths materialethische Einzelentscheidungen. Die Intention dieser Ausführungen ist vielmehr, das Barths Darlegungen zugrundeliegende Ethikverständnis, unter besonderer Berücksichtigung der Rolle des Individuums, darzustellen.[2]

Zunächst fällt die Vehemenz auf, mit der Barth seine ethische Position vorträgt. Dabei drängt sich dem Leser, der Barths Grundlegungen in KD II/2 und dem ersten Paragraphen von KD III/4 (§ 52) vor Augen hat, immer wieder die Frage auf, ob Barth sich selbst an seine Aufgabenbeschreibung christlicher Ethik hält und tatsächlich ‹nur› einen geformten Hinweis gibt. Unübersehbar liegt der Schwerpunkt der Barthschen Argumentation in diesen Textteilen auf der Unterweisung. Der Hinweis, dass sie den Einzelnen nicht davon entbindet, sich von dem Gebot je neu bestimmen zu lassen, tritt dagegen deutlich zurück.[3]

Diese Tatsache hat wohl maßgeblich dazu beigetragen, dass in der Barthrezeption häufig *entweder* – wenn der Rezeptionsschwerpunkt auf KD II/2

—

1 Zur Unterscheidung zwischen fundamental- und materialethischen Passagen vgl. Einleitung.

2 Barths Darlegungen zu den Einzelthemen sind zum Teil inhaltlich aufgrund veränderter gesellschaftlicher Umstände oder wissenschaftlichen Fortschritts überholt. Besonders deutlich wird dies z.B. an Barths Ausführungen zum Verhältnis von Mann und Frau in der Ehe. Andere Themen haben zwar bis heute bleibende Aktualität – wie zum Beispiel Barths Erläuterungen zur Arbeit – wurden aber in älterer und jüngerer Forschung hinlänglich bearbeitet. Vgl. hierzu z.B. Thorsten Meireis, Tätigkeit und Erfüllung, 132–176.

3 Seinen Ausführungen zum ersten materialen Thema, dem Feiertag, in § 53 stellt Barth noch einige theoretische Bemerkungen voran, um eine normative Missdeutung der folgenden Ausführungen zu verhindern: «Spezielle Ethik zielt hin auf das mandatum Dei concretissimum im ethischen Ereignis; sie ist Anleitung zu dessen Verständnis» (Barth, KD III/4, 52). In den folgenden Paragraphen fehlt jedoch eine solche Einleitung.

und § 52 lag – vorrangig der aktuale[4] *oder* – wenn vor allem auf die materialen Erläuterungen in KD III/4 Bezug genommen wurde – zuvörderst der unterweisende Zug seiner Ethik im Blickpunkt stand[5] *oder* – wenn KD II/2 und die Schöpfungsethik herangezogen wurden – ein inhaltlicher Bruch, ein Abrücken Barths von seinem aktualen Ethikkonzept konstatiert wurde, der spätestens ab § 53 von KD III/4 seinen inhaltlichen Niederschlag gefunden habe.[6]

Alle drei Auslegungsrichtungen haben gemeinsam, dass sie die beiden Theorieaspekte, Ereignishaftigkeit und Stetigkeit des Gebotes, gegeneinander ausspielen bzw. als miteinander unvereinbar erachten. Hierin liegt auch der Grund dafür, dass Vertreter der dritten Interpretationsrichtung auf Umbrüche in Barths Theologie schließen. Da diese Arbeit bisher gezeigt hat, dass gerade in der Kombination beider Aspekte die Besonderheit des Barthschen Konzeptes besteht, ist es naheliegend, nach einer Erklärung für diese Akzentverschiebung zu suchen, die nicht vorschnell mit inhaltlichen Inkompatibilitäten rechnet, sondern damit, dass in Barths System auch seine Interessensvielfalt Niederschlag gefunden hat.[7] Eine solche Erklärung besteht darin, dass Barth an seiner Theorie in ihrer Vielschichtigkeit festhält, wie sie sich bereits in KD II/2 zeigt. In der praktischen Anwendung der Theorie in den materialethischen Passagen in KD III/4 treten gerade die Vielzahl der von ihm verfolgten Interessen, zugleich aber auch ihre unzureichende theo-

—

4 So z.B. Nimmo, Being in Action.

5 Diese Sichtweise findet sich vorrangig in frühen Rezeptionen, die Barths Ausführungen zu einzelnen materialen Themen zur Grundlage nehmen. In der neueren Barth-Forschung ist v.a. Biggar dieser Richtung zuzuordnen. Obwohl er festhält, dass sich in der KD Aussagen Barths finden, die auf ein aktuales Ethikverständnis hinweisen, bezieht er sich hauptsächlich auf Barths materiale Ethik in KD III/4, um seine These zu belegen, Barth sei dennoch primär an einem systematischen Ethikkonzept und einem kasuistischen Entscheidungsprozess interessiert (vgl. Biggar, The Hastening that Waits, bes. 25–32). Anders als Maßmann geht es Biggar dabei weniger darum, den Wandel in Barths Ethikkonzept hervorzuheben, als vielmehr zur Geltung zu bringen, dass das von Barth in KD III/4 vertretene Ethikkonzept ein kasuistisches ist.

6 So zuletzt Maßmann, der gezielt ein «historisch-genetisches Vorgehen» (Maßmann, Bürgerrecht, 15) wählt, um die inhaltlichen Differenzen und Veränderungen in Barths Ethik aufzuzeigen.

7 Vgl. auch III. Dort wird anhand Barths Theoriefigur des Grenzfalls gezeigt, dass Barth auch in seinen materialen Darlegungen an der Ereignishaftigkeit des Gebotes festhält und damit die hier verfolgte Interpretationsrichtung argumentativ unterstützt.

retische Durchdringung und vor allem ihre nicht ausreichend geklärte Verhältnisbestimmung deutlich zu Tage. So haben seine materialethischen Darlegungen tatsächlich den von ihm geforderten Charakter einer Direktive, die den Glaubenden eine klare Richtung für ihr Handeln vorgibt. Zugleich tritt der Zeugnischarakter und damit die Einschränkung des Geltungsanspruchs dieser Aussagen merklich in den Hintergrund.

Ausnahmen bilden hier vor allem Barths Hinweise auf die Möglichkeit von ‹Grenzfällen›, in denen sich der Inhalt des an den Einzelnen ergangenen Gebotes von dem bezeugten unterscheidet. Doch wirken diese Abschnitte zunächst seltsam unverbunden mit den vorangegangenen ethischen Direktiven.[8] Es stellt sich die Frage, wieso Barth trotz der Schwierigkeiten, die er sich dadurch einhandelt, an beiden Aspekten festhält. Zur Beantwortung ist es notwendig, die Figur der Grenzfälle als Spezifikum des Barthschen Ansatzes genauer in den Blick zu nehmen. Welche Bedeutung den Grenzfällen zukommt, zeigt sich auch daran, dass Barth am Ende von KD III/4 noch einmal unter Verweis auf eben diese Grenzfälle die Notwendigkeit hervorhebt, dass sich der Einzelne in seiner konkreten Lebenssituation von dem aktual sich ihm ereignenden Gebot Gottes bestimmen lassen soll. Die durch Gottes Gebot gebundene Tätigkeit bezeichnet Barth als «Dienst»: «Es gibt kein Entrinnen: wir sind nach unserem *Dienst* gefragt. Es gibt innerhalb unseres Dienstes ein sehr mannigfaltiges Handeln. [...] Es wird sich ja dieser Dienst u. U. im Wählen, Wollen und Ergreifen von sehr ungewöhnlichen, unscheinbaren und paradoxen Möglichkeiten vollziehen können. Wir denken an ‹die Grenzfälle›. Und es muß ja so sein, daß jeder Mensch nun eben in der Beschränkung *seiner* Existenz zum Zeugen Gottes wird, und das in jeder seiner wechselnden Lebenssituationen in immer wieder *anderen* Formen.»[9] Nur wenn dieser Baustein in seiner Bedeutung für Barths System ausreichend Beachtung findet, kann die Barths materialen Ausführungen in KD III/4 zugrunde liegende Theorie angemessen wahrgenommen werden.

Obwohl neben Barth auch Bonhoeffer den Begriff «Grenzfälle» in seiner Ethik verwendete,[10] wurde er in der theologischen Ethik erst ab Ende der 50er-Jahre geläufig und auch dann nur langsam zu einem gängigen Begriff.[11] So stellt Hendrik van Oyen in seinem Aufsatz «Gibt es eine Ethik der Grenzfälle?» von 1957 fest, dass «[d]ie Problematik der Grenze [...] in

---

8 Vgl. III. 5.
9 Barth, KD III/4, 760.
10 Vgl. III. 4.
11 Zur Bedeutungsverschiebung des Begriffs vgl. III. Exkurs: Wandel des Grenzfall-Verständnisses seit Mitte der 50er-Jahre.

der *neueren* [...] theologischen Literatur mit großer Dringlichkeit aufgetaucht»[12] sei. In die theologische Ethik habe sie, so van Oyen, erst Eingang gefunden durch Barths inhaltliche und begriffliche Beschreibung eines «Grenzfalls» in seiner Schöpfungsethik von 1951.[13] Gerade angesichts der Tatsache, dass der Begriff «Grenzfall» in der Ethik zur Entstehungszeit der KD nicht üblich war, fällt die Häufigkeit der Verwendung dieses Begriffes in der KD auf und unterstützt die These, dass diesem eine wichtige Rolle in Barths Ethikkonzept zukommt. Er verwendet den Begriff «Grenzfall» – bedeutungsgleich im Singular und Plural – in der gesamten KD 69-mal. Allein 57 dieser Belege finden sich in der Schöpfungsethik.[14] Die restlichen zwölf Stellen verteilen sich auf die anderen Bände der KD, allerdings mit einem erneuten, wenn auch deutlich kleineren Schwergewicht auf die anderen drei Teile der Lehre von der Schöpfung (an fünf thematisch unterschiedlichen Stellen).[15]

Barths Konturierung eines Grenzfalls in den Bänden KD I/1 bis einschließlich KD III/3 wird im *ersten Kapitel* kurz beleuchtet, um im *zweiten Kapitel* Barths Absichten, die leitend waren für seine Fassung der Grenzfall-Figur in KD III/4, noch deutlicher aufzeigen zu können. Im *dritten* steht die Aufgabe im Zentrum, die Barth Gemeinde und Ethik bei der Entscheidung, ob ein Grenzfall gegeben ist, zuschreibt. Vor einem *abschließenden Fazit* wird im *vierten Kapitel* Barths Verständnis eines Grenzfalls durch einen Vergleich mit Bonhoeffers Verwendung dieses Begriffes weiter profiliert. Insgesamt wird sich zeigen, dass anhand der Grenzfall-Figur wie durch ein Brennglas die bereits in Teil II deutlich gewordenen vielfältigen Interessenslagen Barths und sein Problem, sie auf Theorieebene zu einem Ausgleich zu bringen, fokussiert werden.

---

12 Oyen, Ethik der Grenzfälle, 2; Hervorhebung E.G.

13 A.a.O., 5; ohne Hervorhebung: «Es ist besonders Karl Barth, der in der neueren Literatur nachdrücklich von solchen Grenzfällen gesprochen hat. Er hat in seiner Ethik (Kirchliche Dogmatik, III/4, 1951) fast am Rande eines jeden Bereiches der Ethik Ausnahmefälle erwähnt, die nicht nach dem eigentlichen Gebot, das für diesen Bereich gilt, gemessen werden können und deshalb als Grenzfälle anzusehen sind.»

14 Vgl. hierzu die Belege in III. 2.

15 Barth, KD I/1, 297; Barth, KD III/1, 153; Barth, KD III/2, 110.303.776; Barth, KD III/3, 182; Barth, KD IV/2, 402.941f.950.

1. Der Begriff des «Grenzfalls» in KD I/1 bis KD III/3: Von der Bezeichnung einer Demarkationslinie menschlichen Handelns zum Terminus für die «Dynamik» des stetigen göttlichen Handelns

Schon in KD I/1 greift Barth auf den Begriff «Grenzfall» zurück und weist, was zuerst überraschen mag, im Zusammenhang seiner Erläuterungen der Aufgabe der Dogmatik auf die Existenz von Grenzfällen hin. Demnach dürfen dogmatische Sätze aufgrund ihrer dienenden Funktion für Kirche und Verkündigung nicht unverständlich sein.[16] Doch trotz dieser Vorgabe gilt: «Es gibt Grenzfälle [...], denen man nicht ausweichen darf, die man aber als solche mit doppelter Vorsicht behandeln muß. Aber eben wenn wir sagen: es gibt Grenzfälle, sagen wir: es gibt auch eine Grenze. Sie ist bald leichter, bald schwerer zu finden, sie wird aber immer zu bedenken und sie wird nicht ungestraft zu überschreiten sein.»[17] Ein Grenzfall scheint sich demnach durch fünf Merkmale auszuzeichnen: a) Es handelt sich um eine Handlung (hier das Formulieren von dogmatischen Aussagen), für die es eine handlungsleitende Norm gibt (in diesem Fall die Verständlichkeit der dogmatischen Sätze). b) Der konkrete Fall stellt aber eine besondere Herausforderung dar, dieser Norm entsprechend zu handeln – als Beispiel führt Barth die Christologie an[18]. c) Dennoch gibt es eine richtige und mehrere falsche Handlungen, die durch eine Grenze voneinander getrennt sind. d) Die Überschreitung dieser Grenze wird geahndet. e) Die Entscheidung sollte daher mit besonderer Sorgfalt getroffen werden. Insgesamt liegt hier der Akzent auf der Existenz einer Grenze und der Warnung vor ihrer Überschreitung.

Etwas anders verwendet Barth den Begriff in KD III/1, wenn er die Sintflut als «Grenzfall» bezeichnet, bei dem Gott, der hier Subjekt ist, die Trennung zwischen Wasser und Land kurzzeitig aufgehoben, aber dennoch seinem grundsätzlichen Erhaltungswillen gemäß gehandelt habe, da die Welt in ihrem Bestand dadurch nicht gefährdet gewesen sei.[19] Dieses Mal bedeutet «Grenzfall» so viel wie Ausnahmefall. Aber auch wenn Gott auf ungewöhnliche Mittel zurückgreife (Überflutung der Erde), handle er seinem Heilsplan gemäß (Erhaltung der Welt). Aus dem Grenzfall folgt für den Menschen daher weder Gefährdung noch Stabilitätsverlust.

Auch bei einer weiteren Stelle in KD III, dieses Mal in Band 2, ist Gott Subjekt des Grenzfalls. Henoch, Mose und Elia seien Grenzfälle, da das

—

16 Vgl. Barth, KD I/1, 297.
17 Ebd.
18 Vgl. ebd.
19 Vgl. Barth, KD III/1, 152f.

Ende ihres irdischen Lebens «nicht Gericht, sondern Gemeinschaft mit Gott und doch ein Ende»[20] gewesen sei. Wieder ist der in der Freiheit Gottes begründete *Ausnahme*charakter das Entscheidende.[21]

In KD III/3 geht Barth ausführlich auf ein mögliches Missverständnis ein und schließt damit an sein Grenzfall-Verständnis in KD III/1 (Sintflut) an: Aus der Existenz solcher Grenzfälle dürfe man nicht schließen, dass Gottes Regieren aus lauter Diskontinuitäten bestehe.[22] Die göttliche «Dynamik»[23] vereine vielmehr Freiheit und Kontinuität. Ausnahmen seien also möglich, bildeten aber eben nicht den Regelfall. Besonders zu erwähnen ist, dass Barth an dieser Stelle explizit von «Grenzfälle[n] moralischen Verhaltens und Handelns»[24] der Menschen spricht, die er als Ausdruck der an Gottes Gebot gebundenen menschlichen Freiheit deutet. Bereits hier weist er also auf die Grenzfälle menschlichen Handelns in seiner «speziellen Ethik»[25] in KD III/4 hin.[26]

Insgesamt zeigt sich, dass Barth sein Verständnis von «Grenzfall» im Laufe der Zeit modifiziert: Verwendet er den Begriff KD I/1 im Sinne einer Demarkationslinie, indem er vor jeder Art der Grenzüberschreitung warnt (s. oben Merkmale c und d), so deutet er eben diese nach KD III als genuinen Ausdruck der Dynamik des göttlichen und – abgeleitet davon – auch des

—

20 Barth, KD III/2, 776.

21 Bereits an früherer Stelle in KD III/2 verwendet Barth den Begriff im Sinne eines Ausnahmefalls. Die Naturwissenschaft habe erkannt, dass Menschen einen «Sonderfall und Grenzfall» gegenüber anderen Lebewesen bildeten, da sie die Fähigkeit besäßen, frei zu denken und zu handeln (vgl. Barth, KD III/3, 110). Im Fokus steht hier aber allein der Erkenntnisakt, der zudem ohne Rückbezug auf Gott vollzogen wird und durch ihn laut Barth daher das Wesen des Menschen nicht angemessen beschrieben werden kann. Diese Verwendung unterscheidet sich daher entscheidend von den ethischen Grenzfällen, die hier untersucht werden, und bleibt daher im Folgenden unbeachtet.

22 Vgl. a.a.O., 182f.

23 A.a.O., 183.

24 A.a.O., 182.

25 Barth, KD III/4, 3f.

26 In der Schöpfungslehre findet sich darüber hinaus auch eine deutlich andere Verwendung dieses Begriffes. In § 45 «Der Mensch in seiner Bestimmung zu Gottes Bundesgenossen» (KD III/2) bezeichnet Barth eine rein visuelle Begegnung von Menschen ohne sprachlichen Austausch als Grenzfall, der der Bestimmung des Menschen widerspreche. Erst die Sprache sichere, dass es zu einer wirklichen Begegnung, einem echten Miteinander komme. Der Grenzfall ist hier die zu vermeidende falsche Handlung. Da dies jedoch der einzige Beleg für die Verwendung in diesem Sinne ist, wird er für die Deutung außen vorgelassen.

menschlichen Handelns. Die «Grenze» verläuft demnach nicht mehr zwischen gebotener und verbotener Handlung, sondern zwischen üblicher und unüblicher Handlung. Gottes Handeln kann nun auf beiden Seiten der Grenze, auf der Seite des Regelfalls und der des Ausnahmefalls, zu finden sein. An dieses Verständnis eines Grenzfalls knüpft Barth – wie der folgende Abschnitt zeigen wird – in seiner Schöpfungsethik unmittelbar an, überträgt es auf menschliches durch das Gebot Gottes bestimmtes Handeln und baut es weiter aus.

2. Die Figur des «Grenzfalls» in KD III/4: Ausnahme und Kontinuität des göttlichen Gebietens und menschlichen Handelns

Zunächst werden formale Aspekte und Besonderheiten der Barthschen Verwendung des Grenzfall-Begriffs in seiner Argumentation in den Blick genommen. Bereits hierbei wird aufscheinen, dass Barth unter einem Grenzfall keinen genau beschreibbaren Ausnahmefall eines prinzipienethischen Handlungskatalogs versteht. Vielmehr verwendet er ihn vor allem als Argumentationsfigur, um eine kasuistische Deutung seiner fundamentalethischen Ausführungen zu verhindern. Weiter gestützt wird diese These durch die darauffolgende, auf inhaltliche Gesichtspunkte fokussierte Analyse, bei der die jeweiligen Aspekte exemplarisch anhand einzelner materialethischer Themen illustriert werden.[27] Dabei wird sich zeigen, dass Barth mit der Grenzfall-Figur noch weitere, teils divergierende Absichten verfolgt.

Formal ist an der Verwendung des Begriffs «Grenzfall» in KD III/4 zunächst die breite Streuung bemerkenswert – er taucht in insgesamt 16 unterschiedlichen thematischen Zusammenhängen auf. Zugleich existiert aber auch eine starke Konzentration auf § 55, in dem er in erster Linie den Schutz menschlichen Lebens betreffende Fragen thematisiert (insgesamt 45-mal bei folgenden Themen: ungeteilte Freude[28], Tötung allgemein[29], Suizid[30],

---

27 Falls nicht bereits im Fließtext geschehen, wird das jeweilige ethische Thema in den Fußnoten hinter der Literaturangabe in Klammern genannt. Zu Barths Kritik an einer kasuistischen Ethik vgl. II. 2.1.1.

28 Barth, KD III/4, 432f.

29 A.a.O., 454.456.

30 A.a.O., 460.467.470.

Mord und Totschlag[31], Schwangerschaftsabbruch[32], Tötung sog. unwerten Lebens[33], Sterbehilfe[34], Tötung aus Notwehr[35], Todesstrafe[36], die wirklich untätige Ruhe bzw. wirkliches Nichts-Tun[37]). In abgeschwächter Weise gibt es eine Häufung des Begriffs in § 54, in dem er Themen des menschlichen Zusammenlebens behandelt (8-mal bei den Themen Ehescheidung[38], Ehe ohne alle drei deklaratorischen Seiten der Heirat[39], Herauslösung von Kindern aus der Familie und umgekehrt der Eltern aus dem Familienkontext[40]). Diese Beobachtung wird noch verstärkt, wenn man die drei ethischen Fragen hinzunimmt, bei denen Barth zwar nicht den Terminus «Grenzfall» verwendet, aber strukturell und inhaltlich vergleichbar argumentiert:[41] In § 54

—

31 A.a.O., 472f.

32 Barth spricht von einer «absichtlichen Schwangerschaftsunterbrechung» (a.a.O., 473; ohne Hervorhebung). Den «Grenzfall» thematisiert er auf S. 476. Instruktiv zu Barths Ausführungen zum Schwangerschaftsabbruch unter besonderer Beachtung seiner Grenzfall-Argumentation Christiane Kohler-Weiß, Schutz der Menschwerdung, 37–84.

33 Barth, KD III/4, 483.

34 A.a.O., 487f.

35 A.a.O., 494f.498f.

36 A.a.O., 505.510–513.515.

37 A.a.O., 637.

38 A.a.O., 237.

39 A.a.O., 257. Die Funktion der Heirat ist nach Barth «nicht die Konstituierung, aber die Deklarierung der Ehe» (a.a.O., 254). Die drei Formen dieser «institutionellen Seite der Ehe» (a.a.O., 251) sind die familiäre, die rechtliche und die kirchliche (vgl. a.a.O., 254–257).

40 A.a.O., 297.320.

41 Für Barths Erläuterungen zum gerechten Krieg sind die ins Auge fallenden Strukturparallelen in der Forschung unumstritten, weshalb dieses ethische Problemfeld üblicherweise ebenfalls unter den Grenzfall-Themen behandelt wird (vgl. z.B. Oyen, Ethik der Grenzfälle, 5). So auch Maßmann, der die Themen Frieden und Krieg, die er neben den Themen Feiertag und Schwangerschaftsabbruch exemplarisch aus KD III/4 behandelt, selbstverständlich hierunter subsumiert: Das entsprechende Kapitel ist überschrieben mit dem Titel «Friedensethik: (§ 55.2): Soziale Gestaltung und der Grenzfall des Krieges» (Maßmann, Bürgerrecht, 236–253). Barths Darlegungen zur freiwilligen Kinderlosigkeit haben hingegen deutlich weniger Beachtung in der Forschung gefunden. Es liegt aber die Deutung nahe, dass Barth bei diesem Thema auch deshalb den Begriff Grenzfall vermeidet, weil er die Elternschaft damit als «Normalfall» deklarieren würde. Dafür sprechen seine eindringlichen Hinweise, dass die Entscheidung für ein Kind, ebenso der Prüfung bedarf, wie die Entscheidung dagegen (vgl. Barth, KD III/4, 303.305).

behandelt er die freiwillige Kinderlosigkeit und in § 55 den Krieg und die Militärdienstverweigerung, die Barth zufolge im Ausnahmefall ebenfalls geboten sein können. Offensichtlich scheint Barth vor allem bei den Lebensschutz und das menschliche Miteinander betreffenden Handlungen mit der Möglichkeit von Grenzfällen zu rechnen. Darüber hinaus finden sich noch zwei weitere Belegstellen in § 56 «Freiheit in der Beschränkung»: So bezeichnet Barth zum einen den in allen seinen Dimensionen Freude bereitenden Beruf als «Grenzfall»[42] , zum anderen weist er allgemein darauf hin, dass der «Dienst», zu dem der Einzelne aufgerufen ist, auch «Grenzfälle»[43] umfassen kann.

Als formale Besonderheit fällt auch die Stelle innerhalb der Argumentation Barths auf, an der er den Terminus verwendet: Er steht fast immer am Ende seiner Ausführungen zu einem der materialethischen Themen. Eingeleitet werden diese Schlusspassagen meist durch eine Formulierung, die – wie die zwei Beispiele veranschaulichen – sich nur in der *konkreten Formulierung* unterscheiden: «Wenn das unzweideutig feststeht, dann ist freilich zum Schluß die Erinnerung an den *Grenzfall* unvermeidlich [...].»[44] «Wenn dieses Nein [...] in sich feststeht, dann mag und muß auch hier nach dem *Grenzfall* gefragt werden.»[45] Der Aussage*gehalt* hingegen ist immer der gleiche: Der nun folgende Hinweis auf den Grenzfall *kann* erst folgen, nachdem der ethische «Normalfall»[46] ausreichend klar charakterisiert wurde.

---

42 A.a.O., 739. Barth bezeichnet mit «Beruf» die dem einzelnen Menschen «zugemessene[ ] geschichtliche[ ] Situation, [...] seines besonderen Wirkungskreises» (a.a.O., 744f.). Vom Beruf als individuellen Ort menschlicher Verantwortungsübernahme grenzt Barth die «Berufung» ab als den «besonderen, wählenden, unterscheidenden Willen Gottes in seinem Wort und Gebot» (a.a.O., 686). Dass es Barth dabei nicht um eine Trennung, sondern nur um eine Unterscheidung geht, zeigt sich daran, dass er den Beruf in ein inhaltliches Entsprechungsverhältnis zur Berufung stellt (vgl. a.a.O., 687). In seinem spezifischen Berufsverständnis kommt damit sowohl Barths aktuales Gebotsverständnis zum Ausdruck als auch seine individualisierende Wirkung. Darauf weist auch Meireis, Tätigkeit und Erfüllung, 145 hin: «Der Beruf wird [...] als Individuationsgestalt des göttlichen Gebotes thematisiert.» Es gehe Barth um die «Formierung der individuellen Identität des Christen und der Christin als Entsprechung zur besondern Wahl Gottes».

43 Barth, KD III/4, 760.

44 A.a.O., 467 (Suizid).

45 A.a.O., 479 (Schwangerschaftsabbruch).

46 A.a.O., 289f. (Kinder, die ihren Prophetendienst über den Gehorsam gegenüber ihren Eltern stellen).

Dann *muss* er aber auch folgen, ohne dadurch das Gewicht und die Gültigkeit des vorher Gesagten zu mindern. Womit bereits zwei wichtige Merkmale eines Grenzfalles genannt sind, wie Barth diesen in KD III/4 beschreibt: Er unterscheidet sich zum einen inhaltlich vom üblicherweise Gebotenen. Zum anderen ist mit einem Grenzfall «nur am *alleräußersten* Rand des Horizontes überhaupt»[47] zu rechnen. Um diesen Gedanken zu unterstützen, bezeichnet Barth den Grenzfall auch als «*ultima* ratio»[48]. Er ist also der *seltene*, aber sehr wohl mögliche *Ausnahme*fall, dass sich der Inhalt des Gebotes Gottes von dem sonst üblichen unterscheidet. Hieran zeigt sich erneut Barths Interesse an einer grundsätzlichen Stetigkeit des Gebotenen.

Des Weiteren ist es augenfällig, dass Barth in mehreren Grenzfall-Passagen auf die Erwähnung der Möglichkeit eines Ausnahmefalls eine größere Anzahl von Fragesätzen folgen lässt.[49] Der Grund für die Häufung von Sätzen in Frageform – und das leitet über zu den vorrangig inhaltlichen Besonderheiten – zeichnet sich ab, wenn die Subjekte in den Blick genommen werden, die Barth als Grenzfall-Handelnde nennt: Es sind erneut primär Einzelne oder eine kleine Gruppe von Personen (z.B. ein Paar, das ein Kind erwartet). An einigen Stellen erwähnt er zwar den Staat (z.B. beim Themenkomplex Frieden/Krieg), aber auch dort verweist er immer wieder darauf, dass die Entscheidungen von *einzelnen* Vertretern des Staates getroffen werden, die mit einem besonderen Auftrag ausgestatteten sind.[50] Oder er hebt die individuelle Verantwortung der Bürger auch bei vorrangig den Staat betreffenden

---

47 A.a.O., 493 (Notwehr).

48 Im Zusammenhang seiner Ausführungen zum Thema Schwangerschaftsabbruch ebd.; im Original beide Wörter kursiv.

49 So z.B. a.a.O., 479 (Schwangerschaftsabbruch) und a.a.O., 468 (Suizid).

50 Barth zufolge überträgt im Fall eines Angriffes durch einen Einzelnen «die Gesellschaft […] zunächst die Entschließung darüber, ob der Gegenangriff tatsächlich stattfinden soll, auf die von ihr eingesetzten Richter, seine Ausführung aber, die Tötung des Angreifers, endlich und zuletzt wieder auf einen, nun einen ganz anderen Einzelnen: den Henker» (a.a.O., 499f.).

Fragen hervor[51]. Die «Kriegsfrage» beispielsweise darf nicht eine allgemeine bleiben, sie muss, so fordert Barth, zu einer «*persönliche[n]* Frage»[52] werden. Hier rechnet Barth also mit einer aktualen Ansprache Einzelner. Das kommt neben der Frageform auch dadurch zum Ausdruck, dass er es im Grenzfall ausnahmsweise für geboten halten kann, dass nur für diesen Zweck und nicht notwendigerweise mit formaler Beauftragung sich zusammenfindende «*außerordentliche* Organe der Staatsgewalt»[53] – wie z.B. eine Gruppe von Attentätern, die beabsichtigen einen «Tyrannen» zu töten[54] – zum Handeln aufgefordert sind.

Ein weiteres Merkmal des Barthschen Grenzfall-Verständnisses zeigt sich am Inhalt der bereits erwähnten Fragen. In ihnen stellt Barth unter Bezugnahme auf die Freiheit des göttlichen Gebietens ein striktes Beharren auf ethische Regeln infrage: «Von woher sollte die absolute These begründet werden, daß Gott niemals und unter keinen Umständen etwas Anderes als die Erhaltung eines keimenden Menschenlebens [...] fordern könnte?»[55] Wie bereits bei der Relektüre von Barths Gebotsverständnis (II. 2) wird hier deutlich, dass Barth einer Ableitung des gebotenen Handelns aus starr fixierten Gesetzen ablehnend gegenübersteht.[56] Das Gegebensein des Grenzfalls lässt sich demnach weder aus staatlichen Gesetzen noch aus nomistisch interpretierten Bibelstellen ableiten, sondern das Gebotene ereignet sich dem

---

51 So erläutert Barth, dass er die Frage nach einem «‹gerechten Krieg[ ]›» (a.a.O., 530) zwar zuerst «im Blick auf den Staat» thematisiert hat, «weil der Krieg ja eine Aktion des Staates ist» (a.a.O., 531). Doch dann betont er, dass der Einzelne damit nicht von einer individuellen Entscheidung und Verantwortung entbunden wird: «Es ist also nicht an dem, daß der Staat dem Einzelnen irgendeine Verantwortlichkeit abnehmen würde. Es ist vielmehr so, daß eben der Staat auch in die volle Verantwortlichkeit jedes Einzelnen fällt. Und so nun als Aktion des Staates auch der Krieg. Auch in seiner Person wird ja der Staat Krieg führen» (a.a.O., 532).

52 A.a.O., 533f.

53 A.a.O., 511 (Tyrannenmord).

54 Zu Barths Verständnis eines «Tyrannen», den zu töten es geboten sein könne vgl. a.a.O., 513f.

55 A.a.O., 479 (Schwangerschaftsabbruch); ohne Hervorhebung. Ganz ähnlich a.a.O., 468 (Suizid): «Wer will es nun eigentlich für ganz und gar unmöglich erklären, daß der gnädige Gott selbst einem Menschen in der Anfechtung [...] diesen Ausweg wählen heißt? [...] Wer will nun eigentlich wissen, daß Gott ein Leben, das ja ihm gehört, nicht auch einmal in dieser Form aus den Händen des Menschen zurückverlangen könnte?»

56 Vgl. zu Barths Gebotsverständnis II. 2.

einzelnen Handlungssubjekt. Handeln im Grenzfall ist an das Gebot Gottes gebundenes Handeln, *«Handeln im Auftrag»*[57].

In seinen Erläuterungen zur Notwehr verdeutlicht Barth, worin er den Unterschied zwischen Gottes Gebot und staatlichen Gesetzen sieht: Ein Gesetz kann nur allgemein Situationen beschreiben, in denen Handlungen erlaubt bzw. verboten sind. Die Anwendung auf den Einzelfall erfolgt durch das jeweilige Handlungssubjekt. Das Gebot Gottes hingegen ist inhaltlich bestimmt und lässt keinen Deutungsspielraum offen. Es verpflichtet denjenigen, an den es ergeht zu der entsprechenden Handlung, auch zu einer Grenzfall-Handlung: Eine Tötung aus Notwehr ist nur dem erlaubt, «der dazu nicht nur *‹berechtigt›* ist, sondern dem das *befohlen* ist, weil er das Gebot der Ehrfurcht vor dem Leben als das Gebot des lebendigen Gottes vernommen hat».[58] Kennzeichnend für einen Grenzfall im Barthschen Sinne ist demnach, dass die dem Normalfall widersprechende Handlung nicht nur erlaubt, sondern von Gott geboten ist: Sie ist keine Kann-, sondern eine Soll-Bestimmung.[59] Das wird auch daran deutlich, dass Barth immer wieder auf den Begriff des Gehorsams zurückgreift,[60] der für ihn die Gebundenheit einer Handlung an das Gebot Gottes im Glauben zum Ausdruck bringt.[61] Ein Grenzfall ist gegeben «nur dann, aber dann allen Ernstes, wenn Gott [...] es nun eben so und nicht anders haben will»[62]. Da Barth die Stetigkeit und Widerspruchsfreiheit der Gebote in Gott selbst verlegt, kann er – auch wenn er grundsätzlich mit einer inhaltlichen Übereinstimmung der Einzelgebote rechnet – auch die Möglichkeit von Grenzfällen in sein System integrieren. Dementsprechend versteht Barth den Grenzfall als einen der Situation und dem Individuum angemessenen Gebotsinhalt, der zwar von dem sonst üblichen Inhalt abweicht, durch den aber die «Stetigkeit und Kontinuität»[63] des Gebotes nicht gefährdet, sondern – gegen den äußeren Anschein – gerade gewahrt wird. Nach Barths Deutung findet im Grenzfall

—

57 Barth, KD III/4, 498 (Tötung aus Notwehr).

58 Vgl. ebd. (Tötung aus Notwehr).

59 Vgl. a.a.O., 454 (allgemeine Ausführungen zur gebotenen Ehrfurcht vor dem Leben): «Es kann die Verteidigung des Lebens, in welchem er sich, bis diese Grenze erreicht ist, darstellen soll, unter Umständen, wenn der gebietende Gott es so haben will, auch zerbrechen und abbrechen müssen. Dann und nur dann, aber dann allen Ernstes, wenn Gott als der Herr des Lebens es nun eben so und nicht anders haben will!»

60 So z.B. a.a.O., 498 (Suizid).

61 Vgl. II. 2.2.2.

62 Barth, KD III/4, 454 (Tötung allgemein). Vgl. dazu auch a.a.O., 497 (Notwehr) oder a.a.O., 512 (Todesstrafe).

63 A.a.O., 17; ohne Hervorhebung.

keine Grenz*überschreitung* statt, sondern die Grenze wird – nur für diese spezifische Handlungssituation – von Gott verschoben.[64] Deutlich wird dies auch daran, dass Barth hervorhebt, dass die «Möglichkeit des *Irrtums* nach *beiden* Seiten»[65] besteht: Sowohl im leichtfertigen Rechnen mit dem Grenzfall als auch im Festhalten am Normalfall, obwohl das Gebot Gottes in der konkreten Situation einen anderen Inhalt hat.[66]

Auch die Abgrenzung von einem biblizistischen Bibelverständnis erfolgt mit einer ähnlichen Stoßrichtung in diesem thematischen Abschnitt: Der Normalfall des Gebotes (hier die «Ehrfurcht vor dem Leben»[67]) soll zwar auch unter Bezugnahme auf das Neue Testament bezeugt werden, dennoch ist «von seinem Buchstaben her immer wieder nach seinem Geist, der der frei befehlende Geist des Herrn ist, zu fragen»[68]. So kann nach Barth aus dem Neuen Testament ein «Gebot der Ehrfurcht vor dem Leben» abgeleitet werden. Dieses ist aber «kein Gesetz, sondern eine *Dienstanweisung*, über deren Wortlaut der *Gebieter* […] nicht vergessen werden darf»[69]. Und dieses konkrete Gebieten kann Barth zufolge im Ausnahmefall einen ungewöhnlichen Inhalt haben. Den Grenzfall begründet Barth dabei, wie bereits deutlich wurde, mit der Freiheit Gottes. Demnach ist Gott frei in seinen Willensäußerungen und daher auch nicht gebunden an ein Gesetz.[70] Aufgrund dieser Eigenart des Gebotes Gottes und seiner grundsätzlichen Kritik an menschlicher «Vernünftelei»[71] lehnt Barth eine genauere Bestimmung

---

64 Vgl. z.B. a.a.O., 390 (allgemeine Ausführungen zur gebotenen Ehrfurcht vor dem Leben): «Jene Grenzen dürfen durch keinen Leichtsinn und auch durch keine Vernünftelei eigenwillig vorgeschoben, sie können nur eben im Gehorsam erreicht und dann als solche respektiert werden. […] Sie sind von Gott gesetzte und zu setzende […] Grenzen.» Ganz grundlegend ist daher kritisch anzumerken, dass «Grenzfall» ein unglücklicher, weil missverständlicher Begriff ist. Er suggeriert das, was eine Grenzfall-Handlung als eine an das Gebot Gottes gebundene Handlung gerade nicht ist: eine Grenzüberschreitung, das Verlassen des erlaubten Bereichs.

65 A.a.O., 305 (gewollte Kinderlosigkeit).

66 Vgl. a.a.O., 468 (Suizid).

67 A.a.O., 495 (Tötung aus Notwehr).

68 Ebd. (Tötung aus Notwehr).

69 Ebd. (Tötung aus Notwehr).

70 Vgl. II. 1.1.

71 Barth, KD III/4, 390 (allgemeine Ausführungen zur gebotenen Ehrfurcht vor dem Leben).

oder gar Kategorisierung von Grenzfällen ab.[72] Dieser Position entsprechend beschränkt sich Barth am Ende seiner materialethischen Ausführungen zu einem Thema oft mit einem kurzen Hinweis auf die Möglichkeit eines Grenzfalles. So beschreibt er auf gut zwei Seiten am Beispiel des Mordes die Verlockung, sich vorschnell auf das Gegebensein eines Grenzfalls zu berufen, obwohl ein solcher nicht von Gott geboten ist.[73] Und schließt den Abschnitt dann doch folgendermaßen: «Aber wenn uns das zu höchster Besonnenheit mahnen muß, so darf es uns doch nicht abschrecken, von Punkt zu Punkt auch dazu bereit zu sein, in jener gefährlichen Nachbarschaft der Wahrheit zu bleiben: es kann irgend einmal – immer weit draußen an der Grenze aller anderen Möglichkeiten – auch das im Gehorsam gegen das Gebot geschehen müssen, daß Menschen durch Menschen zu töten sind.»[74] Seine vorangehenden Explikationen qualifiziert Barth damit als Beschreibung des Normalfalls der jeweiligen ethischen Fragestellung oder seinen Terminus aus § 52 aufgreifend als ‹geformten Hinweis›[75].

Offensichtlich wird, dass Barth über die Figur des Grenzfalls versucht verschiedene Anliegen zu vereinen: Einerseits ist er daran interessiert, bestimmte Handlungen für verbindlich zu erklären (Normalfall) und andererseits möchte er Ausnahmen ermöglichen (Grenzfall). Doch sollen diese weder inflationär werden und damit die Verbindlichkeit des allgemein Gebotenen untergraben, noch durch menschliche rationale Abwägungen begründet werden können, sondern sie erhalten ihre Berechtigung allein durch eine andere Instanz, bei Barth ist dies Gott. Doch wie weiß Barth zufolge der Einzelne, ob ihm eine Grenzfallhandlung von Gott geboten ist? Und zeigen

---

72 A.a.O., 469 (Suizid). Dennoch meint Biggar, der ab KD III/4 einen systematisierenden Grundzug in der Barthschen Ethik erkennt, in dessen Darlegungen zu Grenzfällen eine kasuistische Vorgehensweise zu erkennen (vgl. Biggar, The Hastening that Waits, bes. 36). Barth verstehe, so Biggar, ein vom Normalfall abweichendes Gebot Gottes nicht als Ausnahme, sondern als Anlass, das ethische System zu korrigieren: «There may be cases of God's commanding that are foreign, not to my understanding as such, but only to my understanding thus far» (a.a.O., 42). Eine Mittelposition nimmt Maßmann ein, demzufolge Barth zwar keine positiven Kriterien, dafür aber Ausschlusskritierien für das Gegebensein eines Grenzfalls biete. Auch Maßmann deutet daher Barths Beschreibungen als «Kasuistik». Allerdings grenzt er diese von der in § 52 von Barth kritisierten Kasuistik ab. Anders als jene gibt Barth «notwendige, aber nicht hinreichende Bedingungen des Grenzfalles an» (Maßmann, Bürgerrecht, 223).

73 Barth, KD III/4, 471–473.

74 A.a.O., 473.

75 Vgl. hierzu II. 3.1.3.

sich dabei Abweichungen von der ethischen Entscheidung, wie Barth sie in den fundamentalethischen Abschnitten beschrieben hat?

Zunächst fallen die großen Gemeinsamkeiten zwischen Barths Darlegungen in den fundamental- und materialethischen Passagen auf: Auch bei Grenzfällen verortet Barth die Entscheidung allein beim Handlungssubjekt,[76] das die gebotene Handlung nicht aus fixierten Gesetzestexten ableiten kann. Demgemäß warnt er Außenstehende davor, sich ein Urteil über die Gebotenheit einer Handlung zu erlauben.[77] Er begründet dies damit, dass Dritte nur rationale Gründe für oder gegen eine Tat vorbringen können, dass diese aber letztlich nicht entscheidungsleitend sein dürfen. Die Entscheidung, ob es sich in einer konkreten Situation um einen Ausnahmefall handelt, spricht Barth hingegen allein Gott zu,[78] womit zwei weitere Übereinstimmungen genannt sind:[79] «Nicht das größere oder geringere Gewicht der menschlichen Gründe entscheidet in dieser Sache – geschweige denn das, was Dritte als solche Gründe meinen wahrnehmen zu können und gutheißen oder ablehnen zu sollen, sondern ganz allein das Urteil Gottes»[80]. Die menschliche Entscheidung beruht erneut weder auf rationalen Abwägungen noch auf einer Wahl, sondern auch im Grenzfall konturiert Barth sie als Akt des Gehorsams, der sich dadurch auszeichnet, dass das Handlungssubjekt sich durch das aktual an ihn ergehende Gebot Gottes gebunden fühlt.[81] Eine entsprechend geringe Bedeutung spricht Barth an vielen Stellen sachlichen Gründen zu, die für einen Grenzfall sprechen könnten und wendet sich damit gegen verobjektivierbare Entscheidungskriterien: Zum Beispiel pocht er darauf, dass eine Scheidung nicht aufgrund der Zerrüttung der Ehe oder einer psychischen Belastung für die Ehepartner ein gebotener Grenzfall sein kann, sondern allein dann, wenn die Ehe nicht auf Geheiß Gottes geschlossen wurde.[82]

—

76 Vgl. Barth, KD III/4, 459 (Suizid). Zu Barths Verständnis des Begriffs «Entscheidung» vgl. II. 1.2 und 2.2.2 b).

77 Dennoch spricht Barth Dritten eine Bedeutung bei der ethischen Orientierung zu. Vgl. hierzu III. 3.

78 Barth spricht sowohl von einer göttlichen als auch von einer menschlichen «Entscheidung». Auf die Probleme, die sich Barth durch diese äquivoke Verwendung des Begriffes einhandelt, wurde oben bereits verwiesen. Vgl. Fußnote 61.

79 Vgl. II. 2.2.2 a).

80 Barth, KD III/4, 470 im Petit (Suizid).

81 Vgl. II. 2.2.2 b).

82 Barth, KD III/4, 237f. (Ehescheidung).

Es werden aber auch Unterschiede erkennbar: So fordert Barth vom jeweiligen Handlungssubjekt, das für sich eine vom allgemein bezeugten Gebot Gottes[83] abweichende Handlung erwägt, diesen Schritt genau zu «prüfen»[84]. Barth betont zwar, dass diese Prüfung nicht darin bestehen kann, dass der Glaubende den Inhalt des sich ihm von außen ereignenden Gebotes auf seine Richtigkeit befragt,[85] sondern immer nur darin, im Einzelfall «zu prüfen, ob ihm das [die Handlung, an die er sich gebunden fühlt; E.G.] wirklich geboten ist»[86]. Das Individuum soll demnach allein überprüfen, ob diejenige Handlung, die ihm als alternativlos erscheint, tatsächlich von Gott geboten wurde oder nicht doch in seinen eigenen Wünschen bzw. Überlegungen gegründet ist. Dennoch impliziert eine solche Prüfung anders als das oben beschriebene Gebotsverständnis[87] kein Incinanderfallen des sich dem Einzelnen ereignenden Gebotes Gottes und der ihm entsprechenden Tat, sondern gerade einen Moment des Innehaltens und Abstandnehmens, auch wenn Barth – wie gezeigt – weiter daran festhalten möchte, dass auch eine Grenzfall-Handlung eine durch Gottes Gebot bestimmte Handlung ist.

Betrachtet man die Merkmale, die Barth für eine solche Prüfung nennt, wird offensichtlich, dass er dabei nicht primär ein rationales Reflektieren vor Augen hat: Als Charakteristika eines legitimen, also eines gebotenen Grenzfalls führt Barth an, dass dem Einzelnen die Handlung nicht attraktiv erscheint, sondern sie ihm widerstrebt und er nicht vorschnell mit ihrem Gebotensein rechnet. Barth erläutert dies durch den Hinweis, dass oft solche Menschen zu einer bestimmten Grenzfall-Handlung aufgefordert werden, die ihrer genuinen Wesensart widerspricht, und sie daher erst nach größtem Zögern den Grenzfall überhaupt in Erwägung ziehen. So rechnet er damit, dass gerade Menschen mit äußerst friedfertiger Natur mit dem Gebot zur Tötung aus Notwehr konfrontiert werden.[88] Nach Barth sind ein grundsätzliches Festhalten am Normalfall und die nur widerwillige Zustimmung zum Gegebensein des Grenzfalls wichtige Prüfkriterien.[89] Beruft sich der

83 Zur Problemanzeige, dass Barth die Pluralität der bezeugten Gebote innerhalb einer, aber auch zwischen mehreren christlichen Gemeinden nicht ausreichend reflektiert vgl. II. 3.1.3.

84 Barth, KD III/4, 237 (Ehescheidung); a.a.O., 297 (Herauslösung von Kindern aus ihrer Familie).

85 Vgl. Barth, KD II/2, 579.596.

86 Barth, KD III/4, 589. Den Einzelnen zur Prüfung aufzufordern ist nach Barth auch Aufgabe der Gemeinde bzw. des Ethikers. Vgl. II. 3.

87 Vgl. II. 2.2.

88 Vgl. Barth, KD III/4, 496 (Tötung aus Notwehr).

89 Vgl. auch a.a.O., 514 (Tyrannenmord) oder a.a.O., 297.320 (Herauslösung von Kindern bzw. Eltern aus ihrer Familie).

Einzelne hingegen bei einer Entscheidung ohne Zögern auf den Grenzfall, rät Barth hingegen zur Skepsis, ob es sich wirklich um den von Gott gebotenen Ausnahmefall oder doch nur um die eigene beliebige «Privatmoral»[90] handelt. Dabei macht es für Barth keinen Unterschied, ob die präferierte Handlung Ergebnis einer Analyse der Situation und Reflexion der Handlungsoptionen oder von einem «Instinkt»[91] geleitet ist wie beispielsweise von demjenigen, sich gegenüber einem Angreifer zur Wehr zu setzen. Jeder in menschlichen Fähigkeiten und Instinkten begründeten Wahl steht er ablehnend gegenüber. Stattdessen konstatiert er, dass es dem Menschen allein durch das Hören auf die konkrete Willensäußerung Gottes möglich ist, zwischen Normal- und Grenzfall zu unterscheiden. Genau hierin sieht Barth z.B. den entscheidenden Unterschied zwischen einem Mord und dem Grenzfall einer Tötung aus Notwehr. Zwar beruft sich auch der Mörder auf eine Grenzfall-Situation und leitet aus ihr eine Erlaubnis zu seiner Tat ab. Da dieses Urteil Ergebnis menschlicher Reflexion ist, handelt es sich aus Barths Sicht anders als bei der gebotenen Notwehr nur um einen menschlichen Willkürakt.[92]

Als weiteres Indiz dafür, dass eine Grenzfall-Handlung wirklich Ausdruck des Gehorsams gegenüber Gottes Gebot ist und nicht dem menschlichen Willen oder seiner Ratio folgt, nennt Barth die Bereitschaft, Unannehmlichkeiten auf sich zu nehmen bis hin zum eigenen Tod und eine Handlung unabhängig vom erfolgreichen Ausgang zu vollziehen. Exemplarisch verweist Barth auf die Hitler-Attentäter. Nach Barths Einschätzung hat ihnen die Bereitschaft gefehlt, ihr Leben gegebenenfalls zu opfern und daraus schließt er, dass sie keinen entsprechenden Auftrag Gottes erhalten hätten und deshalb ihnen die notwendige Tatkraft zur Durchführung gefehlt hat.[93] Ohne dass die Angemessenheit dieses Arguments in Gänze diskutiert werden kann, soll darauf hingewiesen werden, dass Barth mit ihm seinem eigenen Ansatz untreu wird, da er durch seine Einschätzung letztlich den Anspruch erhebt, darüber entscheiden zu können, mit welchem Inhalt das Gebot Gottes an Dritte ergangen ist. Überhaupt sieht Barth in der «Entschlossenheit»[94] einer Tat und in der Freude, mit der sie ausgeführt wird, Zeichen dafür, dass es sich tatsächlich um eine gebotene und nur dann um eine Grenzfall-Handlung in seinem Sinne handelt. Ebenso stellt Barth heraus,

---

90 A.a.O., 472 (Mord und Totschlag); ohne Hervorhebung.

91 A.a.O., 495 (Tötung aus Notwehr).

92 Vgl. a.a.O., 472.497f.

93 Vgl. a.a.O., 514. Zur Irrelevanz der Erfolgsaussichten einer Handlung vgl. a.a.O., 530 (gerechter Krieg).

94 Ebd. (gerechter Krieg).

dass eine gehorsame Tat mit «gutem Gewissen»[95] einhergeht. Hier scheint sich Barth auf die von ihm positiv bewertete Funktion des christlichen Gewissens zu beziehen, die er in KD II/2 ausgeführt hat: «Nicht *durch* das Gewissen, sondern *dem* Gewissen wird Gottes Gebot offenbart und gegeben und so kann dieses auch nicht erst durch das Gewissen die Bestimmtheit bekommen, in der es allein wirkliches Gebot sein kann.»[96] Barth bindet das Gewissen des Glaubenden damit unmittelbar an das Gebot Gottes. Er spricht ihm dabei nicht die Fähigkeit zu, die gebotene Handlung inhaltlich zu bestimmen, sondern er deutet das Gewissen als Rezeptor im Menschen für das Gebot Gottes.

Barth gibt aber auch konkrete Ratschläge, welche Schritte eine solche Grenzfall-Prüfung umfassen sollte: Zunächst sollten die Entscheidungssubjekte davon ausgehen, dass das Handeln gemäß dem bezeugten Gebotsinhalt auch ihnen geboten ist. So soll ein Ehepaar, das eine Scheidung in Erwägung zieht, zunächst damit rechnen, dass Gott sie füreinander bestimmt hat. Erst wenn sie dies ernsthaft in Betracht gezogen haben, dürfen sie die Möglichkeit des Grenzfalls erwägen.[97] Diese Forderung kann in der bisher aufgezeigten Linie als Offenheit für das aktual sich ereignende Gebot Gottes und damit als Ausschluss einer menschlichen Beteiligung bei der inhaltlichen Bestimmung des Guten verstanden werden.[98]

Es finden sich allerdings auch Stellen, an denen Barth hiervon abweichend auf einen menschlichen Reflexionsakt dringt und ihm sogar einen hohen Stellenwert beimisst: Bevor ein Schwangerschaftsabbruch vorgenommen wird, sollen alle Gründe «genau bedacht und zur Geltung gekommen»[99] sein, die für das Handeln gemäß dem Normalfall des Gebotes (der Fortsetzung der Schwangerschaft) sprechen sowie alle alternativen Handlungsmöglichkeiten genau erwogen werden. Wird dies alles nicht beachtet, bezeichnet er einen Abbruch als «Mord»[100].

—

95 Ebd. (gerechter Krieg). Vgl. zudem a.a.O., 482 (Schwangerschaftsabbruch) und a.a.O., 514 (Tyrannenmord): Als Folgen einer durch das Gebot gebundenen Tötung eines Tyrannen führt Barth «ein reine[s] Herz», «reine[ ] Hände» und ein «ganz reine[s] Gewissen» an.

96 Barth, KD II/2, 744. Darin scheint sich ein Wandel abzuzeichnen gegenüber seiner gewissenskritischen Haltung, die er vor allem in KD I/1 dargelegt hat. Einen guten einleitenden Überblick über die verschiedenen Äußerungen Barths zum Gewissen bietet Annegret Freund, Gewissensverständnis, 73–84.

97 Vgl. Barth, KD III/4, 234 (Scheidung).

98 Vgl. Barth, KD II/2, 744. Dort bezeichnet Barth das christliche Gewissen als «Organ des unserem Willen begegnenden Willens Gottes».

99 Barth, KD III/4, 480 (Schwangerschaftsabbruch).

100 Ebd. (Schwangerschaftsabbruch).

In diese Richtung weisen auch Passagen, in denen Barth gegen seine oben beschriebene Absicht doch inhaltliche Grenzfall-Kriterien anführt, auch wenn diese recht weit gefasst sind:[101] Mit dem Grenzfall eines gebotenen Schwangerschaftsabbruchs ist vor allem dort zu rechnen, wo «*Leben* gegen *Leben* auf dem Spiele steht», in diesem Fall das Leben des Embryos gegen das Leben der Schwangeren. Doch insistiert er auch hier, dass die Entscheidung nicht allein Ergebnis menschlicher Überlegungen sein darf, sondern durch Gottes Gebot bestimmt sein muss.[102] In ähnlicher Weise argumentiert Barth bezogen auf den Fortbestand eines Staates. Die Todesstrafe ist demnach grundsätzlich abzulehnen, da es Aufgabe des Staates ist, Leben zu schützen.[103] Eine Ausnahme hält er aber dann für denkbar, wenn ein Staat ernstlich in seiner Existenz gefährdet ist. Ohne diesen Gedanken jedoch weiter auszuführen, begründet er dies damit, dass «die staatliche Ordnung als solche auf Gottes Willen beruht»[104]. Aus dieser Aussage spricht eine grundsätzliche Hochschätzung staatlicher Ordnungen und ihrer grundlegenden Bedeutung für ein gelingendes Zusammenleben von Menschen.[105] Aber auch beim Beispiel des «Tyrannenmordes»[106], das er im Anschluss an seine allgemeinen Überlegungen zur Todesstrafe traktiert, mahnt er eine gebundene Entscheidung als «Hörer des Gebotes Gottes»[107] an.

Bei zwei Themenfeldern schließt Barth die Möglichkeit eines Grenzfalls explizit aus: Ein Gebot Gottes, sogenanntes «lebensunwert[es]»[108] Lebens zu töten, hält er definitiv für ausgeschlossen und begründet dies damit, dass der Wert eines Lebens nicht von Menschen bestimmt werden kann, da dieser «Gottes *Geheimnis*»[109] ist. Als problematisch erachtet Barth also das *eigenmächtige* menschliche Urteil über die Wertigkeit eines bestimmten Lebens. Bei der Sterbehilfe fällt Barths Ablehnung zunächst ähnlich strikt aus,

—

101 Vgl. ebd. (Schwangerschaftsabbruch).

102 Vgl. a.a.O., 480.482.

103 Vgl. a.a.O., 509f.

104 Vgl. a.a.O., 511.

105 Die Relevanz staatlicher Ordnungen hebt Barth auch in «Christengemeinde und Bürgergemeinde» hervor und begründet dies mit der inneren und äußeren Friedenserhaltung: «Die Sache, der Sinn und Zweck dieses Beieinanderseins (die Sache der polis, die politische Aufgabe) ist die Sicherung sowohl des äußeren, relativen, vorläufigen Friedens ihrer Gemeinschaft und insofern die Sicherung der äußeren, relativen, vorläufigen Humanität ihres Lebens und Zusammenlebens» (Barth, Christengemeinde und Bürgergemeinde, 48).

106 Barth, KD III/4, 513.

107 Ebd.

108 A.a.O., 483; ohne Hervorhebung.

109 Ebd.

dieses Mal mit einer inhaltlichen Begründung, dass das Argument der Leidensverkürzung nicht ausreicht, um ein Leben zu beenden.[110] Im Petit gesetzten Schlussabschnitt räumt er dann aber ein, dass ein Verzicht auf lebensverlängernde Maßnahmen nicht grundsätzlich auszuschließen ist. Er hält es jedoch vor einer Revision seiner ablehnenden Positionierung für notwendig, die weiteren medizinischen und technischen Entwicklungen abzuwarten.[111] Bei der Frage nach einem möglichen Grenzfall misst Barth an dieser Stelle also der Kenntnis der Sachlage eine entscheidungsleitende Bedeutung bei.

Dennoch lässt sich aus dieser und den anderen oben angeführten, die Relevanz rationaler Abwägungen hervorhebenden Aussagen keine allgemeine Charakterisierung von Barths Grenzfall-Verständnis oder seines Ethikkonzeptes ableiten.[112] Vielmehr bestätigen diese beiden Beispiele, bei denen Barth auf sehr unterschiedliche Begründungen zurückgreift, dass – wie bei Barths Ethik in der KD insgesamt so auch bei seiner Konturierung und Verwendung der Grenzfall-Figur – kein einheitliches, sondern ein interessen- und spannungsreiches Gesamtbild erkennbar wird:

Durch den Hinweis auf die Existenz von Grenzfällen als seltene *Ausnahmen* möchte Barth *zunächst* die Verbindlichkeit des von ihm zuvor beschriebenen Normalfalls herausstreichen und damit die Relevanz dessen Kenntnis für die Handlungssubjekte: Seine Bedeutung liegt darin begründet, dass der bezeugte Normalfall aufgrund der Kontinuität des göttlichen Gebietens tatsächlich den am häufigsten anzutreffenden und so den vorerst zu erwartenden Inhalt des Gebotes beschreibt. Er bietet daher eine erste, wenn auch nur

---

110 Vgl. a.a.O., 487f. Dabei verweist Barth auf den aus seiner Sicht entscheidenden Unterschied zwischen einer Situation, in der Leben gegen Leben steht (wie z.B. beim Schwangerschaftsabbruch) und einer, in der zwischen «Leben und dem Tod» (a.a.O., 488) gewählt werden muss. Kritisch ist anzumerken, dass Barth unberücksichtigt lässt, dass dieses Argument gleichermaßen auf einen Suizid zutrifft, bei dem Barth Grenzfälle für möglich hält (vgl. a.a.O., 467–471).

111 Vgl. a.a.O., 488.

112 Anders Maßmann, der aus diesen Äußerungen folgert, dass für Barth Grenzfälle der rationalen Abwägung zumindest eingeschränkt zugänglich seien: So könnten «notwendige, aber nicht hinreichende Bedingungen des Grenzfalles» (Maßmann, Bürgerrecht, 223) angegeben und damit im konkreten Fall ihre Gegebenheit überprüft werden. Daraus schließt er weiter, Barth respektiere «die kontextuellen Bedingungen der Entscheidung im Einzelfall und die Gewissensfreiheit der Handelnden, ohne jedoch das Handeln der Willkür zu überlassen» (a.a.O., 224). Auch Biggar dienen diese Aussagen als wichtiger Beleg für seine These, dass Barth ab KD III/4 ein kasuistisches Ethikkonzept vertrete (vgl. Biggar, The Hastening that Waits, 36).

vorläufige ethische Orientierung. Außerdem ist nur aufgrund des Wissens über den üblichen Inhalt des Gebotes ein möglicher Grenzfall als solcher erkennbar und kann sein tatsächliches Gegebensein nur dann mit der notwendigen Sorgfalt in der oben beschriebenen Weise überprüft werden.

Des Weiteren beabsichtigt Barth durch die Erwähnungen des Grenzfalls, einem kasuistischen Verständnis seiner materialethischen Ausführungen zu wehren. Sie sollen stattdessen im Sinne seiner fundamentalethischen Grundlegungen in KD II/2 und § 52 als «*Umschreibung* und *Bezeugung* des Gebotes Gottes und des ihm entsprechenden guten menschlichen Handelns»[113] als Zeugnis gelesen werden, das den Einzelnen zur eigenen ethischen Entscheidung befähigt und nicht davon entbindet.[114] Dafür spricht neben den wiederholten Aufforderungen an den Einzelnen, sich in seinen Entscheidungen durch das Gebot Gottes bestimmen zu lassen, dass Barth zu Beginn des ersten materialen Kapitels (§ 53 Freiheit vor Gott)[115] noch einmal die Aufgabe von Ethik als Anleitung beschreibt, das «*mandatum Dei concretissimum* im ethischen Ereignis»[116] zu verstehen. Der geformte Hinweis auf den Normalfall des Gebotes hat eine vorbereitende Funktion, indem er Zeugnis gibt von der *üblichen* Form des von Gott Gebotenen; er entbindet aber nicht davon, jeweils auf das Gebot Gottes zu hören. Diesen für Barth zentralen Aspekt seines Ethikkonzeptes lässt er durch den wiederkehrenden Verweis auf die Möglichkeit eines Grenzfalles beim Leser nicht in Vergessenheit geraten.

Daneben zeigen sich aber auch noch einmal *anders* gelagerte Anliegen Barths: Sein Unbehagen gegenüber seinem eigenen Ansatz wird dadurch erkennbar, dass Barth trotz seiner Ablehnung einer distanzierten Zuschauertheologie und menschlicher «Vernünftelei» dennoch eine abständige Prüfung und rationale Abwägungen als Voraussetzung dafür postuliert, dass sich jemand auf das Gegebensein eines Grenzfalls berufen darf. Offenbar hat er ein Empfinden für die Gefahr von Willkürakten, die mit einer Verortung der ethischen Entscheidung im Einzelnen einhergeht. Andererseits scheint er zu ahnen, dass die Rückbindung an den Gottesgedanken zur Eindämmung dieses Risikos nicht ausreicht und damit auch nicht dafür, dem Gebot widersprechende Handlungen als solche zu entlarven und zu verhindern. Um diese Risiken einzudämmen, dringt er bei einer Grenzfall-Handlung zum einen auf eine Überprüfung der Quelle des Gebundenseins, zum anderen auch auf eine Reflexion der Handlungsgründe und -alternativen.

---

[113] Barth, KD III/4, 32.
[114] Vgl. hierzu bes. II. 2.2.2 b).
[115] Vgl. Barth, KD III/4, 51f.
[116] Vgl. a.a.O., 52.

Das Ausmaß von Barths Unbehagen scheint durchaus von den Folgen einer Handlung abhängig zu sein und davon, welches Gut von ihr betroffen ist. Denn Barth fordert zusätzliche rationale Überlegungen explizit nur bei der potentiellen Tötung von Menschen (§ 55), nicht aber bei den das familiäre Zusammenleben (§ 54) betreffenden Fragen. Offensichtlich möchte Barth, dass vor allem dann eine zweite Sicherungsmaßnahme wirksam ist, wenn menschliches Leben auf dem Spiel steht.

Problematisch ist, dass Barth dem Leser keine genaue Auskunft über die Diversität seiner Anliegen gibt. Es ist zu vermuten, dass ihm diese selbst nicht explizit vor Augen stand. In Folge dessen bleibt die genaue Verhältnisbestimmung von rationalen Erwägungen und Ergriffen-Sein vom Gebot Gottes von Barth ungeklärt.[117] Festzuhalten bleibt zumindest so viel: Barth tendiert zwar dazu, menschlicher Reflexion bei Grenzfall-Fragen eine gewisse Bedeutung beizumessen, trotzdem hält er weiterhin daran fest, dass ihr Schranken gesetzt sind: «Geschöpfliche Vernunft, wie sie die Struktur des Menschen auszeichnet, kann als solche keine sich selbst genügende Vernunft sein wollen.»[118] Mit einem reflexiven Akt kann der Einzelne demnach überprüfen, ob sich die von ihm bevorzugte Handlung tatsächlich auf eine Gebundenheit an das Gebot Gottes bezieht oder doch auf eine selbstgesetzte Handlungsrichtlinie.[119] Die Reflexion generiert aber keine Bindung an das Gebot Gottes.

—

117 Diese mangelnde Klärung findet ihren Niederschlag auch in der neueren Barth-Forschung, in der das Verhältnis von rationaler Reflexion und aktualer Ethik sehr unterschiedlich bewertet wird: Einerseits finden sich Interpreten, die – wie z.B. Nimmo –, vor allem den aktualen Ansatz der Barthschen Ethik hervorheben und Passagen mit rationalen Begründungen als spannungsreich dazu empfinden (vgl. auch Nimmo, Being in Action, bes. 58). Hingegen misst Biggar zufolge Barth seit KD III/4 rationalen Abwägungen in seiner Ethik eine wichtige Rolle bei. So sei es Aufgabe des Menschen, Grenzfälle zu analysieren und in das ethische System zu integrieren bzw. dieses entsprechend zu modifizieren (vgl. Biggar, The Hastening that Waits, 36). Auch Maßmann schätzt die Bedeutung rationaler Überlegungen in Barths Ethikkonzept – ebenfalls erst ab KD III/4 – hoch ein. Zum einen beziehe Barth empirische Erkenntnisse (vgl. Maßmann, Bürgerrecht, u.a. 204.253), zum anderen Handlungskonsequenzen in seine Argumentation mit ein (vgl. a.a.O., u.a. 28.253).

118 Barth, KD III/4, 371.

119 Ungeachtet der gewichtigen Differenzen – bei Barth ist Gott Gesetzgeber und das Bindungsgefühl gerade kein «selbstgewirktes» (Kant, Grundlegung der Metaphysik der Sitten, 28 (Fußnote)) – kommt diese Forderung damit formal dem kategorischen Imperativ gleich: Die Legitimität der Entscheidung wird bei

3. Gemeinde und Ethik als Prüfinstanzen

Wie gezeigt wurde, ist es nach Barth notwendige, wenn auch nicht in jedem Fall hinreichende Bedingung für ihre Legitimierung, dass sich beim einzelnen Handlungssubjekt die Gewissheit einstellt, dass die Grenzfall-Handlung ihm von Gott geboten ist. Nun soll nach der Rolle gefragt werden, die Barth Dritten, besonders aber der Gemeinde und theologischer Ethik[120] in solchen Situationen beimisst.

Als «wichtigste[n] Beitrag»[121] theologischer Ethik bestimmt Barth entsprechend seiner fundamentalethischen Ausführungen in KD II/2 und § 52 auch bei möglichen Grenzfällen, die ethische Frage so zu formulieren, dass sie dem jeweiligen Handlungssubjekt zur *persönlichen* Frage wird.[122] Sie soll dafür Sorge tragen, dass sich der Einzelne von allgemeinen ethischen Fragen – wie z.B. ‹Was sind Merkmale eines gerechten Krieges?› – individuell angesprochen fühlt und zur Antwort aufgefordert fühlt.

Er warnt aber Außenstehende und speziell theologische Ethiker davor, zu glauben, Kenntnis vom konkreten Inhalt des an den Einzelnen ergehenden Gebotes zu haben. Sie sollen sich daher einer Verurteilung eines Handelnden enthalten, der sich auf einen Grenzfall beruft, wenigstens aber damit rechnen, dass dieser Grenzfall tatsächlich von Gott geboten ist bzw. war. So mahnt er bei seinen Darlegungen zum Suizid auch «den hartgesottensten theologischen Ethiker» eindringlich, sich darauf zu besinnen, «er könnte vielleicht letztlich doch nicht so genau wissen, was sich zwischen Gott und dem Selbsttöter nun eigentlich zugetragen hat»[123]. Ebenso warnt Barth Unbeteiligte vor der Annahme, positiv bestimmen zu können, dass ein Grenzfall-Gebot vorliegt. Nur den Ehepartnern selbst könne sich z.B. erschließen, dass die Voraussetzung für eine Scheidung gegeben ist, nämlich

---

Barth wie bei Kant geprüft, indem Bedingtheit gegen Unbedingtheit abgewogen wird.

120 Barth bestimmt christliche Ethik als Funktion der Gemeinde. Vgl. hierzu II. 3.1.3.

121 Barth, KD III/4, 533 (gerechter Krieg).

122 Vgl. hierzu II. 2.2. So ist die Häufung von Fragesätzen nicht allein ein auffälliges Merkmal der Grenzfall-Passagen, sondern der gesamten materialethischen Ausführungen von KD III/4.

123 A.a.O., 460. Um den Unterschied zwischen der möglichen, wenn auch seltenen durch Gottes Gebot gebotenen «Selbsttötung» und dem von Barth als Sünde (vgl. a.a.O., 461f.) bezeichneten, auf eine menschliche ungebundene Wahl zurückgehenden Suizid auch sprachlich zu verdeutlichen, bezeichnet Barth Letzteren als «Selbstmord» (a.a.O., 467).

wenn sie erkennen, dass ihre Ehe ohne ein dies forderndes Gebot Gottes geschlossen wurde.[124]

Auch wenn Barth ein Urteil Dritter ablehnt, weist er ihnen dennoch eine Aufgabe bei der Grenzfall-Prüfung zu: Sie sollen das Handlungssubjekt auf den Normalfall hinweisen und es kritisch befragen, ob sich ihm in der konkreten Situation wirklich ein diesem widersprechendes Gebot Gottes ereignet hat.[125] Dies kann auch so geschehen, dass sachliche Gründe gegen eine Grenzfall-Handlung vorgebracht werden. Beispielsweise soll die Gemeinde, Eheleuten, die eine Scheidung erwägen, «Alles, was gegen ihre negative Entscheidung sprechen kann, [...] in Erinnerung»[126] rufen. Die Gemeindeglieder haben also den Auftrag zu einem gegenseitigen ‹Wächteramt›.[127] Sie sind damit eine Art Prüfinstanz, die dem einzelnen Entscheidungsträger den Normalfall noch einmal ins Gedächtnis ruft und ihn zur genauen Prüfung auffordert, ehe er für sich das Gegebensein des Grenzfalls beansprucht. Zugleich mahnt er den Einzelnen, über der Aufforderung anderer zur eigenen Entscheidung nicht zu vergessen, sich die an ihn gestellte ethische Frage immer wieder auch selbst zu vergegenwärtigen.[128]

Der Kirche[129] weist Barth darüber hinaus auch eine orientierende Funktion in konkreten Entscheidungssituationen zu. Bei seinen Ausführungen

---

124 Vgl. a.a.O., 234.

125 Vgl. a.a.O., 459 (Suizid): «Man kann hier gewiß nur fragen, nicht für und über Andere letztlich entscheiden wollen.»

126 A.a.O., 239.

127 Auch wenn Barth hier nur das Kollektiv, die «christliche[ ] Gemeinde» (a.a.O., 238; ohne Hervorhebung), nennt, ist aufgrund seiner hierarchie- und ämterkritischen Haltung und seiner Ablehnung von Kirchenzucht (vgl. hierzu II. 3.1.3 und 3.2) damit zu rechnen, dass dieses Wächteramt nicht einem bestimmten Gremium in der Gemeinde, sondern allen Gemeindegliedern zukommt.

128 Vgl. a.a.O., 459 (Suizid).

129 Anders als im Abschnitt über die Ehescheidung spricht Barth in seinen Darlegungen zur Militärdienstverweigerung nicht von «Gemeinde», sondern von «der Kirche» (a.a.O., 537). Auch wenn für ihn die Ortsgemeinde die entscheidende Gemeinschaft für Christen ist (vgl. Barth, Die lebendige Gemeinde, 17 und Barth, Christengemeinde und Bürgergemeinde, 49f.) und er jeder Gemeinde zuspricht, im Vollsinn «Kirche» zu sein (vgl. Barth, Die lebendige Gemeinde, 19), scheint er bei dieser den Staat betreffenden Frage mit «Kirche» einen übergreifenden Zusammenschluss mehrerer Gemeinden zu meinen. In seinem Aufsatz «Die lebendige Gemeinde und die freie Gnade» (1947) hat er auf einen solchen hingewiesen und dabei vor allem nach innen wirkende z.B. einheitsfördernde, beratende und koordinierende Aufgaben genannt (vgl. a.a.O., 20; zu Barths Gemeindeverständnis auch III. 3.1.1).

zur Militärdienstverweigerung betont er zwar zunächst erneut ausdrücklich, dass nur das Individuum entscheiden kann, ob es ihm geboten sei, sich dieser allen Bürgern grundsätzlich aufgetragenen «direkten Verantwortung für den Krieg»[130] durch den Dienst in der Armee zu entziehen. Doch dürfen die Kirche bzw. in ihr damit speziell beauftragte Menschen den Einzelnen mit dieser Entscheidung nicht allein lassen, sondern sind aufgefordert, «in den wechselnden konkreten politischen Situationen nicht gesetzliche, sondern evangelische, aber auch nicht zweideutige, sondern unzweideutige Anleitung und Weisung zu geben»[131], wie das Gebot Gottes verstanden werden kann. Auch hier werden verschiedene Absichten Barths erkennbar: Er spricht zum einen der Kirche bzw. einzelnen Christen die Fähigkeit und die Aufgabe zu, eine eindeutige Handlungsanweisung für die spezifische Situation zu geben. Zum anderen soll diese Anweisung keine gesetzliche sein, d.h. sie soll den Einzelnen nicht von seiner Handlungsentscheidung entbinden. Barth scheint vielmehr auch hier daran gelegen zu sein, der individuellen Entscheidung eine orientierende Instanz beizuordnen, die dem Handlungssubjekt den Regelfall aufzeigt und ihn zur genauen Prüfung auffordert, ehe es sich auf einen Grenzfall beruft.[132]

Zusammenfassend lässt sich festhalten, dass Barth auch das Verhältnis zwischen Individuum und Gemeinschaft bei Grenzfall-Fragen entsprechend seiner fundamentalethischen Ausführungen bestimmt.

4. Der «Grenzfall» in Bonhoeffers «Ethik» – ein Vergleich

Nachdem Barths Verständnis von Grenzfällen im Zentrum der bisherigen Ausführungen stand, soll nun der Blick geweitet und ein Vergleich mit der

—

130 Barth, KD III/4, 534.

131 A.a.O., 537.

132 Auch Johannes Fischer weist ethischen Regeln und Prinzipien die Funktion von Prüfinstanzen zu (vgl. Fischer, Theologische Ethik, 247f.), lehnt aber gleichzeitig ab, sie zum Beurteilungsmaßstab zu erheben (vgl. a.a.O., 49). Jedoch nimmt er das Verhältnis von Gemeinde, «leitende[m] Ethos» (vgl. a.a.O., 248) und individueller Urteilsbildung, die er als «Herstellung eines reflexiven Gleichgewichts» zwischen «[m]oralische[n] Regeln und Prinzipien, sittliche[n] Intuitionen und deren propositionale[r] Explikation» (a.a.O., 239) definiert, deutlich weniger in den Blick als Barth.

Verwendung des Begriffs «Grenzfall» in Dietrich Bonhoeffers 1949 posthum erschienen ersten Auflage seiner «Ethik»[133] angestellt werden, auf die sich Barth in KD III/4 bezieht. Diese Gegenüberstellung verspricht aus zwei Gründen aufschlussreiche Erkenntnisse zu liefern: zum einen, weil es gerade angesichts der bereits erwähnten zurückhaltenden Verwendung dieses Terminus in der protestantischen Ethik bis in die späten 50er-Jahre auffällig ist, dass Bonhoeffer ihn gebraucht. Für dieses Vorgehen spricht zum anderen, dass Barth sich in der Schöpfungsethik überraschend oft auf das nur zwei Jahre vor Drucklegung von KD III/4 erschienene, unabgeschlossen gebliebene Werk Bonhoeffers bezieht.[134] Es ist daher davon auszugehen, dass ihm Bonhoeffers Auffassung von Grenzfällen gut vertraut war. Umso auffälliger ist, dass sich Barth zwar bei einzelnen materialethischen Themen auf Bonhoeffer bezieht, aber nicht explizit auf seine Verwendung der Figur des Grenzfalls eingeht. Durch einen Vergleich der jeweiligen Fassungen der Grenzfall-Figur können Gründe aufgezeigt werden, warum dies der Fall ist, und zugleich kann das Spezifikum des Barthschen Grenzfalls noch weiter konturiert werden.

Der Begriff «Grenzfall» taucht in Bonhoeffers «Ethik» nur zwei Mal auf – je einmal im Singular und einmal im Plural – und zwar innerhalb des

---

133 Vgl. Barth, KD III/4, 2. Angesichts des fragmenthaften Charakters und der fehlenden Endredaktion kann es nicht Ziel sein, Bonhoeffers Fundamentalethik in Gänze zu rekonstruieren, sondern vorrangig den Gedankengang innerhalb der Passagen darzustellen, in denen Bonhoeffer den Begriff «Grenzfall» verwendet. Instruktiv zu Bonhoeffers Ethik unter besonderer Berücksichtigung des philosophischen Hintergrunds: Friederike Barth, Die Wirklichkeit des Guten.

134 Neben den bereits erwähnten Bezügen (vgl. zu Barths kritischer Sicht auf Bonhoeffers Mandatelehre II. 2.1.2 und zu Barths Patriarchalismus-Vorwurf II. 3.1.1; zu Barths positivem Verweis auf Bonhoeffer für das Ineinanderfallen von Gebot und Handlung vgl. II. 2.2.2 c) sei exemplarisch auf zwei weitere der insgesamt zehn Stellen hingewiesen, in denen sich Barth in KD III/4 mit Bonhoeffers Theorie auseinandersetzt: Gleich zu Beginn der Schöpfungsethik lobt Barth Bonhoeffers «Ethik», da er in ihr die von ihm geforderte gegenseitige Bezogenheit von Dogmatik und Ethik erkennt (vgl. Barth, KD III/4, 2). Auch bei seinen Erläuterungen zu dem Grenzfall der Selbsttötung nennt er Bonhoeffer als Gewährsmann: Barth stimmt ihm darin zu, dass nicht der Mensch durch rationale Abwägung über die Rechtmäßigkeit einer Selbsttötung entscheidet, sondern allein Gott, der als Schöpfer Herr allen Lebens ist (vgl. a.a.O., 460.463, Barth verweist hier auf Bonhoeffer, Ethik (1949), 111–116, bes. 113).

Abschnitts «Die Geschichte und das Gute»[135]. Die Vermutung liegt nahe, der Ausdruck spiele in Bonhoeffers System keine so entscheidende Rolle wie bei Barth. Aber auch wenn Bonhoeffer den Begriff nicht häufig verwendet, führt er ihn an einem neuralgischen Punkt seiner Argumentation ein. Der Grenzfall ist eine wichtige Figur für die in diesem Abschnitt zentrale Verhältnisbestimmung von «formalen Gesetzen», Gewissen, Verantwortung und Freiheit. Bonhoeffers Verständnis eines Grenzfalls lässt sich daher nicht beschreiben, ohne gleichzeitig die Beziehung der vier anderen Begriffe zueinander zu beleuchten. Dies soll nun in der dafür notwendigen Ausführlichkeit, bei gleichzeitiger Beschränkung auf das für die hier behandelte Fragestellung Wesentliche geschehen:

Obwohl Bonhoeffer gleich zu Beginn des Abschnittes starre Prinzipien und Normen ablehnt, weil sie Freiheit zuwiderliefen und zudem Verbindlichkeit gerade verhinderten,[136] zeigt sich in seinen Ausführungen über die Verantwortung zum «Bereich der Dinge»[137], in dem er auch die Grenzfälle erwähnt, ein Interesse an in bestimmen Gemeinschaften als allgemeingültig anerkannten und zum Teil auch verbindlich fixierten Gesetzen. In dieser vorangehenden Passage spricht sich Bonhoeffer für den Verantwortungsbereich zwischen Personen für ein «wirklichkeitsgemäß[es]»[138] Handeln aus, das nicht an Prinzipien ausgerichtet ist, sondern am «Ursprung, Wesen und

---

[135] A.a.O., 166–203 (= 2. Fassung in Bonhoeffer, Ethik (1992)), bes. 185f. Neben dem Begriff «Grenzfall» verwendet Bonhoeffer in dem Abschnitt «Das ‹Ethische› und das ‹Christliche› als Thema» auch «Grenzereignis» (Bonhoeffer, Ethik (1949), 206) ebenfalls im Sinne einer Ausnahme vom Üblichen: «Das ethische Phänomen ist inhaltlich wie seiner erlebnismäßigen Seite nach ein Grenzereignis.» Ethik ist demnach nur dann notwendig, wenn «das Moralische sich nicht von selbst versteht, sei es darum, weil es nicht getan wird, sei es, weil es in seinem Inhalt fragwürdig geworden ist» (a.a.O., 207). Zur Analyse des Begriffes «Grenzfall» liefert diese Passage jedoch keine neuen Erkenntnisse, da ihr Fokus auf der Bestimmung des Auftrags der Ethik liegt.

[136] Vgl. a.a.O., 166: «Weder gibt es diese isolierten Einzelnen, noch steht uns jener absolute Maßstab eines an und für sich Guten zur Verfügung». Denn, so fährt er fort, «der absolute Maßstab eines an und für sich Guten [...] macht das Gute zu einem toten Gesetz, zum Moloch, dem alles Leben und Freiheit geopfert wird und das selbst die Verbindlichkeit eines echten Sollens verliert, eben weil es ein metaphysisches an und für sich seiendes Gebilde ohne wesentliche Beziehung zum Leben ist» (a.a.O., 167).

[137] A.a.O., 183.

[138] A.a.O., 177. Diesen Gedanken entfaltet er a.a.O., 176–183.

Ziel aller Wirklichkeit», dem «Wirkliche[n], also Gott in Jesus Christus»[139]. Als Maßstab für das Verhalten zu Dingen führt Bonhoeffer hingegen die *«Sachgemäßheit»*[140] an. Jedes Ding oder jede «Sache» – als Beispiele nennt er die Mathematik, aber auch den Staat und die Familie – trägt nach Bonhoeffer, unabhängig davon, ob es eine «mehr neutrale oder persönliche Größe» ist, ein «Wesensgesetz»[141] in sich. Bonhoeffer deutet dieses Gesetz «zunächst» als eine «formale Technik»[142], die bestimmt, erlernt und angewendet werden soll. Zudem rechnet er damit, dass es für einen Bereich allgemein als sachgemäß, also als gut anerkannte Handlungsweisen gibt und konstatiert: «Sachgemäßes Handeln wird sich innerhalb dieser Gesetzlichkeiten halten und in ihrer Berücksichtigung [...] ein wesentliches Moment aller Ordnung anerkennen.»[143] Jedoch hebt er auch hervor, dass sich das Wesensgesetz immer schwerer fassen lässt, «je näher die Sache [...] an die menschliche Existenz rührt»[144]. So haben die Gesetze der Mathematik einen formaleren und technischeren Charakter als dies für die Gesetze einer guten Staatsführung gilt, weshalb die für sie geltenden Gesetzlichkeiten schwerer bestimmbar sind. Zudem konstatiert er, dass das Wesensgesetz über das hinaus geht, was sich in Gesetzestexten fixieren lässt und spricht davon, dass erst an diesem Punkt «die Tiefe verantwortlichen Handelns erreicht»[145] wird.

An dieser Stelle mag es fast scheinen, als ob Bonhoeffer der menschlichen Vernunft bei der Bestimmung des Normalfalls eine zentrale Aufgabe beimisst. Dagegen spricht jedoch, dass Bonhoeffer hervorhebt, dass die *«Sachgemäßheit»* einer bestimmten Handlung nicht qua Vernunft geschehen kann, sondern nur wenn sie «ihre ursprüngliche, wesenhafte und zielhafte Beziehung auf Gott und den Menschen im Blick behält»[146]. Auch wenn dies Bonhoeffer nicht explizit macht, legt sich aufgrund dieser wesenhaften Beziehung zu Gott nahe, dass das Wesensgesetz von Sachen, die die menschliche Existenz betreffen, nur von Gott her, also im Glauben, angemessen bestimmt werden kann.

—

139 A.a.O., 183.
140 Ebd.
141 Ebd.
142 A.a.O., 184.
143 Ebd.
144 Ebd.
145 A.a.O., 185.
146 A.a.O., 183. Ganz ähnlich argumentiert Bonhoeffer in Hinblick auf die «Mandate»: Auch sie müssen, um wirklich göttliche Mandate zu sein, ausgerichtet sein «auf ihren Ursprung, ihren Bestand und ihr Ziel in Jesus Christus» (a.a.O., 71).

Trotz der von ihm grundlegend positiv bewerteten Funktion der fixierten Gesetzlichkeiten, die er «formale[ ] Gesetze» nennt und beispielhaft Gesetze «eines Staates, eines geschäftlichen Unternehmens, einer Familie»[147] anführt, zeigt er auch eine Grenze ihrer Gültigkeit auf: Dort, wo ihre «sachliche Befolgung [...] durch den Verlauf des geschichtlichen Lebens zusammenprallt mit den nackten Lebensnotwendigkeiten von Menschen, tritt verantwortliches sachgemäßes Handeln aus dem Bereich des Prinzipiell-Gesetzlichen, des Normalen, des Regulären vor die durch kein Gesetz mehr zu regelnde, außerordentliche Situation letzter Notwendigkeiten»[148]. Bonhoeffer rechnet also mit der Möglichkeit – und damit kommen wir zu dem Punkt unseres Hauptinteresses –, dass es zu einem Konflikt zwischen der Forderung des «formalen Gesetzes» und «den nackten Lebensnotwendigkeiten von Menschen»[149] kommt. Er bezeichnet dies als «Grenzfall»[150] und meint damit eine Grenzüberschreitung. Dies gilt in zweierlei Hinsicht: Zum einen kommt es – wie bereits erwähnt – zu einer Übertretung der sonst als gültig anerkannten formalen Gesetze. «Sie [die Lebensnotwendigkeiten; E.G.] appellieren unmittelbar an die durch kein Gesetz gebundene freie Verantwortung des Handelnden.»[151] Zum anderen stellen diese Notwendigkeiten den Handelnden «vor die Frage der ultima ratio», die nach Bonhoeffer «jenseits der Gesetze der ratio» liegen, weshalb er sie auch als «irrational[ ]»[152] bezeichnet. Aufgrund der Parallele der Bestimmung als verantwortungsgemäße, aber nicht starr an Gesetze gebundene Handlung, lässt sich, obwohl im Text keine genaue Verhältnisbestimmung zu finden ist, darauf schließen, dass für Bonhoeffer die Grenzfall-Handlung eine dem Wesensgesetz gemäße ist.

Jedoch warnt Bonhoeffer eindringlich davor, den Grenzfall zum Normalfall werden zu lassen. Denn permanente Grenzüberschreitungen würden das Konzept des Grenzfalls letztlich konterkarieren. Die ordnende und lebensdienliche Funktion von ‹formalen Gesetzen› sieht er durch die Möglichkeit eines Grenzfalls nicht in Frage gestellt. Auch wenn im Grenzfall das Gewissen zu einer gesetzeswidrigen Handlung auffordert, verlieren die ‹formalen Gesetzen› nicht ihre Gültigkeit. Denn der Entscheidungsträger weiß im Grenzfall um seine Gesetzesübertretung und gerade in diesem Bewusstsein erkennt er die Verbindlichkeit und positive Funktion dieser Normen

---

147 A.a.O., 185.
148 Ebd.
149 Ebd.
150 Ebd.
151 Ebd.
152 Ebd.

an. «Es gibt [...] angesichts dieser Situation nur den völligen Verzicht auf jedes Gesetz, verbunden mit dem Wissen darum, hier im freien Wagnis entscheiden zu müssen, verbunden auch mit dem offenen Eingeständnis, daß hier das Gesetz verletzt, durchbrochen wird, daß hier Not das Gebot bricht, verbunden also mit der gerade in dieser Durchbrechung anerkannten Gültigkeit des Gesetzes»[153]. Deshalb, so hält Bonhoeffer im Unterschied zu Barth fest – und hier zeigt sich seine lutherische Prägung – lädt der Handelnde auch im Grenzfall Schuld auf sich.[154] Zudem schärft er ein, – dieses Mal in Übereinstimmung mit Barth – dass das Handeln, das sich im Grenzfall als geboten erweist, selbst nicht mit normativem Anspruch versehen ist und zu neuem Gesetz erhoben werden darf. Es bleibt für den ‹Bereich der Dinge› die durch Not begründete Ausnahme, das dem ‹formalen Gesetz› gemäße Handeln hingegen der Regelfall. Bonhoeffer charakterisiert jedoch das nicht an Gesetzen orientierte Grenzfall-Handeln als «Wagnis»[155].

Obwohl Bonhoeffer selbst keine Urteilsinstanz nennt, die eine dem Wesensgesetz entsprechende Grenzfall-Handlung anzeigt, liegt es aufgrund seiner Qualifizierung dieser Handlung als einer verantwortlichen und der von ihm konstatierten engen Bindung, die er zwischen Verantwortung, Freiheit und Gewissen, nahe, dass er hier das sich ebenfalls an der Not orientierende «befreite Gewissen»[156] als diese Instanz ansieht. Das ‹befreite› unterscheidet Bonhoeffer vom «natürliche[n] Gewissen»[157]: Letzteres bindet sich aus

—

153 Vgl. a.a.O., 186.

154 Vgl. a.a.O., 187: «Daß der Sündlose als selbstlos Liebender schuldig wird, gehört durch Jesus Christus zum Wesen verantwortlichen Handelns.» Vgl. hierzu auch Barth, Die Wirklichkeit des Guten, 296–306, bes. 304.

155 Bonhoeffer, Ethik (1949), 186.

156 A.a.O., 190. Den Zusammenhang zwischen Verantwortung und Freiheit beschreibt Bonhoeffer folgendermaßen: «Verantwortung setzt sachlich – nicht zeitlich – Freiheit voraus, wie Freiheit nur in der Verantwortung bestehen kann. Verantwortung ist die in der Bindung an Gott und den Nächsten allein gegebene Freiheit des Menschen» (a.a.O., 193). Neben der Zuordnung von Verantwortung und Gewissen weist Bonhoeffer auch auf eine «Spannung» zwischen beiden hin. Demnach ist die Verantwortung durch das Gewissen u.a. dadurch begrenzt, dass der Ruf des Gewissens als «Ruf zur Einheit mit mir selbst» vom Einzelnen keine Verantwortungsübernahme fordert, die er «nicht zu tragen vermag, ohne daran zu zerbrechen» (a.a.O., 191).

157 A.a.O., 192.

einem Gefühl von Unsicherheit strikt an ein «selbstgefundenes»[158], «allgemeines Gesetz des Guten»[159]. Bonhoeffer gesteht dem ‹natürlichen Gewissen› die Fähigkeit zu, wenn auch nur in verzerrter Form, «Grundzüge des Lebensgesetzes»[160] wahrnehmen zu können, das damit eine Nähe zu den Wesensgesetzen aufweist.[161] Aber nur das «befreite Gewissen», dessen «Ursprung und Ziel»[162] Jesus Christus ist, eignet sich Bonhoeffer zufolge als Urteilsinstanz, um die einer Situation angemessene Handlung unverzerrt wahrnehmen zu können. Dieses Gewissen ist ein «*jenseits* [Hervorhebung E.G.] des eigenen Willens und der eigenen Vernunft sich zu Gehör bringende[r] Ruf»[163]. Es «ist nicht ängstlich, wie das an das [selbstgefundene; E.G.] Gesetz gebundene, sondern weit geöffnet für den Nächsten und seine konkrete Not»[164]. Diese Ausrichtung an der Not des Mitmenschen findet ihren Ausdruck auch im «Gesetz der Gottes- und Nächstenliebe»[165], das Bonhoeffer zufolge in der Bibel – er verweist beispielhaft auf Dekalog, Bergpredigt und die Paränesen der Apostel – ausgelegt wurde und dem er eine

158 A.a.O., 189.
159 A.a.O., 188.
160 A.a.O., 192.
161 Obwohl Bonhoeffer an anderer Stelle grundlegende Kritik an naturrechtlichen Konzeptionen äußert (vgl. a.a.O., 279), weisen seine Umschreibungen des Lebens- und des Wesensgesetzes doch eine gewisse Nähe zu ihnen auf. Leider bleibt Bonhoeffer auch eine genaue Verhältnisbestimmung zwischen ‹Lebensgesetz› und ‹Wesensgesetz› schuldig. Vom sachlichen Umfeld ihrer Verwendung her lässt sich darauf schließen, dass Bonhoeffer das ‹Lebensgesetz› eher dem zwischenmenschlichen Verantwortungsbereich im engeren Sinne, also dem wirklichkeitsgemäßen Handeln zuordnet und das ‹Wesensgesetz› dem verantwortlich-sachgemäßen Handeln gegenüber Sachen bzw. Dingen. Letzteres wäre damit stärker an Ordnungen ausgerichtet.
162 A.a.O., 189.
163 A.a.O., 188.
164 A.a.O., 190. Der fragmenthafte Charakter und die fehlende Endredaktion zeigen sich auch an der terminologischen Unschärfe, besonders des Gesetzes-Begriffs, die die Klarheit von Bonhoeffers Argumentation beeinträchtigt. So wäre es hilfreich gewesen, wenn er sprachlich unterschieden hätte zwischen dem von ihm positiv bewerteten ‹formalen Gesetz› und dem ‹Gesetz der Gottes- und Nächstenliebe› sowie zwischen den ‹selbstaufgerichteten Gesetzen›, denen er ablehnend gegenübersteht. In dem Abschnitt «Das konkrete Gebot und die göttlichen Mandate» (a.a.O., 222–234) deutet sich eine solche Differenzierung zumindest in Grundzügen an: demnach gibt es auf der einen Seite das «Gebot Jesu Christi» (a.a.O., 231; Hervorhebung E.G.) und auf der anderen ein «eigenes» (a.a.O., 230) bzw. «fremdes Gesetz» (a.a.O., 231; Hervorhebung E.G.).
165 A.a.O., 192.

orientierende, aber keine handlungsentscheidende Funktion zuspricht.[166] Da Bonhoeffer das christliche Gewissen – parallel zu seiner Beschreibung der Grenzfall-Handlung – als nicht an Gesetze gebundenes und jenseits der Vernunft liegendes konturiert, erhärtet sich die These, dass er es auch im Bereich der Dinge als die Instanz erachtet, die Gesetzesübertretung als geboten anzeigt.

Zudem sei noch erwähnt, dass Bonhoeffer ähnlich wie Barth und gemäß seiner Verortung der Grenzfall-Entscheidung im Individuum betont, dass Menschen einander zwar anklagen können, Gesetze übertreten zu haben, sie sich aber eines Urteils über die Gebotenheit der Gesetzesübertretung enthalten sollen. Allein Gott, so konstatiert er, kann über eine Handlung urteilen.[167]

Leider deutet Bonhoeffer in seinen Ausführungen nur an, worin er die genauen Differenzen sieht zwischen dem ‹Bereich der Dinge›, in dem er ein sachgemäßes, auch an Gesetzen orientiertes Handeln für geboten erachtet, und dem zwischenmenschlichen Bereich im engeren Sinne, in dem er ein wirklichkeitsgemäßes, nicht an Gesetze gebundenes Handeln fordert. Die Beispiele, die Bonhoeffer für den erstgenannten Bereich anführt (Ökonomie, Staat und Familie), lassen darauf schließen, dass Bonhoeffer bei sachgemäßen Handlungen eher – in einem weitgefassten Verständnis dieses Begriffes – institutionalisierte Bereiche des Zusammenlebens vor Augen hat. Ebenso liegt die Interpretation nahe, dass er für diese Bereiche – entgegen der prinzipien- und normenkritische Grundausrichtung des Abschnittes – verbindliche und fixierte Normen für wichtig erachtet und daher an diesen festhalten möchte.[168]

Vergleicht man Barths und Bonhoeffers Deutungen eines Grenzfalls, so zeigt sich, dass es über die formale Entsprechung der Verwendung dieses Begriffes hinaus auch Gemeinsamkeiten inhaltlicher Art gibt: Beide pochen zwar darauf, dass eine Grenzfall-Handlung geboten sein kann, möchten dies aber als seltene Ausnahme vom Regelfall verstanden wissen. Es zeigt sich

---

166 Vgl. ebd.

167 Vgl. a.a.O., 186.

168 Jedoch ist kritisch anzufragen, ob eine solche Unterscheidung sinnvoll ist, da es zum einen in beiden Bereichen um verantwortungsvolles Handeln von Mitmenschen geht; zum anderen beruht jede Form menschlichen Miteinanders auf entweder explizit verbalisierten und ggf. auch festgehaltenen oder implizit mitlaufenden, dem Wesen der Beziehung entsprechenden ‹Gesetzlichkeiten›. Letzterer Gedanke liegt auch Honneths Buch «Das Recht der Freiheit» zugrunde, in dem er versucht, durch eine «normative[ ] Rekonstruktion» (Honneth, Das Recht der Freiheit, 23) diejenigen impliziten «Institutionen gesellschaftlicher Wirklichkeit» explizit zu machen, die «Medium und Vollzugsbedingung von Freiheit» (a.a.O., 81) sind.

bei beiden damit sowohl eine hohe Sensibilität für die konkrete Entscheidungssituation und der ihr eigenen Notwendigkeiten als auch ein Interesse an verlässlich in einer Gemeinschaft gültigen Handlungsregeln. Weiterhin gibt es folgende Parallelen: Bonhoeffer und Barth heben die Unvertretbarkeit des einzelnen Handlungssubjektes hervor und fordern Dritte auf, sich eines Urteils zu enthalten. Zudem warnen beide vor einer möglichen normativen Missdeutung der Einzelfallentscheidungen.

Trotz dieser Gemeinsamkeiten sind auch deutliche Unterschiede erkennbar: Zunächst ist Bonhoeffer stärker als Barth an in der Wirklichkeit vorfindlichen Ordnungen sowie Gesetzlichkeiten interessiert. Dies wird auch daran erkennbar, dass er anders als Barth das Grenzfall-Handeln als schuldhafte Grenz*überschreitung* charakterisiert. Auch wenn die Ausgerichtetheit auf Gott bzw. Christus Voraussetzung ist, um die in den Dingen enthaltenen Wesensgesetze in Gänze erkennen zu können, gesteht Bonhoeffer der menschlichen Vernunft zumindest eingeschränkt die Fähigkeit zu, diese aufzufinden. Bonhoeffer ergänzt also sein situationsethisches Konzept um die genannten ordnungstheologischen Aspekte. Darüber hinaus räumt er dem christlichen Gewissen eine Vorrangstellung ein, die sich an der Möglichkeit des Grenzfalls zeigt. Beides zusammen – die um ordnungstheologische Elemente ergänzte Situationsethik und die Vorrangstellung des christlichen Gewissens – lässt darauf schließen, dass Bonhoeffer zwar an objektivierbaren und verbindlichen Verhaltensregeln für bestimmte Aufgaben (z.B. der Staatsführung) und für bestimmte Formen des Miteinanders (z.B. in der Familie) festhalten möchte. Gleichzeitig ermöglicht er jedoch Ausnahmen von diesen Gesetzen, bei denen er einer emotiven Urteilsinstanz im Menschen eine entscheidende Bedeutung einräumt. Hier zeigt sich eine weitere Differenz zu Barth: Anders als dieser schließt Bonhoeffer, indem er die ultima ratio als «jenseits der Gesetze der ratio»[169] liegend definiert, jegliche Beteiligung menschlicher Vernunft bei der Bestimmung eines Grenzfalls und somit auch eine Überprüfung aus. Außenstehende spielen bei Bonhoeffer dabei keine Rolle. Der Gewissensruf ereignet sich allein dem Individuum und bedarf keiner ergänzender Instanzen. Folglich liegt die Last der Entscheidung allein beim Einzelnen, weshalb Bonhoeffer die Grenzfall-Handlung als «Wagnis» charakterisiert.

Für die hier angestellten Überlegungen ist auch ein dritter Unterschied bedeutsam: Zwar rechnen Barth und Bonhoeffer mit der Möglichkeit, dass es Situationen gibt, die ein dem Regelfall widersprechendes Handeln erfordern. Und beide beschreiben das Gewissen als Rezeptor im Menschen für das sich ihm von außen aktual ereignende göttliche Gebot, das ohne

---

169 Bonhoeffer, Ethik (1949), 185.

menschliche Beteiligung den Inhalt des konkret geforderten Handelns bestimmt. D.h. für beide ereignet sich der Gewissensruf *im* Gewissen und nicht *durch* das Gewissen. Auch besteht für beide zwischen dem göttlichen Gebieten und dem christlichen Gewissen sowohl ein Zusammenhang als auch eine deutliche Hierarchie bzw. ein Dienstverhältnis. Jedoch weist Bonhoeffers Gewissensbegriff eine stärkere relationale Komponente auf.[170] So ist es naheliegend, die Ausrichtung auf Gott und den Nächsten, die Bonhoeffer fordert, als eine Vertiefung der Beziehung zu Christus zu deuten.

Beides, Bonhoeffers Wunsch nach Objektivität und Verlässlichkeit sowie nach Einzelfallentscheidungen, die gemäß des christlichen Gewissensrufs am Nächsten ausgerichtet sind, lässt sich zum einen auf seine Theologie, die stark durch eine auf Christus fokussierte Frömmigkeit geprägt ist, zum anderen auf sein grundlegendes Interesse an verlässlichen Ordnungen im Zusammenleben zurückführen. Laut Bonhoeffer lassen sich für die Christus Nachfolgenden – zumindest für institutionalisierte Formen menschlichen Miteinanders – sehr wohl objektive Handlungskriterien in der vorfindlichen Wirklichkeit erkennen. Gleichzeitig richten sie sich in ihrem Gewissen auf Christus hin aus und haben mit ihm ein weiteres Entscheidungsinstrument, dem im Konflikt- und damit im Grenzfall Folge zu leisten ist. Auch angesichts der krisenhaften Zeitgeschehnisse, während derer Bonhoeffer seine Ethik geschrieben hat, sind objektive Maßstäbe für das Zusammenleben hilfreich: Sie wirken stabilisierend, bieten aber auch Kriterien, um Missstände anprangern und Korrekturen fordern zu können. Andererseits wird gerade in Krisensituationen die Notwendigkeit nach Einzelfallentscheidungen, die an der Situation und den Betroffenen orientiert und nicht an vorgegebene Normen gebunden sind, deutlich und besonders dringlich.

Im Vergleich mit diesem Verständnis eines Grenzfalls treten die Besonderheiten von Barths Konzeption noch einmal deutlicher zu Tage und machen zugleich verständlich, wieso Barth bezüglich der Grenzfälle auf eine positive Bezugnahme auf Bonhoeffer verzichtet hat. So setzt Barth in mehrfacher Hinsicht andere Akzente: Er lehnt – wie bereits in II. 2. dargelegt – jegliches Vermögen der menschlichen Vernunft ab, Handlungsnormen aufzustellen, die den berechtigten Anspruch auf Geltung erheben können.[171] Naturrechtliche Ansätze, auch in ihrer ordnungstheologischen Fassung, lehnt Barth strikt ab. Sein Hauptaugenmerk gilt stattdessen dem aktual sich ereignenden Gebot des freien Gottes und seiner Bezeugung in der Gemeinde, der er eine orientierende, aber keine entscheidungsleitende Funktion zuschreibt. Dahinter steht Barths Anliegen, Sicherheit zu gewährleisten – und

170 Vgl. hierzu Barth, Die Wirklichkeit des Guten, 306–314, bes. 313.
171 Vgl. II. 2.1.

zwar in doppelter Hinsicht: zum einen möchte er, dass der Einzelne Gewissheit über die konkret gebotene Handlung hat; zum anderen möchte er verhindern, dass eine ethische Entscheidung von menschlichen Eigeninteressen korrumpiert wird. Um beides auch für die selten gebotene Ausnahmehandlung zu gewährleisten, baut er zusätzlich zur Bindung der Handlung an das Gebot Gottes eine weitere Absicherung ein: die Überprüfung des Vom-Gebot-Gottes-Angegangenseins, teilweise ergänzt durch rationale Abwägungen und kritische Anfragen von Dritten. Zudem deutet er eine Grenzfall-Handlung weder als Grenzüberschreitung – und damit auch nicht als schuldhaft – noch als Wagnis, sondern als gebotene und daher ‹entschlossene› und ‹freudige› Handlung. Ist eine Ausnahmehandlung geboten, so ist vielmehr die dem Normalfall des Gebotes gemäße Handlung eine Grenzüberschreitung des aktual von Gott Gebotenen. Auch in der Begründung des Grenzfalls in der Freiheit Gottes zeigt sich ein weiteres Spezifikum des Barthschen Konzeptes.

5. Fazit: Die Möglichkeit willkürlicher Handlungen als unbeabsichtigte «Nebenfolge»

Trotz der unbestreitbaren normativen Grundausrichtung von Barths materialen Ausführungen[172] hat sich an der Figur der «Grenzfälle» und ihrer besonderen Funktion im Barthschen System gezeigt, dass Barth auch in KD III/4 nicht nur ein deutliches Interesse an einer Stetigkeit des Gebotenen hat, sondern auch ein Abgleiten in eine reine Prinzipienethik verhindern möchte.[173] Der Verweis auf die Grenzfälle ermöglicht es ihm, einem Ethikverständnis zu wehren, bei dem das Individuum von einer Beteiligung an der ethischen Entscheidung entbunden wird, indem es allein dazu aufgefordert wird, die in einem Katalog fixierten Handlungsanweisungen zu befolgen.[174] Damit wird die These bestätigt, dass Barth seine materialen Darlegungen in KD III/4 nicht als kasuistische Handlungsanweisungen versteht,

—

172 Auf diesen Aspekt hat Maßmann zu Recht hingewiesen. Jedoch kann seine Deutung der materialen Darlegungen Barths als «kategorische[ ] Urteile über ein potentielles Gebieten Gottes» (Maßmann, Bürgerrecht, 201) sowie seine sich daran anschließende Schlussfolgerung, in § 52 zeichne sich «die Beisetzung des Aktualismus ab» (ebd.), angesichts der Ergebnisse dieser Arbeit nicht überzeugen.

173 Vgl. hierzu bes. II. 2.2 und 3.1.3.

174 Vgl. hierzu bes. II. 2.1.

sondern als Einweisung in eine ethische Entscheidungspraxis des Individuums.[175] Mit den Grenzfall-Hinweisen versucht Barth trotz des von ihm mit Anspruch auf Verbindlichkeit beschriebenen Normalfalls an dem Ereignischarakter des Gebotes und damit an einer *Gebots*ethik festzuhalten.

Hierzu ziehen wir noch einmal Barths Bild für das Gebot Gottes heran: Die Horizontale, der stetige Inhalt des Gebotes, wird von Vertikalen gekreuzt, in denen das göttliche Gebot für den Menschen Ereignis wird.[176] Dass Barth mit einer inhaltlichen Kontinuität des göttlichen Gebotes rechnet, findet in KD III/4 seinen Ausdruck darin, dass die Beschreibung der Horizontalen, des Normalfalls, einen Großteil der Darlegungen des jeweiligen materialethischen Themas einnimmt. Daneben hebt Barth hevor, dass aufgrund der Freiheit Gottes das konkrete Gebieten einen vom Normalfall abweichenden Inhalt haben kann, das sind dann – in Barths Bild – die Vertikalen, die die Horizontale kreuzen. Diese Möglichkeit bildet Barth durch die Figur des Grenzfalls ab. Seinen fundamentalethischen Ausführungen gemäß, gesteht er nur dem einzelnen, von Gott je aktual angeredeten Menschen zu, bezeugen zu können, ob ein solcher Ausnahmefall gegeben ist.

Wie wir sahen schreibt Barth theologischer Ethik die Aufgabe zu, die Horizontale des göttlichen Gebotes aufzuzeigen und zu beschreiben. Dies gilt für Barth jedoch nur, wenn sie nicht den Anspruch erhebt, damit eine allgemeine und normative Handlungsanweisung zu bieten, sondern auch ihrer zweiten Aufgabe gerecht wird, den deutlichen Hinweis auf die Vertikale, das aktual ergehende Gebot Gottes, zu geben.[177] Dazu gehört ebenso – so kann nun ergänzt werden – auf die Möglichkeit von Grenzfällen aufmerksam zu machen. Barth spricht Ethik somit auch bei Grenzfall-Fragen eine wichtige, aber eben nur eine Hilfsfunktion zu: Sie beschreibt den ethischen Normalfall, der zugleich eine Prüfinstanz für die Entscheidung des Einzelnen ist *und* spricht ihn auf seine Verantwortung hin an. Der Ethiker ist demnach nicht Experte für das konkret Gebotene, sondern Anwalt der Entscheidung selbst. Er weist die einzelnen Glaubenden immer wieder darauf hin, dass sie zur Entscheidung aufgefordert sind und dass sie nur gebunden, d.h. durch das Gebot Gottes bestimmt, gut handeln können. Eben diese Aufgaben erfüllen Barths materialethische Erörterungen, die den Normalfall beschreiben, und seine immer wiederkehrende Aufforderung an den Einzelnen, mit dem Wissen um den Regelfall auf das aktual ergehende Gebot Gottes zu hören und dabei auch mit einem gebotenen Grenzfall zu rechnen.

—

175 Vgl. III. 2.

176 Vgl. Barth, KD III/4, 17f. und II. 2.2.1.

177 Vgl. II. 3.1.3.

Letztlich reagiert Barth mit der Grenzfall-Figur auf ein Strukturproblem, das sich daraus ergibt, dass er in seinem Ethikkonzept Stetigkeit und Aktualität, Verbindlichkeit und Situationsangemessenheit des Gebotes Gottes zusammendenken möchte. Damit zeigt sich auch in KD III/4 die – im vorangehenden Teil dieser Arbeit aufgezeigte – vielfältige und teils spannungsvolle Interessenslage, die Barths Ethik kennzeichnet.

An den Grenzfällen wird aber auch besonders deutlich, dass es Barth nicht immer gelingt, die konfligierenden Absichten auf Theorieebene zu einem Ausgleich zu bringen: Es hat sich zwar gezeigt, dass Barth daran gelegen ist, seine zusätzlichen Sicherungsmaßnahmen, die Aufforderung zu einer distanzierten und teilweise auch dezidiert rationalen Grenzfall-Prüfung, so zu konturieren, dass sie keine grundsätzliche Abkehr von seinem aktualen Gebotsverständnis bedeutet: Zum einen soll sich die Prüfung lediglich auf die Quelle des Angegangenseins beziehen und zum anderen spricht er rationalen Argumenten nur eine relative Bedeutung zu. Dennoch sind beide unbestreitbar reflexive Akte und eben dies macht Barth nicht deutlich genug. In der Folge bleibt auch die Verhältnisbestimmung von Reflexion und Gebot Gottes ungeklärt und es tritt eine Unausgeglichenheit der dahinterstehenden Interessen Barths besonders zu Tage: in diesem Fall das Interesse an einer Absicherung der ethischen Entscheidungen durch reflexive Überprüfung und an einem Ausschluss menschlicher Beteiligung bei der inhaltlichen Bestimmung des Guten.

Durch die Aufforderung immer wieder mit dem Gebotensein eines Grenzfalls zu rechnen, aber eben auch dieses zu hinterfragen, betont Barth die Beteiligung und Unvertretbarkeit des Individuums bei ethischen Entscheidungen.[178] Hierin besteht eine entscheidende Veränderung gegenüber den in den 30er- und 40er-Jahren wirkmächtigen schöpfungsordnungstheologischen Ansätzen. Trotz der Herausforderung, die für das Handlungssubjekt damit einhergeht, hat die Rückbindung an das aktuale Gebot Gottes eine entlastende Funktion, da die inhaltliche Bestimmung des Guten nicht dem Handlungssubjekt, sondern Gott zugeschrieben wird. Zugleich gelingt es Barth – und hierin besteht eine große Stärke seines Ansatzes –, auch ethische Situationen einzufangen, die sich dadurch auszeichnen, dass sie theoretisch nicht genau fassbar sind. Auch wenn er sie für selten hält, besteht er auf ihrer Existenz und somit auf einer letztendlichen Verantwortung des einzelnen Handelnden.

Positiv kann darauf verwiesen werden, dass Barth mit der Grenzfall-Figur Erfahrungen beschreiben kann, in denen Handlungen als angemessen empfunden werden, obwohl sie denen widersprechen, die vom Einzelnen

---

[178] Vgl. hierzu II. 1.2.

üblicherweise als gut erachtetet werden.[179] Hingegen gelingt es ihm nicht, die ebenfalls phänomenologisch beschreibbare Konflikthaftigkeit von Entscheidungen und die damit einhergehenden Zweifel einzubeziehen. So erwähnt Barth zwar, dass das Vernehmen des Gebotes Gottes mit widerstrebenden Gefühlen, die bis hin zur Furcht reichen können, einhergehen kann.[180] Jedoch beeinträchtigen diese aus seiner Sicht die Klarheit des Gebotes in keiner Weise. Die Situation, in welcher das Gebot mit einer anderen menschlichen Regung wie z.B. Zweifel oder Angst ernsthaft konfligiert, ist in Barths Konzept nicht vorgesehen. Es ist jedoch anzufragen, ob sich dem Einzelnen wirklich stets nur solche Handlungen als geboten ereignen, zu denen er sich subjektiv in der jeweiligen Situation in der Lage fühlt und denen objektiv keine unüberwindbaren Hindernisse im Wege stehen. Barth geht eben davon aus und schlussfolgert daher (z.B. bei der Ausführung des Attentats auf Hitler im Jahr 1944), dass eine Handlung nicht von Gott geboten war, wenn sie nicht bzw. nicht mit größter Vehemenz vollzogen wurde.[181] Ebenso wenig scheint Barth mit der Möglichkeit zu rechnen, dass es Situationen gibt, in denen der Einzelne das Gebot Gottes nicht vernehmen kann und aufgrund fehlender oder ambivalenter Gebundenheit gerade keine Gewissheit im Handeln empfindet.

Damit einher geht eine weitere Schwäche des Barthschen Konzeptes. Er kann nicht abbilden, dass es Entscheidungen gibt, die auch in der Rückbesinnung dilemmatisch bleiben.[182] Oder anders gesagt: Barth kann das Gefühl, dass sich eine Handlung einem als geboten erweist, nicht mit dem Problem in Verhältnis setzen, dass damit bleibende Spannungen einhergehen können. Nach Barth ist ein beständiger Zweifel ein klares Indiz dafür, dass eine Handlung nicht auf einem Gebot Gottes beruht. Diese Schlussfolgerung wurde bereits kurz nach Erscheinen von KD III/4 mit Verweis auf Erfahrungen kritisiert, in denen sich in der Entscheidungssituation keine Eindeutig-

---

179 Zum Beispiel den Fall, dass eine Frau einen Schwangerschaftsabbruch aufgrund einer persönlich höchst prekären Situation als eindeutig geboten empfindet und diese Klarheit auch danach noch bestehen bleibt, obwohl sie Abbrüchen grundsätzlich ablehnend gegenübersteht.

180 So a.a.O., 458 (Suizid).

181 Vgl. a.a.O., 514. An dieser Einschätzung ist überdies problematisch, dass Barth seinem eigenen Konzept zuwider handelt, nach dem sich das Gebot allein den jeweiligen Handlungssubjekten erschließt und daher einem abschließenden Urteil Dritter entzogen ist.

182 Vgl. II. 2.2.4.

keit einstellte und daher auch nach Handlungsvollzug Zweifel an der Angemessenheit bestehen blieben.[183] Barth entgegnet dieser Anfrage: «Wenn ich etwas im *Glauben* tue, [...] dann habe ich kein schlechtes Gewissen nachher! Das darf dann nicht sein.»[184] Dieser Einwand verdeutlicht sowohl die theologisch fragwürdige, dauerhafte und eindeutige Glaubensgewissheit, die Barth hier zugrunde legt, als auch die seelsorgliche Problematik dieses Aspektes seines Ansatzes. Auch ist in seinem System die Möglichkeit nicht vorgesehen, dass eine Handlung, die in der konkreten Situation dem Handlungssubjekt richtig erschien, von ihm im Nachhinein als problematisch empfunden wird, bzw. besteht für ihn die einzige systemimmanente Handhabe darin, die Gebotenheit der zurückliegenden Handlung anzuzweifeln.[185]

Schwierig ist aber auch, dass Barth Ausnahmen von der üblichen Handlungsweise allein in Gott begründet. Handlungen, die von solchen in vergleichbaren Situationen abweichen, sind jedoch auch Anfragen an die Identität des jeweiligen Individuums. Da Identitätsarbeit darin besteht, sich auch

---

183 Vgl. Niemöllers Anfrage an Barths Vortrag «Das Geschenk der Freiheit» auf der Tagung der Gesellschaft für evangelische Theologie 1953: Niemöller schildert die von ihm auch in seinem Buch «Vom U-Boot zur Kanzel» (1934) beschriebene Erfahrung, dass er im Ersten Weltkrieg als U-Boot-Offizier über die Versenkung eines französischen Torpedozerstörers entscheiden musste und ihn sowohl in der Entscheidungssituation als auch danach Zweifel gequält hätten: Ich «konnte bei keiner der beiden Wahlen sagen: Das ist die Wahl, die ich in der Freiheit der Kinder Gottes treffen muss.» Vielmehr stellte sich bei ihm die Erkenntnis ein: «Denn was du da tust, lässt dir in keinem Fall das gute Gewissen. Wir haben den Zerstörer laufen lassen. Aber ich bin drei Wochen rumgelaufen, irgendwie, mit einem klopfenden Herzen, ob ich wohl das Richtige getan habe und weiß es bis heute nicht.» Transkribiert nach der vom FFFZ veröffentlichten Originalaufnahme; FFFZ, Das Geschenk der Freiheit, Titel 10.

184 Transkribiert nach der vom FFFZ veröffentlichten Originalaufnahme; Ebd., Titel 11. Der Satz wurde der folgenden Sinneinheit von Barths Replik entnommen: «Aber etwas hat mir nicht gefallen in deinem Votum, dass du dann fortgefahren hast und gesagt hast, du habest ein schlechtes Gewissen – hast du's nicht so gesagt? Oder ein unruhiges Gewissen? [Einwurf Niemöllers; Anm. E.G] Ein bewegtes Herz, das mag gehen! [Publikum lacht; Anm. E.G.] – Ja es ist ganz lehrreich, Sie sehen, da wäre der Unterschied. Wenn es geheißen hätte ein schlechtes Gewissen, dann hätte ich gesagt, dann kann etwas nicht stimmen mit der Glaubensentscheidung. Wenn ich etwas im Glauben tue, [...] dann habe ich kein schlechtes Gewissen nachher! Das darf dann nicht sein. Ein unruhiges Herz mag ich haben, weil Gott mein Richter ist und bleibt. Das muss so sein.»

185 Vgl. II. 2.2.3.

in seiner Vergangenheit und seiner Zukunft zu deuten, muss der Einzelne – zumindest im Nachhinein – zu einer rationalen Klärung kommen, wieso er in dieser Situation anders gehandelt hat als in vergleichbaren Situationen.[186] Außerdem kann Barth mit seiner Fassung der Grenzfälle nur einzelne Abweichungen von der regulären Handlungsweise erklären, nicht aber, wie es zu einer Veränderung der Werte und somit zu der in einer bestimmten Situation als gut erachteten Handlung kommt.

Es hat sich zudem gezeigt, dass Barth sich des Einfallstors für Willkürhandlungen, insbesondere der Möglichkeit, sich auf einen Grenzfall zu berufen, bewusst war und daher versucht hat, dagegen Absicherungsmaßnahmen in sein System zu integrieren. Dazu gehört seine Deutung des Bezeugens des göttlichen Gebotes als Beschreibung des verbindlichen Regelfalls (‹geformter Hinweis›) ebenso wie die Aufforderung des Handlungssubjektes durch unbeteiligte Gemeindeglieder zur Überprüfung, ob es tatsächlich von außen angegangen ist. Dennoch möchte Barth den Handelnden vor unrechtmäßiger Beeinflussung Dritter schützen und hält daher daran fest, dass sich das gebotene Handeln auch im Grenzfall nur dem Individuum ereignet. Auch einer Verurteilung durch Unbeteiligte kann er dadurch wehren.[187] Barth versucht also, Absicherungen und Unterstützungsmaßnahmen in sein Konzept einzubauen und dennoch die Entscheidung und damit die Verantwortung beim einzelnen Glaubenden zu belassen.

Indem Barth zwar bei einigen ethischen Entscheidungen eine Reflexion als notwendig erachtet, sie aber dem Ereignis des Gebotes Gottes im Individuum bei- und unterordnet, bleibt er seinem dezisionistischen[188] Konzept letztlich weiterhin verhaftet. In der Folge gelingt es ihm nicht, die Gefahr

—

186 Vgl. Alasdair MacIntyre, Der Verlust der Tugend. Identitätsarbeit besteht ihm zufolge darin, entstehende Konflikte zwischen den eigenen Wertvorstellungen und der Situation so zu verarbeiten, dass sie in die Erzählung der eigenen biographischen Geschichte eingepasst werden kann (a.a.O., 291: «Die persönliche Identität ist also gerade die Identität, die durch die Einheit des Charakters vorausgesetzt wird, die die Einheit einer Erzählung fordert. Ohne eine solche Einheit gäbe es keine Subjekte, von denen man Geschichten erzählen könnte.» Zum Verhältnis von Tradition und individueller Aneignung in seinem tugendethischen Ansatz vgl. a.a.O., 296–298).

187 Darauf, dass Barth selbst seinem Verbot von Urteilen Nichtbeteiligter nicht immer gefolgt ist, wurde bereits kritisch hingewiesen. Vgl. III. 2.

188 Der Begriff «Dezisionismus» wird in dieser Arbeit nicht für eine aufgrund von Zeitnot ohne Abwägung der Gründe getroffene Entscheidung verwendet (vgl. Hasso Hofmann, Art. Dezisionismus, 161), sondern im Sinne einer absoluten Entscheidung, die auch der nachgängigen Reflexion unzugänglich und dem ethischen Diskurs daher enthoben erklärt wird (vgl. a.a.O., 160).

willkürlicher Handlungen zu bannen. Der Schutz des Handlungssubjektes vor einer Einflussnahme Außenstehender bringt als Kehrseite mit sich, dass die Handlungen sowohl einer subjektiven als auch einer intersubjektiven Überprüfbarkeit und Kritik nicht ausreichend zugänglich sind.[189] So sind zum einen die von Barth genannten Kriterien zu allgemein, um eine Handhabe z.B. gegenüber fundamentalistischen Selbstmord-Attentätern zu haben. Zum anderen ist das Handlungssubjekt in Barths System der Kritik enthoben, sobald es sich für seine eigene Handlung auf eine unbedingte Gebundenheit beruft.[190]

Exkurs: Die Figur des «Grenzfalls» in der evangelischen Ethik seit Mitte der 50er-Jahre

Wie bereits angeführt fand Barths Verständnis eines Grenzfalls in der evangelischen Ethik in den folgenden Jahren kaum Beachtung. Welche Gründe waren ausschlaggebend dafür, dass ein so wichtiger Bestandteil der Barthschen Ethik nicht aufgegriffen wurde? Diese Beobachtung ist umso erstaunlicher, weil Barths Ethik in den ersten Nachkriegsjahrzehnten einen großen Einfluss auf die nachfolgende Theologengeneration ausübte und zahlreich rezipiert wurde.[191] Dass die Nicht-Berücksichtigung der Grenzfall-Figur im Barthschen Sinne schon kurz nach Erscheinen von KD III/4 einsetzte, zeigt sich daran, dass der Begriff «Grenzfall» (teilweise auch «Grenzsituation» benannt) in den ethischen Diskussionen ab Mitte der 1950er-Jahre eine prominente Rolle spielte, ohne dass dabei auf Barths Verständnis von Grenzfällen positiv Bezug genommen wurde.[192]

—

189 Vgl. Graf, Die «antihistorische Revolution», 404: «Solche Unmittelbarkeit impliziert den Abbruch jeglicher Vermittlungsleistungen.»

190 Vgl. die bereits erwähnte Kritik Grafs, offenbarungstheologische Konzepte ermöglichten es Handlungssubjekten für sich selbst «etwas von jener endgeschichtlich souveränen Handlungskompetenz» in Anspruch zu nehmen, «die in der theologischen Tradition exklusiv Gott vorbehalten war» (a.a.O., 401).

191 Vgl. Dietz Lange, Ethik, 62 und Eckhard Lessing, Geschichte der deutschsprachigen evangelischen Theologie, 368–388.

192 In der ZEE erschienen 1960 mehrere Aufsätze, deren Autoren sich mit der Frage der Zulässigkeit von Grenzfällen beschäftigten. Begonnen wurde die Diskussion von van Oyen mit seinem Beitrag mit dem programmatischen Titel «Grenzfälle in der medizinischen Ethik» (1960), in dem er an das Thema aus seinem Aufsatz «Gibt es eine evangelische Ethik der Grenzfälle?» (1957) anknüpft und es exemplarisch an zwei Grenzfällen aus dem Bereich der Medizinethik erläutert: am Schwangerschaftsabbruch und an der Sterbehilfe unheilbar Kranker. Im selben

Dies lag daran, dass der Begriff in der ethischen Literatur gegenüber Barths Konturierung einen entscheidenden Bedeutungswandel erlebte:[193] Spätestens ab 1955 wird der Begriff «Grenzfall» vor allem im Zusammenhang mit Dilemma-Situationen verwendet. So bezeichnet Helmut Thielicke in seiner Theologischen Ethik (Teil II/1; 1955) eine «Grenzsituation» (alternativ, aber deutlich seltener, verwendet er auch den Terminus «Grenzfall») als einen *«ausweglosen Konflikt»*[194]. Dieser besteht in einem «Widerstreit von Werten, der nicht klar gelöst werden kann, sondern in dem ich so oder so schuldig werde»[195]. Thielicke zufolge ist es deshalb unausweichlich, schuldig zu werden, weil das Ziel des gebotenen Handelns, die «Bewahrung von Ordnungen, Werten und lebendigen Menschen vor äußerer Zerstörung und innerer Vergiftung»[196] (z.B. das Leben der Mutter trotz medizinischer

---

Heft erschien eine äußerst kritische Antwort von Gerhard Stratenwerth, seit 1948 Vizepräsident des Kirchlichen Außenamtes, in der er sich vor allem und vehement gegen die von van Oyen befürwortete Möglichkeit eines Schwangerschaftsabbruchs in einer ethischen Dilemmasituation ausspricht und nahezu unüberbrückbare Unterschiede zwischen van Oyens und seinem Ethikverständnis, besonders bezüglich der Bedeutung der Bibel für die Ethik, hierfür verantwortlich macht (vgl. Stratenwerth, Kritische Bemerkungen, 244). Die Replik van Oyens folgte gleich in der nächsten Ausgabe der ZEE (Oyen, Antwort). Nach zweijähriger Pause schaltete sich der Gynäkologe Wilhelm Giesen mit der Bitte in die Diskussion ein, die Kirche solle die Ärzte mit der Entscheidung über die Rechtmäßigkeit von Schwangerschaftsabbrüchen nicht allein lassen, sondern sich eindeutig zu dieser Frage positionieren und damit eine klare Entscheidungsvorgabe bieten (vgl. Giesen, Diskussionsbeitrag, bes. 46f.).

193 Zudem sei – ohne dies hier vertiefen zu können – auf die prominente Rolle hingewiesen, die der Begriff der «Grenze», jedoch mit deutlich anderem Bedeutungsinhalt, in Paul Tillichs Werk eingenommen hat (vgl. hierzu bes. Tillich, Auf der Grenze).

194 Thielicke, Ethik II/1, 208. Zur «Grenzsituation» vgl. a.a.O., II. B, bes. 202–235. Den Begriff hat Thielicke von Karl Jaspers übernommen (vgl. a.a.O., 205). Alternierend verwendet er aber auch «Grenzfall» (z.B. a.a.O., 202 und 213).

195 A.a.O., 208.

196 A.a.O., 212. Ordnungen versteht Thielicke nicht im Sinne von Schöpfungsordnungen, da die von Gott gut geschaffene Welt durch die Sünde der Menschen immer schon pervertiert und daher zur Erkenntnis der gottgemäßen Ordnungen nicht mehr geeignet ist (vgl. a.a.O., 203.206). Hingegen haben menschliche Ordnungen für ihn große Bedeutsamkeit. Das wird auch daran deutlich, dass Thielicke als ein Beispiel für eine Grenzsituation das Ausstellen von gefälschten Pässen an Juden zur NS-Zeit anführt, was er als «illegale[ ] Judenhilfe» bezeichnet (a.a.O., 213f.).

Indikation[197] bewahren), nur durch Gebrauch unrechtmäßiger Mittel erreicht werden kann (in diesem Fall die Tötung des Embryos). Für van Oyen, der sich als einer der wenigen in einem Aufsatz 1957 überhaupt mit Barths Grenzfall-Figur auseinandersetzt,[198] besteht ein Grenzfall dann, wenn «man sich zwei entgegengesetzten Entscheidungen gegenübergestellt sieht, die an sich beide richtig sind, wovon aber nur die eine sich befolgen läßt»[199]. Etwas offener formuliert es Wolfgang Trillhaas, der mit «Grenz-*situationen*»[200] sowohl Dilemma-Situationen bezeichnet als auch solche, «die am Rande der Anwendbarkeit von Normen liegen»[201]. Ein wichtiger Unterschied besteht also darin, dass für Barth der Grenzfall ein Sonderfall in dem Sinne ist, dass das göttliche Gebieten im Grenzfall eine im Vergleich zur üblichen *ungewöhnliche Handlung* fordert. Thielicke, van Oyen und Trillhaas hingegen sprechen von einem Grenzfall, wenn aufgrund einer dilemmatischen bzw. uneindeutigen Sachlage die *Entscheidung* für eine der Handlungsoptionen *nicht eindeutig* zu fällen ist.

Gemeinsam ist allen drei hier dargestellten Definitionen, dass sie anders als Barth von der Existenz von Ordnungen und Werten, zu deren Wahrung man verpflichtet ist (Thielicke)[202], eines «objektiven sittlichen Wertes»[203] (van Oyen), bzw. einer oder mehrerer durch die Tradition vorgegebenen Normen (Trillhaas)[204] ausgehen und ihnen eine handlungsleitende Funktion zusprechen. Bei Barth stellt sich dies – wie wir sahen – anders dar: Es gibt zwar einen Normalfall des Gebotes Gottes, der aber nur in Form der Bezeugung beschrieben werden kann. Für den Handelnden hat er zwar zum einen eine orientierende Funktion und dient zum anderen als eine Art Prüfinstanz, letztentscheidend bleibt aber das an den Einzelnen aktual ergehende Gebot Gottes.

—

197 Gemeint ist hiermit eine medizinische Indikation im engeren Sinne, bei dem das Leben der Mutter durch die Fortsetzung der Schwangerschaft unmittelbar gefährdet ist (vgl. a.a.O., 214).

198 Vgl. Oyen, Ethik der Grenzfälle sowie Fußnote 192.

199 Oyen, Grenzfälle in der medizinischen Ethik, 195.

200 Trillhaas, Ethik (1959), 450; Hervorhebung E.G.

201 Ebd.

202 Vgl. Thielicke, Ethik II/1, 212.

203 Oyen, Grenzfälle in der medizinischen Ethik, 195.

204 Vgl. Trillhaas, Ethik (1959), bes. 452f. Neben dem Hören auf die Tradition kommt der Situationsanalyse nach Trillhaas eine entscheidende Bedeutung in seinem Ethikkonzept zu. Er bezeichnet es daher auch als eine «interpretierende Ethik» (a.a.O., 453) und bestimmt sie näher als «eine Ethik, die beides interpretiert, das, was ihr gesagt ist, und die Existenz, in der wir und für die wir ‹hören›» (ebd.).

Des Weiteren stimmen van Oyen und Trilhaas auch darin überein, dass sie dem Einzelnen – und darin besteht eine weitere entscheidende Differenz zu Barth – zugestehen, mit Hilfe von Vernunft über die situationsgerechte Verwirklichung der Normen entscheiden zu können und zu müssen, auch wenn sie zugleich einschränkend darauf hinweisen, dass damit die Richtigkeit seines Urteils nicht garantiert ist. Auch wenn Barth rationalen Überlegungen bei Grenzfall-Fragen eine gewisse Berechtigung und teilweise sogar Notwendigkeit zuspricht, lehnt er ab, dass das Handlungssubjekt seine Entscheidung allein an diesen ausrichtet. Ein solches Vorgehen wäre aus seiner Sicht zum Scheitern verurteilt, da nur eine an Gottes Gebot gebundene Entscheidung eine dem Menschen und der Situation gemäße sein kann. Eine Mittelposition nimmt hier Thielicke ein, wenn er zum einen das Handlungssubjekt auffordert, im Grenzfall die tatsächliche Gefährdungslage genau «ab[zu]wägen»[205], zum anderen aber objektive Kriterien für die Entscheidung ausschließt[206]. Im letzteren Punkt liegt dann auch der entscheidende Unterschied zu Barth, denn Thielicke konstatiert für den Bereich des Handelns eine grundsätzliche Uneindeutigkeit.

Trotz dieser nicht unerheblichen Differenzen zeigen sich doch zwei Schnittmengen mit Barths Interpretation des Grenzfalls: Zum einen wenden sich van Oyen, Trillhaas und Thielicke wie Barth vehement gegen eine kasuistische Ethik im Sinne einer von der konkreten Situation absehenden Anwendung von Normen[207]; zum anderen kennen alle vier Ethiker trotzdem einen ethischen Normalfall. Allerdings messen sie dem Regelfall unterschiedlich große Bedeutung bei, was sich auch quantitativ in ihren Darstellungen niederschlägt. Trillhaas weist zwar auf einen Grenzfall hin und für Barth ist er ein wichtiger Bestandteil seines Systems, dennoch nimmt die Beschreibung des *Normal*falls den überproportional größeren Teil ihrer Arbeiten ein. Deutlich ausführlicher behandeln hingegen Thielicke und van

---

205 Thielicke, Ethik II/1, 235.

206 Vgl. a.a.O., 219.

207 Vgl. Oyen, Grenzfälle in der medizinischen Ethik, 198f., Trillhaas, Ethik (1959), 450 und Thielicke, Ethik II/1, 228f.

Oyen[208] die Grenzfälle. Thielicke geht sogar so weit zu sagen, dass die Erörterung von «Grenzsituationen» die eigentliche Aufgabe der Ethik sei.[209]

Allein van Oyen möchte die Grenzfall-Entscheidung nicht dem Betroffenen überlassen, sondern stellt auch für die Dilemma-Situation objektive Kriterien auf. Der Konflikt besteht ihm zufolge darin, dass sich das Entscheidungssubjekt «zwischen zwei entgegengesetzte[ ] Wahrheiten»[210] gestellt sieht, nicht aber darin, dass die Ethik ihm keine objektiv gültige Handlungsanweisung geben kann. Das scheinbare Dilemma kann somit aufgelöst werden. Demgegenüber zeichnet sich der Grenzfall bzw. die Grenzsituation für die drei anderen Ethiker als der Sonderfall aus, bei dem die Regeln des Normalfalls schwer anwendbar (Trillhaas) bzw. außer Kraft gesetzt sind (Barth, Thielicke[211]). Zudem kann und darf Barth, Thielicke und Trillhaas zufolge die Ethik das Individuum nicht von seiner Entscheidungsaufgabe entheben.[212] Während nach Thielickes stark in der lutherischen Rechtfertigungslehre begründeten Deutung diese Entscheidung in jedem Fall mit Schuld behaftet ist, weil sie zur Erreichung der rechten Ziele auf unrechte Mittel angewiesen ist, gilt Barth zufolge dies ausschließlich für dem göttlichen Gebieten widersprechendes Handeln.

Durch diesen Vergleich des Gebrauchs der Termini «Grenzfall» bzw. «Grenzsituation» in den Publikationen zwischen 1955 und 1960 wurde zum einen deutlich, dass Trillhaas, van Oyen und Thielicke ihnen eine sehr unterschiedliche Bedeutung beimessen und dass sich ihre Interpretationen stark unterscheiden. Entsprechend lassen sich bei jedem Theologen jeweils andere Beweggründe erkennen, die einer Bezugnahme auf Barths Grenzfall-

---

208 Dies zeigt sich daran, dass van Oyen die Frage nach der Möglichkeit eines Grenzfalls Ende der 50er-Jahre aufwirft und in mehreren Aufsätzen behandelt (vgl. bes. Oyen, Grenzfälle in der medizinischen Ethik und Oyen, Antwort). In seiner Ethik geht er hingegen nicht gesondert auf diese Problematik ein (vgl. Oyen, Evangelische Ethik I; Oyen, Evangelische Ethik II).

209 Vgl. Thielicke, Ethik II/1, 202: «Der Grenz- und nicht der Normalfall stellt vor die eigentlichen Fragen.» Die vorrangige Beschäftigung mit dem «kleinbürgerlichen Normalfall» kritisiert Thielicke daher scharf (a.a.O., 207).

210 Oyen, Grenzfälle in der medizinischen Ethik, 195.

211 Vgl. Thielicke, Ethik II/1, 235.

212 So warnt Thielicke davor, «die eigene, unübertragbare, weil nicht nach objektiven Kriterien zu vollziehende Entscheidung auch für andere verbindlich zu machen» (a.a.O., 219). Und Trillhaas hebt, trotz seiner Hochschätzung von Normen, hervor: «Ob diese Norm, ob das Gebot mir gilt, ob es jetzt gilt und in welchem Sinne es jetzt gelten könnte, das muß ich entscheiden» (Trillhaas, Ethik (1959), 453).

Figur entgegenstanden:[213] Bei Trillhaas war dies der deskriptive Grundzug seiner Ethik, sein Anliegen einer genauen Situationswahrnehmung und -analyse einschließlich gesellschaftlicher und technologischer Aspekte. Van Oyen hingegen missfiel, dass bei Barth die Entscheidung «völlig dem individuellen Gewissen in dessen Vernehmen der Gottesstimme überantwortet wird.»[214] Ihm war vielmehr, auch für den Grenzfall, an der Bestimmung objektiv gültiger Handlungsmaßstäbe gelegen. Ganz grundlegende konzeptionelle Differenzen zu Barth, in denen sich auch unterschiedliche konfessionelle Prägungen widerspiegeln, lassen sich bei Thielicke feststellen: Für ihn ist menschliches Handeln stets geprägt durch Ambivalenzen. So kann ein ethischer Konflikt nicht durch eine eindeutige Lösung beendet werden, sondern es kann nur ein «Kompromiß»[215] erreicht werden, mit dem – anders als bei Barth – eben weder Gewissheit noch ein ‹gutes Gewissen› einhergehen.

Dass auch Barth nahestehende Theologen seine Interpretation des Grenzfalls nicht aufgenommen haben, lässt sich darauf zurückführen, dass sie vor allem an verbindlichen Handlungsmaßstäben interessiert waren.[216] Die Grenzfälle passten dabei nicht ins Konzept und wurden daher geflissentlich zugunsten der normativen Aspekte des Barthschen Systems übersehen.[217]

---

213 Die Deutung Kohler-Weiß', Barths «ethische[ ] Denkform des ‹Grenzfalls›» sei von van Oyen und anderen aufgegriffen und um «Gesichtspunkte einer materialen Ethik» (Kohler-Weiß, Schutz der Menschwerdung, 63) ergänzt worden, muss daher modifiziert werden: Van Oyen übernahm zwar den ebenfalls von Barth verwendeten Begriff «Grenzfall», gab ihm aber einen neuen Bedeutungsinhalt.

214 Oyen, Ethik der Grenzfälle, 6; ohne Hervorhebung.

215 Thielicke, Ethik II/1, 143: «Der Konflikt der Pflichten, der Widerstreit der Werte ist das Zeichen einer Wunde am Leibe unserer Welt.» «Entsprechend deutet auch der Kompromiß, zu dem uns dieser Widerstreit nötigt, auf jene Wunde. […] Diese Wunde aber darf nicht zuheilen» (a.a.O., 144).

216 Vgl. Lange, Ethik, 62: «Theologisch faszinierte viele [‹Barthianer›; E.G.] die Möglichkeit, welche die Barthsche Theologie zu bieten schien […], unmittelbar aus der Christologie per analogiam fidei eine klare sozialethische Richtung abzuleiten.»

217 Diese Nicht-Beachtung zeigt sich beispielsweise in dem Aufsatz «Die Herausforderung der Ethik durch die Humangenetik» (1981) des jahrelangen Leiters der internationalen Karl-Barth-Konferenzen und ausgewiesenen Barth-Experten Christian Link. In diesem greift Link zwar die Figur des Grenzfalls auf, jedoch in der Interpretation Bonhoeffers. Ein Bezug auf Barth – positiver oder negativer Art – unterbleibt hingegen (vgl. Link, Herausforderung, 95, bes. Fußnote 39).

IV. Rückblick und Ausblick

1. Ergebnisse der Relektüre

Trotz der unbestreitbaren Verschiedenheit der beiden Perspektiven hat es sich als gewinnbringend erwiesen, die Ethik Barths, wie er sie in KD II/2, III/4 und dem Vortrag «Das Geschenk der Freiheit» in den Jahren zwischen 1942 und 1953 dargelegt hat, einer Relektüre mit Hilfe des Individualisierungstheorems Ulrich Becks zu unterziehen. Durch diese spezifische Interpretationsperspektive wurden Anliegen Barths sichtbar, die ihn offenbar in der Ausgestaltung seines Konzeptes leiteten.

Zunächst und ganz grundlegend hat sich gezeigt, dass Barth das Gegenteil eines Individualisierungsbefürworters ist: Die Herauslösung der Individuen aus gemeinschaftlichen Zusammenhängen ist für ihn eine Fehlentwicklung, die es gerade zu verhindern gilt.[1] Er präferiert stattdessen das Eingegliedertsein des Einzelnen in – aus Becks Sicht – eher traditional zu nennende Sozialformen, in einer Familie, aber auch in einer Gemeinde. Als eine wichtige Aufgabe der Gemeinde erachtet Barth die Prägung der Wertvorstellungen der einzelnen Glaubenden.

Zugleich wurde durch die hier gewählte Interpretationsperspektive erkennbar, dass Barth trotz seines Interesses an Verbindlichkeit ethische Entscheidungen nicht bei der Gemeinschaft oder bei Ethikern, sondern primär beim Individuum verortet. Zwar war einerseits die Hochschätzung des Individuums von Anbeginn ein genuines Merkmal protestantischer Theologie gewesen. Andererseits trat es in der protestantischen Ethik lange Zeit hinter der Hervorhebung der handlungsleitenden Funktion vermeintlich vorgegebener Ordnungen, seien es Stände oder göttliche Schöpfungsordnungen, zurück. Dies führte letztendlich zu einer Geringschätzung des ethischen Individuums.[2] Die grundlegende Abwertung des Individuums durch den nationalsozialistischen Vergemeinschaftungsterror brachte diese in der protes-

---

1 Dies gilt unabhängig von der rein spekulativen Frage, ob Barth entsprechende gesellschaftliche Veränderungen bereits voraussah.

2 Dass trotz des «eigentümliche[n] Ineinander[s] von Statik und Dynamik in der Soziallehre des Protestantismus» (Anselm, Deontologie und Teleologie, 98; Hervorhebung E.G.) der statische und das Individuum unterordnende Zug reformatorischer Ethik lange wirksamer war als der dynamische, ist wohl wesentlich Folge der Erfahrungen mit den Schwärmern und dem linken Flügel der Reformation.

tantischen Ethik in den 40er- und 50er-Jahren noch vorherrschende Zuordnung von Individuum und ethischer Normierung durch Ordnungsvorstellungen ins Wanken. Zudem verlieh die Erfahrung der Ideologisierbarkeit normierender Ordnungen und der Mangel an kollektivem, aber auch individuellem politischem und gesellschaftlichem, vor allem aber auch theologischem und kirchlichem Widerstand – wie bereits in den Jahren vor und während des ersten Weltkriegs – der Frage nach verlässlichen ethischen Orientierungsinstanzen generell eine neue Dringlichkeit. Letztlich hatten sich schöpfungsordnungstheologische Ansätze selbst diskreditiert, da sie keine wirksame theoretische Grundlage für einen Widerstand gegen die NS-Herrschaft darstellten oder sogar das System unterstützten. Auch wenn sich aus den hier zugrunde gelegten Texten Barths keine umfassende Zeitdiagnose erheben lässt, wird in diesem theologie- und zeitgeschichtlichen Horizont deutlich, dass Barth mit seinem gegen klassische Ordnungsvorstellungen die ethische Entscheidung des Individuums betonenden Ethikkonzept neue Lösungen anbietet: So ist er – entgegen seiner Selbstdarstellung – sehr wohl ein ‹Theologe seiner Zeit› zu nennen.

Barth zeigt als solcher ein Gespür dafür, dass die Gesellschaft in den Kriegs- und Nachkriegszeiten auf eine bestimmte Art und Weise fragil geworden und ein entscheidender Faktor dafür die Stellung des Individuums war: Das offensichtliche Versagen von Autoritäten und Ethikern sowie das in den Krisenjahren gestiegene Bewusstsein für ethische Ausnahmehandlungen legte ein Ethikkonzept nahe, das dem Individuum eine größere Bedeutung beimaß und zugleich die Möglichkeit bot, in Einzelfällen auf besondere Art und Weise zu handeln. Auf der Suche nach Alternativen wendet sich Barth gegen die Verobjektivierbarkeit des Guten und statisch verstandene Normenkodizes. Stattdessen bindet er das Individuum in seiner ethischen Orientierung primär an die unmittelbare Gottesbeziehung.[3] Dadurch stärkt er – neuzeitlich anschlussfähig – das einzelne Handlungssubjekt.

Mit Hilfe der durch Becks Theorie fokussierten Betrachtung der Barthschen Ethik hat sich auch gezeigt, dass Barth – geschult durch die protestantische, näherhin die reformierte Theologietradition – um die Problematik eines völlig autonomen Individuums weiß und den damit verbundenen Ambivalenzen entgegenzuwirken versucht: Durch das unbedingte Gebundensein an den Inhalt des Gebotes Gottes hofft Barth zum einen, nicht nur menschliche Autoritäten, sondern insgesamt die von ihm als problematisch erachtete Beteiligung menschlicher Vernunft bei der Bestimmung des Guten

3 Dies gilt auch für Barths Ethik-Vorlesungen von 1928/1929 und 1931/1932, die ebenfalls durch ein aktuales Gebotsverständnis geprägt sind. Zu den Ethik-Vorlesungen vgl. Maßmann, Bürgerrecht, 107–123.

ausgeschaltet zu haben und zum anderen Handlungsgewissheit zu ermöglichen. Darüber hinaus soll die Einbindung in die Gemeinde den Gefahren einer individualistischen Absonderung des Einzelnen sowie ethischer Fehlurteile wehren und das einzelne Handlungssubjekt entlasten, indem es dort eine ethische Grundorientierung erhält.

Der Ansatz dieser Arbeit hat – da Beck Fragen explizit macht, die bei Barth nur implizit angelegt sind – sichtbar werden lassen, dass Barths Konzept Lösungen für Probleme bietet, die man der Individualisierungsdebatte entnehmen kann. Barth erweist sich damit als ein Theologe, der sehr feinfühlig die Phänomene und Veränderungsprozesse seiner Zeit und dabei auch die Ambivalenzen von Freiheit wahrgenommen hat.

Erinnert sei an dieser Stelle auch an Barths Gespür für die Notwendigkeit einer Sicherung des Zusammenhangs des persönlichen Lebens angesichts der Vielfalt von Erfahrungen und der dem menschlichen Leben eigenen Dynamik. Im deutschsprachigen Raum wurde diese Problematik, deren Brisanz sich nach Aussagen von Beck nahestehenden Forschern durch den Individualisierungsschub noch einmal verschärft habe,[4] erst seit den 60er-Jahren vermehrt und unter dem Begriff der Identität verhandelt.[5] Barth zeigt somit ein Sensorium für eine zur Zeit der Entstehung von KD II/2 und III/4 gesellschaftsgeschichtlich weder ausgeprägten noch transparenten Problemlage.

Sichtbar wurde ebenfalls, dass es Barth nicht gelingt, die Ambivalenzen von Individualisierung in seinem Ethikkonzept dauerhaft einzufangen. Für den am Individualisierungstheorem geschulten Blick wurde erkennbar, dass dies zum einen daran liegt, dass Barth wohl kein vollständiges Bild des Problemtableaus aber ein Bewusstsein für die Vielzahl der verschiedenen zu beachtenden Aspekte hat und bemüht ist, diese in sein Konzept zu integrieren: Ereignishaftigkeit *und* Stetigkeit des Gebotes, Unbedingtheitsgefühl *und* Überprüfung, aktuales Bindungsgefühl des Handlungssubjektes *und* Zeugnisgemeinschaft, um nur drei Beispiele zu nennen. Da er jedoch die konfligierenden Ansätze, durch die er seinen divergierenden Anliegen theoretisch gerecht zu werden versucht, nicht zu einem dauerhaften Ausgleich bringen kann, treten die Ambivalenzen immer wieder neu zutage.[6] In besonderem Maße hat sich diese Unausgeglichenheit, die Barths gesamtes Konzept durchzieht, an seinen Darlegungen zu den Grenzfällen gezeigt: So betont er dort sowohl die Notwendigkeit einer rationalen Überprüfung als auch die eines unbedingten Gebundenseins, ohne jedoch das Verhältnis beider zuei-

---

4 Vgl. Vossenkuhl/Sellmaier, Situative Ethik, moralische Identität und Moralkonflikte.

5 Vgl. Joas, Die Entstehung der Werte, 237.

6 Vgl. Übergang.

nander ausreichend zu reflektieren. Gerade Barths Konturierung der Grenzfälle zeigt aber auch, dass er über ein grundlegendes Problembewusstsein für die Schwierigkeiten seines eigenen Konzeptes verfügt. Bei den Grenzfällen, an denen die Problematik einer vorrangigen Rückbindung an ein Unbedingtheitsgefühl virulent und damit das Erfordernis einer zumindest nachträglichen Reflexion besonders offensichtlich wird, dringt Barth daher auf ergänzende Sicherungsmaßnahmen.

Jedoch – und hierin liegt der zweite Grund, wieso er die Ambivalenzen von Individualisierung nicht aufheben kann, sondern sie erneut anstachelt – stärkt Barth trotz der mannigfaltigen Einebnungsversuche immer wieder die Position des Individuums und damit einhergehende Unsicherheiten sowohl auf Seite des jeweiligen Handlungssubjektes als auch auf Seite der Gemeinschaft. Bei seinen Ausführungen zu den Grenzfällen geschieht dies beispielsweise, indem er unter Verweis auf die Aktualität des Gebotes Gottes die Letztentscheidung des einzelnen Handlungssubjektes hervorhebt und der Gemeinschaft demgegenüber eine untergeordnete Aufgabe zuschreibt: Er spricht dieser nur die Möglichkeit zu, eine Prüfung anzumahnen. Daher ist anzufragen, ob die von Barth beschriebene christliche Freiheit nicht doch auch eine riskante Freiheit ist.

Durch die von der Beckschen Theorie geleitete Relektüre wurde zudem sichtbar, dass Barth durch die Betonung der Bedeutung des Individuums, ohne dies zu beabsichtigen, – in der Beckschen Terminologie eine «Nebenfolge» – zugleich Vorreiter für die maßgebliche Tendenz in der evangelischen Ethik der Nachkriegszeit wurde, den einzelnen Handlungssubjekten mehr Entscheidungsspielräume zu eröffnen.[7] Damit hat er indirekt und ungewollt dazu beigetragen, die Individualisierung weiter voranzutreiben und zu verstärken.

---

7 Deutlich wird dies z.B. an den Ansätzen Thielickes und Trillhaas': So möchte Thielicke die innerhalb seiner Ethik einen großen Raum einnehmenden Konkretionen gerade nicht gesetzlich verstanden wissen (vgl. Thielicke, Theologische Ethik I, 712f.), sondern als Anleitung zur eigenen Entscheidung (vgl. Thielicke, Ethik II/1, 608.610). Auch Trillhaas hebt hervor, dass Ethik den Einzelnen nicht von der konkreten Entscheidung suspendiert. Denn «[d]ie Gebote sind alt, Situationen immer neu» (Trillhaas, Ethik (1959), 450). Ihre Hauptaufgabe bestehe daher nicht im Aufzeigen von Handlungsnormen, sondern in der Beschreibung und Analyse der Situation (vgl. a.a.O., 453). Diese Beobachtung ist auch Ausgangspunkt des von Reiner Anselm geleiteten Forschungsprojekts «Individualisierungsprozesse als Referenzpunkt theologisch-ethischer Theoriebildung» im Rahmen der DFG-Forschergruppe «Der Protestantismus in den ethischen Debatten der Bundesrepublik Deutschland 1949-1989» (FOR 1765).

Im Rückblick gewinnt so die folgende Deutung der Tatsache, dass gerade dieser Aspekt des Barthschen Konzeptes in der unmittelbaren Rezeption – besonders die der ihm nahestehenden Theologen – kaum Beachtung fand, an Plausibilität: Die Barth – in unterschiedlicher Intensität – verbundenen Theologen ahnten, welche Folgen dessen Ansatz für die Stellung des Individuums gehabt hätte und wollten sich diese nicht einhandeln. Alternativ haben sie, dies gilt besonders für Alfred de Quervain und Ernst Wolf, den Gemeinschaftsaspekt betont und somit das *Eingebundensein* des Individuums.[8]

Dass der Anteil der Barthschen Ethik, der das Individuum stärkt, lange kaum wahrgenommen wurde, zeigt zudem, dass die wissenschaftliche Auseinandersetzung mit der Ethik Barths lange Zeit – neben seinem von vielen als autoritativ empfundenen Stil der Äußerungen und des Auftretens[9] – stark durch seine Beiträge zur politischen Ethik bestimmt wurde. Deutlich wird dies zum Beispiel an der in Deutschland breit geführten Debatte um das ethische Konzept der «Königsherrschaft Christi», die eigentlich mehr eine Auseinandersetzung mit den «Barthianern» bzw. mit durch Barth beeinflussten Theologen als mit seiner Ethik selbst war.

---

8 De Quervain spricht der Gemeinde eine Funktion zu, die gerade bezüglich ethischer Entscheidungen weit über die in Barths Konzept beschriebene hinausgeht. Exemplarisch zeigt sich dies daran, dass er anders als Barth Kirchenzucht als genuine Aufgabe christlicher Gemeinde ansieht (vgl. Quervain, Ehe, 10 u.ö.). Dass auch Wolf dem Gemeinschaftsbezug eine herausgehobene Bedeutung beimisst, erweist sich schon daran, dass er seine Ethik explizit als «Sozialethik» entfaltet (Wolf, Sozialethik). Darüber hinaus hebt er – auch hier im Gegenüber zu Barth – die ordnende und lebensdienliche Funktion von Institutionen hervor: «[O]hne die Institutionen [ist] die Menschwerdung des Menschen […] undenkbar» (a.a.O., 178). Auch wenn Institutionen nach Wolf durch Menschen gestaltet und aktualisiert werden sollen, spricht er ihnen eine «ihnen innewohnende Normativität» (ebd.) zu und deutet seinen eigenen Ansatz als Mittelweg zwischen Ordnungstheologie und «personalistische[m] Aktualismus» (a.a.O., 173).

9 Exemplarisch hierfür sei Rendtorffs Qualifikation der Barthschen Ethik in der KD als «apodiktisch-autoritativ» (Rendtorff, Ethik, 59) genannt. Positiv konnotiert findet diese Eigenart von Barths Beiträgen ihren Niederschlag im Titel des Buches «Lieber unangenehm laut als angenehm leise» von Frank Jehle, das einen Überblick über Barths politische Äußerungen seit 1906 bietet.

2. Ausblick

Das Ziel dieser Arbeit besteht nicht darin, mit den dafür einschlägigen Publikationen um die angemessenste *Gesamt*deutung von Barths Ethik in Konkurrenz zu treten. Vielmehr wurde bewusst zum einen nur ein Teil der ethischen Publikationen Barths betrachtet, zum anderen die besondere Perspektivität der Lektüre, das Individualisierungsphänomen in der exemplarischen Fassung Becks, gezielt zum heuristischen Prinzip erhoben. Leitend hierfür war die These, durch diese bewussten Beschränkungen eine Fokussierung des Blickes zu erreichen, mit der auch solche Facetten und somit auch Potentiale der Barthschen Theologie offen gelegt werden können, die in einer stärker diachronen und flächigen Lektüre nicht oder nur am Rande Beachtung finden.

Diesem Vorhaben soll nun dadurch Rechnung getragen werden, dass im folgenden und abschließenden Ausblick besonders diejenigen durch die Relektüre zu Tage getretenen Aspekte des Barthschen Konzeptes thematisiert werden, die für gegenwärtige Ethikdiskurse Aktualität haben. Die bisherigen Ergebnisse legen nahe, dass nicht primär Barths konkrete Lösungen eine Relevanz für die Gegenwart haben, sondern die Problemkonstellationen, auf die er eine Antwort zu geben und die Ansätze, mit denen er diesen Problemen zu begegnen versucht.

Mit der fokussierten Lektüre geht zugleich eine weitere Einschränkung einher, die letztlich für alle Barth-Interpretationen gleichermaßen gilt: Der Mehrwert des hier gewählten Vorgehens besteht darin, diese Beschränkung von Anfang an offen zu legen und explizit zu machen:[10] Die Überzeugungskraft der hier dargelegten Deutung hängt maßgeblich davon ab, ob die Leser die zugrunde liegenden Prämissen teilen. So können die Potentiale, die nun aufgezeigt werden, vorrangig von denjenigen als solche wahrgenommen werden, die das Phänomen einer Individualisierung – hier in einem weitgefassten Sinne verstanden als eine zunehmende Verlagerung ethischer Entscheidungen in das einzelne Handlungssubjekt – als eines die Gegenwart prägendes ansehen und die damit einhergehenden Veränderungen als Herausforderung für ethische Theoriebildung betrachten. Hinter dieser Aussage wird zugleich ein Motivationsgrund für diese Untersuchung deutlich, der in einem Ethikverständnis gegründet ist, das im Anschluss an Rendtorff als Gegenstand der Ethik die «menschliche[ ] Lebensführung»[11] erachtet

—

10 Damit entspricht sie dem «Kriterium der Transparenz» (Holtmann, Karl Barth als Theologe der Neuzeit, 425), das Holtmann höchst plausibel von Barth-Interpretationen fordert. Vgl. Einleitung.

11 Rendtorff, Ethik, 3.

und demzufolge der Lebensführung als christlicher eine «Mittelstellung» zwischen den «Geboten Gottes» und «der konkreten, immer wieder zur Stellungnahme auffordernden materialen Realität der Welt»[12] zukommt. Die Wahrnehmung der menschlichen Lebenswirklichkeit auch im Dialog mit soziologischen Gegenwartsanalysen ist damit konstitutiver Bestandteil ethischen Arbeitens.

2.1 Potentiale

Fünf Aspekte des Barthschen Ethikkonzeptes, die besonderes Potential für die Frage nach der Stellung des Individuums in aktuellen Ethikdiskursen aufweisen, sollen hier herausgehoben werden: Durch die Relektüre wurde *erstens* offensichtlich, dass Barth – in protestantischer Tradition – wie Beck *absolute Freiheit* entromantisiert. Anders als dieser bleibt Barth aber *zweitens* nicht bei dieser Diagnose stehen, sondern zeigt zugleich eine Alternative auf: Menschliche Freiheit als negative Freiheit zu beschreiben reicht demnach nicht aus, sondern sie muss zugleich immer durch das Gebot Gottes bestimmte Freiheit sein. Dabei, und hier liegt die – neuzeitlich plausible – Pointe von Barths Freiheitsverständnis, wird das Verhältnis von Freiheit und Gebot *drittens* nicht als Gegenüber definiert, sondern Freiheit und Gebot fallen letztlich ineinander: Freiheit ist kein Angriff auf die Gültigkeit des Gebotes und das Gebot bedeutet nicht die Auflösung von Freiheit. Barth erreicht dies durch sein aktuales Gebotsverständnis: Das Gute ist demnach vom Handlungssubjekt nicht abstrakt definierbar, sondern es ist ihm nur im Modus der Offenbarung zugänglich. An den Inhalt der Offenbarung fühlt es sich unbedingt gebunden und erlebt dies als Ausdruck höchster Freiheit. Ordnungen hingegen spricht Barth zwar grundsätzlich eine freiheitsförderliche Funktion zu, dennoch sieht er als den entscheidenden Ermöglichungsgrund von Freiheitserfahrungen das aktuale Gebot Gottes, das *im Einzelnen Ereignis* wird. Damit setzt er einen deutlich anderen Akzent als z.B. Hegel. Nicht: Jenseits von Ordnungen gibt es keine Freiheit. Sondern: Jenseits dessen, an ein inhaltlich bestimmtes Gebot gebunden zu sein, ist Freiheit nicht möglich.

Ungeachtet der bereits benannten Probleme, die mit Barths aktualem Gebotsverständnis einhergehen,[13] liegt hier ein *vierter* Gedanke, der eine hohe Anschlussfähigkeit für heutige Ethikkonzepte aufweist: Das Gute ist demnach nicht losgelöst vom Individuum bestimmbar. Jeder Versuch, das Gute abstrahiert vom jeweiligen Individuum und der konkreten Handlungssituation zu definieren, ist zum Scheitern verurteilt. Nicht nur, weil das Gute

—

12 A.a.O., 12.

13 Vgl. hierzu bes. II. 1.5 und 2.2.4.

Barth zufolge nicht per menschlicher Ratio festgelegt werden kann, sondern auch – und das ist für diesen Zusammenhang der noch interessantere *fünfte* Aspekt – weil der Einzelne sich an eine durch abständige Reflexion gewonnene Norm nicht gebunden fühlt und durch sie daher nicht in Tätigkeit versetzt wird. Die Befähigung zur Handlung gehört jedoch für Barth konstitutiv zur christlichen Freiheitserfahrung dazu.

2.2 Diskussionsbeitrag: Mögliche Gesprächspartner für den weiteren Diskurs

Neben diesen für die Gegenwart fruchtbaren Momenten der Barthschen Ethik weist sein Gesamtkonzept in den Lösungen, die es präsentiert, und aufgrund der theoretischen Unabgeglichenheit deutliche Schwächen auf. Dies betrifft vor allem das immer wieder aufscheinende Ziel, Christen aufzuzeigen, wie sie in den konkreten ethischen Entscheidungssituationen eine verlässliche Orientierung erhalten. So ist kritisch anzufragen, ob das Bindungsgefühl als alleiniges Kriterium der Gebotenheit einer Handlung ausreicht. Barths Darlegungen – vor allem die Grenzfall-Passagen – weisen darauf hin, dass sich Barth dieses Problems selbst bewusst war, ohne eine reflexive Überprüfung des Bindungsgefühls schlüssig in sein Konzept integrieren zu können. Doch ohne rationalen Zugriff auf den Inhalt des Gebundenseins ist die christliche Freiheit, wie sie von Barth beschrieben wird, vor allem in Konfliktsituationen gegen den theorieinternen Anspruch, eine ‹riskante Freiheit›. Drei Gründe sind vorrangig geltend zu machen, wieso diese nicht die behauptete sichere Orientierung bietet: Zunächst fehlen dem Handlungssubjekt Kriterien, um sein Bindungsgefühl zu überprüfen und so der bereits benannten Willkürgefahr zu entgehen. Der Barthsche Dezisionismus widerspricht nicht nur dem Anspruch moderner Individuen, sich selbst gegenüber eigene Handlungen rational zu begründen und in das eigene Wertesystem einordnen zu können, sondern auch den Notwendigkeiten menschlichen Zusammenlebens: Demnach gibt es Handlungen, insbesondere solche, von denen andere Menschen betroffen sind, bei denen der Einzelne von Außenstehenden aufgefordert wird, seine Position auf eine für diese nachvollziehbare Weise zu rechtfertigen. Der alleinige Verweis auf das Gefühl des Gebundenseins kann diesem Anspruch nicht genügen, vielmehr bedarf es für einen ethischen Diskurs einer Versprachlichung und Reflexion desselben. Bei Barth bleibt sodann ungeklärt, wie sich der Handelnde in Situationen ethisch orientiert, in denen er zwar ein emotives Widerstreben gegen seine üblichen Handlungsweisen verspürt, dem jedoch keine Bindung an eine andere alternative Handlung korrespondiert. Zuletzt birgt Barths Konzept ein Risiko für die Identitätsdeutung, denn eine dauerhafte Veränderung der Inhalte des Gebundenseins sind – obwohl phänomenologisch beobachtbar – in seinem Konzept nicht vorgesehen. Barth bietet daher auch keine Möglichkeit, neue Werte in das eigene Wertegefüge zu integrieren.

Anstatt nun eine Gesamtübersicht der bereits bei der Relektüre benannten einzelnen Kritikpunkte zu geben, wird hier ein weiterführende Erkenntnisse versprechender Weg angedeutet: Die Theorie des Sozialphilosophen Hans Joas und ergänzend die des Philosophen Charles Taylor werden – in der notwendigen Konzentration auf die für die hier behandelte Fragestellung relevanten Gedanken – herangezogen, um Lösungen vorzustellen, wie diese einige der bei Barth unverbunden nebeneinanderstehenden und zum Teil widersprüchlichen Aspekte konzeptionell zu vereinbaren suchen. Beide Denker bieten sich zu diesem Zweck deshalb im Besonderen an, da sie sich – Joas aus pragmatistischer, Taylor aus kommunitaristischer Perspektive – ebenfalls der Frage zugewandt haben, wie sich das einzelne Handlungssubjekt in ethischen Entscheidungssituationen orientiert.[14] In ihren Antworten hierauf haben sie sich zum einen – wie Barth – von deontologischen Ethikkonzepten kritisch abgegrenzt,[15] zum anderen die Präreflexivität von handlungsleitenden Vorstellungen des Guten konstatiert, hierbei aber Wege eines reflexiven Zugriffs auf diese aufgezeigt. Joas betont dabei wie Barth den konstitutiven Handlungsbezug,[16] weshalb seine Theorie im Folgenden im Fokus steht und Taylors Konzept nur dann ergänzend herangezogen wird, wenn es über Joas hinausgehende Gedanken bietet. So stellt Taylor in besonderer Weise die Notwendigkeit der «Artikulierung»[17] von Werten und

---

14 Vgl. Joas/Knöbl, Neunzehnte Vorlesung, 707–713. Joas sieht seine Antwort als Teil einer umfassenden Handlungstheorie. Vgl. zudem Taylor, Quellen des Selbst, 15.

15 Vgl. Joas, Die Entstehung der Werte, 270f. und Taylor, Quellen des Selbst, 15.

16 Trotz der großen Gemeinsamkeiten zu Taylors Theorie, die Joas aufzeigt, setzt hier sein inhaltlicher Hauptkritikpunkt an dieser an: Taylor lasse sich «zu einer essentialistischen Rede vom Guten hinreißen» (Joas, Die Entstehung der Werte, 224). Und das obwohl «uns nach dem Verlust einer metaphysischen Fundierung des Guten», einer nach Joas von beiden geteilten Einschätzung, «doch auch das An-sich-Wertvolle, das Bewunderungs- oder Liebenswürdige nur aus der Perspektive unserer Handlungen zugänglich ist – der Handlungen, in denen es sich für uns konstituiert oder auswirkt» (a.a.O., 225). Joas führt diese Inkonsequenz, die er bei Taylor entdeckt, darauf zurück, dass Taylor bei der Rekonstruktion der für die westliche Moderne grundlegenden Vorstellungen des Guten wichtige philosophische und soziologische Theorien, vor allem aber den Pragmatismus, unbeachtet lässt (vgl. a.a.O., 220–224).

17 Taylor, Quellen des Selbst, 25.

die eines direkten oder indirekten sprachlichen Austauschs mit anderen heraus[18] und weist auf den Zusammenhang zwischen Wertebindung und «Identität»[19] hin. Joas hingegen widmet sich insbesondere auch der Veränderung individueller Werte.[20] Mit dieser abschließenden kontrastierenden Darstellung mit zwei aktuellen Konzepten ist ebenso wie mit der Relektüre die Absicht verbunden, einen Beitrag zur Diskussion um ein dem neuzeitlichen Individuum gemäßes Konzept theologischer Ethik zu leisten.

Ähnlich wie Barth hat Joas in jüngerer Zeit das Entstehen des Gefühls, an bestimmte Werte gebunden zu sein, beschrieben: «Wertbindungen entstehen offensichtlich nicht aus bewußten Intentionen, und doch erleben wir das ‹Ich kann nicht anders› einer starken Wertbindung nicht als Einschränkung, sondern als höchsten Ausdruck unserer Freiwilligkeit.»[21] Weitere Gemeinsamkeiten bestehen darin, dass auch für Joas Werte, an die man sich gebunden fühlt, präreflexive Überzeugungen sind, die nicht aus Normen ableitbar sind, und das Bindungsgefühl in der jeweiligen Handlungssituation nur für den Handelnden selbst wahrnehmbar ist.

Neben diesen Gemeinsamkeiten sollen nun vier Elemente benannt werden, durch die sich Joas' bzw. Taylors Konzept von dem Barths unterscheidet. Dieses Vorgehen dient einer doppelten Absicht: Zum einen soll erneut auf kritische Punkte in Barths Ethikkonzept hingewiesen, zugleich und vor allem aber eine Möglichkeit aufgezeigt werden, diese produktiv weiterzudenken:

Zunächst gelingt es Joas mit seinem pragmatistischen Ansatz besser als Barth, das Verhältnis von innen (Bindungsgefühl) und außen (Handlungssituation) miteinander zu verbinden. Er beschreibt dieses Verhältnis als ein wechselseitiges: Die Wahrnehmung einer Situation ist demnach nie neutral, sondern stets «vorgeformt in unseren Handlungsfähigkeiten und unseren aktuellen Handlungsdispositionen; welche Handlung realisiert wird, entscheidet sich dann durch eine reflexive Beziehung auf die in der Situation erlebte Herausforderung.»[22] Handeln ist somit konstitutiv ein auch durch die konkrete Situation gebundenes.

Joas schafft es *zweitens* besser als Barth, die Vorgängigkeit des Spontanen und den reflexiven Zugriff darauf in ein produktives Miteinander zu

---

18 Vgl. a.a.O., 66–77.

19 A.a.O., 67.

20 Vgl. Joas, Die Kreativität des Handelns, 218–244, bes. 238f.

21 Joas, Die Entstehung der Werte, 16.

22 Joas, Die Kreativität des Handelns, 236.

bringen. Die «Kreativität des Handelns»[23] besteht im Pragmatismus gerade in einer Aufeinanderbeziehung beider Momente, des spontanen Bindungsgefühls und der Reflexion. Auch wenn Joas betont, dass *jede* Handlung einen kreativen Anteil hat[24], gibt es Situationen, in denen dieser besonders groß ist. Joas zufolge handelt es sich dabei um solche Situationen, in denen die bis dahin kaum bewussten Handlungsroutinen[25] gestört werden und eine «einfache[ ] Fortsetzung vorreflexiv angetriebener Handlungsweisen»[26] nicht mehr möglich erscheint. In solchen Situationen, in denen die bisher handlungsleitenden Werte keine Bindungskraft mehr haben, bedarf es einer Reflexion. Diese ist nach Joas aber keine abständig-abstrakte, sondern schließt das Angegangensein in die Reflexion mit ein: Der Handelnde muss vielmehr «reflexiv Stellung beziehen zu seinen vorreflexiven Strebungen»[27], die sich in der jeweiligen Situation eingestellt haben. Kriterien für diese Stellungnahme sind, so Joas, «Werte oder ideale Vorstellungen über eine gelungene Persönlichkeit oder eine gelungene Gemeinschaft»[28], also das individuelle Wertegefüge. Taylor weist darüber hinaus auf die identitätsstiftende Funktion dieser Werte und Vorstellungen hin: «Was ich als Selbst bin – meine Identität –, ist wesentlich durch die Art und Weise definiert, in der mir Dinge bedeutsam erscheinen»[29]. Er akzentuiert zudem noch einen weiteren Aspekt: Ähnlich wie Barth dem Zeugnis vom Gebotenen eine wichtige Rolle beimisst, kommt nach Taylor der sprachlichen ‹Artikulation› des Guten eine besondere Bedeutung zu. Jedoch gelingt es ihm *drittens* besser als Barth, Wertebindung und ethischen Austausch aufeinander zu beziehen: Zunächst, so konstatiert Taylor, ist die individuelle Wertebindung stets geprägt durch die versprachlichte Form der Werte anderer. Eine Veränderung der Werte, an die sich der Einzelne gebunden fühlt, ist aufgrund der «fundamentalen Abhängigkeit unseres Denkens von der Sprache»[30] nur durch einen Austausch entweder mit einem direkten Gegenüber oder mit

—

23 So der Titel von Joas' 1996 erschienenem Buch, in dem er in kritischer Auseinandersetzung mit den vorherrschenden Konzepten seine eigene Handlungstheorie darlegt.

24 Joas/Knöbl, Neunzehnte Vorlesung, 707: Deshalb laute, so Joas/Knöbel, der Titel des Buches «‹Die Kreativität des Handelns›».

25 Vgl. Joas, Die Kreativität des Handelns, 232.

26 A.a.O., 238.

27 Ebd.

28 A.a.O., 238f.

29 Taylor, Quellen des Selbst, 67.

30 A.a.O., 77.

den Werten anderer möglich. Die Artikulation von Werten sei zudem notwendig, um ihre Bindungskraft aufrecht zu erhalten.[31]

Damit ist ein *vierter* Unterschied benannt: Für Taylor, aber ebenso für Joas, sind Werte grundsätzlich veränderbar.[32] Beide können daher – anders als Barth – einen stetigen Wandel der Werte erklären, an die sich der Einzelne gebunden fühlt und somit nicht nur einmalige Ausnahmen, sondern grundsätzliche Handlungsveränderungen abdecken. Dabei stellt Joas gegenüber Taylor den konstitutiven Handlungsbezug heraus: Eine Veränderung des Wertegefüges ist demnach Folge eines Konfliktes zwischen präreflexiven Werten und der konkreten Handlungssituation. Reflexion erachtet Joas für einen solchen Wertewandel zwar als notwendige, aber nicht als hinreichende Bedingung. Das Sich-neu- bzw. Sich-anders-gebunden-Fühlen ist dem Individuum trotzdem unverfügbar: es ereignet sich ihm. Joas spricht hierbei von einer «Erfahrung der Selbsttranszendenz»[33].

---

31 Vgl. a.a.O., 187: «Ohne alle Artikulation verlören wir jegliche Verbindung zu dem Guten, unabhängig davon, was jeweils darunter verstanden wird.»

32 Vgl. Joas, Die Entstehung der Werte, 267f.; Taylor, Quellen des Selbst, 93.

33 Joas/Knöbl, Neunzehnte Vorlesung, 721. Diesen Gedanken, den Joas hier besonders pointiert darstellt, findet sich auch in Joas, Die Entstehung der Werte, 256f. Auch Taylor zufolge gibt es einen unverfügbaren Anteil moralischer Wertungen: Wir erleben, dass wir von einem «höhere[n] Gut angespornt» werden und «daß es uns nicht aufgrund der eigenen Reaktion wertvoll vorkommt, sondern daß es das Gute daran ist, das uns bewegt. Wir werden davon angespornt, da wir in seinem Sinn etwas unendlich Wertvolles erblicken» (Taylor, Quellen des Selbst, 143).

Literaturverzeichnis

Barmer Theologische Erklärung vom 31. Mai 1934, in: Plasger, Georg/Freundenberg, Matthias (Hgg.), Reformierte Bekenntnisschriften. Eine Auswahl von den Anfängen bis zur Gegenwart, Göttingen 2005, 239–245.

Althaus, Paul, Theologie der Ordnungen, Gütersloh ^{2}1935.

Anselm, Reiner, Beraten oder Entscheiden? Was leisten Ethikkommissionen in gesellschaftlichen Kontroversen, ZEE 55 (2011), 162–167.

—, Die Debatte um Deontologie und Teleologie in der evangelischen Ethik. Ein Sachstandsbericht, in: Holderegger, Adrian/Wolbert, Werner (Hgg.), Deontologie – Teleologie. Normtheoretische Grundlagen in der Diskussion (SThE 135), Freiburg/Schweiz 2013, 95–111.

—, Ethische Theologie. Zum ethischen Konzept Trutz Rendtorffs, ZEE 36 (1992), 259–275.

—, Schöpfung als Deutung der Lebenswirklichkeit, in: Schmid, Konrad (Hg.), Schöpfung (Themen der Theologie 4), Tübingen 2012, 225–294.

Balthasar, Hans Urs von, Karl Barth. Darstellung und Deutung seiner Theologie, Köln 1951.

Barth, Friederike, Die Wirklichkeit des Guten. Dietrich Bonhoeffers «Ethik» und ihr philosophischer Hintergrund (BHTh 156), Tübingen 2012.

Barth, Karl, An Pfarrer Wolf-Dieter Zimmermann, «Unterwegs», Berlin/West 1950, in: Ders., Offene Briefe 1945-1968 (Karl Barth-Gesamtausgabe 15, hg. v. Diether Koch), Zürich 1984, 202–214.

—, Christengemeinde und Bürgergemeinde (1946), in: Ders., Rechtfertigung und Recht; Christengemeinde und Bürgergemeinde; Evangelium und Gesetz, Zürich 1998, 47–80.

—, Ethik I. Vorlesung Münster 1928 und Bonn 1930 (Karl Barth-Gesamtausgabe 2, hg. v. Dietrich Braun), Zürich 1973.

—, Ethik II. Vorlesung Münster 1928/29 und Bonn 1930/31 (Karl Barth-Gesamtausgabe 10, hg. v. Dietrich Braun), Zürich 1978.

—, Die evangelische Kirche in Deutschland nach dem Zusammenbruch des Dritten Reiches, Stuttgart 1946.

—, Evangelium und Gesetz (1935), in: Ders., Rechtfertigung und Recht; Christengemeinde und Bürgergemeinde; Evangelium und Gesetz, Zürich 1998, 81–109.

—, Das Geschenk der Freiheit. Grundlegung evangelischer Ethik. Vortrag, gehalten in der Gesellschaft für evangelische Theologie am 21. September 1953 in Bielefeld (ThSt(B) 39), Zollikon-Zürich 1953.

—, Gespräch mit der Kirchlichen Bruderschaft in Württemberg (15.7.1963), in: Ders., Gespräche 1963 (Karl Barth-Gesamtausgabe 41, hg. v. Eberhard Busch), Zürich 2005, 42–109.

—, Gottes Gnadenwahl, TEH 47 (1936).
—, Die Kirche zwischen Ost und West, in: Ders., «Der Götze wackelt». Zeitkritische Aufsätze, Reden und Briefe von 1930 bis 1960, hg. v. Karl Kupisch, Berlin 1961, 124–143.
—, Die kirchliche Dogmatik, I/1. Die Lehre vom Wort Gottes. Prolegomena zur Kirchlichen Dogmatik, Zollikon-Zürich 1932.
—, Die kirchliche Dogmatik, II/2. Die Lehre von Gott, Zollikon-Zürich 1942.
—, Die kirchliche Dogmatik, III/1. Die Lehre von der Schöpfung, Zollikon-Zürich 1945.
—, Die kirchliche Dogmatik, III/2. Die Lehre von der Schöpfung, Zollikon-Zürich 1948.
—, Die kirchliche Dogmatik, III/3. Die Lehre von der Schöpfung, Zollikon-Zürich 1950.
—, Die kirchliche Dogmatik, III/4. Die Lehre von der Schöpfung, Zollikon-Zürich 1951.
—, Die kirchliche Dogmatik, IV/1. Die Lehre von der Versöhnung, Zollikon-Zürich 1953.
—, Die kirchliche Dogmatik, IV/2. Die Lehre von der Versöhnung, Zollikon-Zürich 1955.
—, Die lebendige Gemeinde und die freie Gnade, TEH(NF) 9 (1947).
—, Nein! Antwort an Emil Brunner, München 1934.
—, «Parergon». Karl Barth über sich selbst, EvTh 8 (1948/49), 268–282.
—, Rechtfertigung und Recht (1938), in: Ders., Rechtfertigung und Recht; Christengemeinde und Bürgergemeinde; Evangelium und Gesetz, Zürich 1998, 5–45.
Bauman, Zygmunt, Wir sind wie Landstreicher. Die Moral im Zeitalter der Beliebigkeit, Süddeutsche Zeitung (16./17.11.1993), 17.
Beck, Ulrich, Art. Individualisierung, in: Endruweit, Günter/Trommsdorff, Gisela (Hgg.), Wörterbuch der Soziologie (2. völlig neubearb. und erw. Aufl. 2002), 227–229.
—, Der eigene Gott. Von der Friedensfähigkeit und dem Gewaltpotential der Religionen, Frankfurt a.M. 2008.
—, Jenseits von Klasse und Stand? Soziale Ungleichheiten, gesellschaftliche Individualisierungsprozesse und die Entstehung neuer sozialer Formationen und Identitäten, in: Kreckel, Reinhard (Hg.), Soziale Ungleichheiten, Soziale Welt, Sonderband 2 (1983), 35–74.
—, Jenseits von Klasse und Stand?, in: Ders./Beck-Gernsheim, Elisabeth (Hgg.), Riskante Freiheiten. Individualisierung in modernen Gesellschaften (Edition Suhrkamp 1816), Frankfurt a.M. 1994, 43–60.
—, Risikogesellschaft. Auf dem Weg in eine andere Moderne (Edition Suhrkamp 1365), Frankfurt a.M. 1986.

—, Wissen oder Nicht-Wissen? Zwei Perspektiven «reflexiver Modernisierung», in: Ders./Giddens, Anthony/Lash, Scott (Hgg.), Reflexive Modernisierung. Eine Kontroverse (Edition Suhrkamp 1705), Frankfurt a.M. 1996, 289–315.

—, Das Zeitalter der Nebenfolgen und die Politisierung der Moderne, in: Ders./Giddens, Anthony/Lash, Scott (Hgg.), Reflexive Modernisierung. Eine Kontroverse (Edition Suhrkamp 1705), Frankfurt a.M. 1996, 19–112.

Beck, Ulrich/Beck-Gernsheim, Elisabeth, Individualisierung in modernen Gesellschaften. Perspektiven und Kontroversen einer subjektorientierten Soziologie, in: Dies. (Hgg.), Riskante Freiheiten. Individualisierung in modernen Gesellschaften (Edition Suhrkamp 1816), Frankfurt a.M. 1994, 10–39.

Beck, Ulrich/Bonß, Wolfgang, Vorwort, in: Dies. (Hgg.), Die Modernisierung der Moderne (stw 1508), Frankfurt a.M. 2001, 7.

Bedford-Strohm, Heinrich, Gemeinschaft aus kommunikativer Freiheit. Sozialer Zusammenhalt in der modernen Gesellschaft. Ein theologischer Beitrag (Öffentliche Theologie 11), Gütersloh 1999.

Beintker, Michael, Die Dialektik in der «dialektischen Theologie» Karl Barths. Studien zur Entwicklung der Barthschen Theologie und zur Vorgeschichte der «Kirchlichen Dogmatik» (BEvTh 101), München 1987.

Berlin, Isaiah, Freiheit. Vier Versuche (engl.: Four Essays on Liberty, 1969), Frankfurt a.M. 2006.

Bieri, Peter, Das Handwerk der Freiheit. Über die Entdeckung des eigenen Willens, Frankfurt a.M. ^{10}2011.

Biggar, Nigel, The Hastening that Waits. Karl Barth's ethics (Oxford studies in theological ethics), Oxford 1993.

Bolte, Karl Martin, Subjektorientierte Soziologie. Plädoyer für eine Forschungsperspektive, in: Ders./Treutner, Erhard (Hgg.), Subjektorientierte Arbeits- und Berufssoziologie, Frankfurt a.M./New York 1983, 12–36.

Bonhoeffer, Dietrich, Ethik, zusammengestellt und hg. v. Eberhard Bethge, München 1949.

—, Ethik, hg. v. Ilse Tödt u.a., München 1992.

Brinkmann, Gert Ulrich, Theologische Institutionenethik. Ernst Wolfs Beitrag zur Institutionendiskussion in der evangelischen Kirche nach 1945 (NBST 20), Neukirchen-Vluyn 1997.

Brunner, Emil, Das Gebot und die Ordnungen. Entwurf einer protestantisch-theologischen Ethik, Tübingen 1932.

—, Natur und Gnade. Zum Gespräch mit Karl Barth, Tübigen 1934.

Bultmann, Rudolf, Welchen Sinn hat es, von Gott zu reden? (1925), in: Ders., Glauben und Verstehen. Gesammelte Aufsätze, Tübingen 1933, 26–37.

Burkart, Günter, Individualisierung und Elternschaft. Das Beispiel USA, ZfS 22 (1993), 159–177.

Drexel, Ingrid, Alte und neue gesellschaftliche Gruppierungen jenseits der Individualisierungsthese. Zur Rehabilitierung einer Fragestellung und zur Zielsetzung dieses Buches, in: Dies., Jenseits von Individualisierung und Angleichung. Die Entstehung neuer Arbeitnehmergruppen in vier europäischen Ländern, Frankfurt a.M./New York 1994, 9–32.

Erikson, Erik H., Identität und Lebenszyklus. Drei Aufsätze (Theorie 2), Frankfurt a.M. 1966.

—, Identity and the life cycle (1959), New York 1980.

Ficker Stähelin, Daniel, Karl Barth und Markus Feldmann im Berner Kirchenstreit 1949-1951, Zürich 2006.

Film-Funk-Fernsehzentrum der Evangelischen Kirche im Rheinland (FFFZ) (Hg.), Das Geschenk der Freiheit. Vortrag in Bielefeld, September 1953 (Originalaufnahme aus dem Hörfunkarchiv des FFFZ), Düsseldorf 1997.

Fischer, Hermann, Protestantische Theologie im 20. Jahrhundert, Stuttgart 2002.

Fischer, Johannes, Theologische Ethik. Grundwissen und Orientierung (Forum Systematik 11), Stuttgart 2002.

Foucault, Michel, Überwachen und Strafen. Die Geburt des Gefängnisses (stw 184), Frankfurt a.M. 1977.

Freund, Annegret, Gewissensverständnis in der evangelischen Dogmatik und Ethik im 20. Jahrhundert (TBT 62), Berlin/New York 1994.

Giesen, Wilhelm, Diskussionsbeitrag zum Problem: Schwangerschaftsunterbrechung als «Grenzfall in der medizinischen Ethik» aus der Sicht des Gynäkologen, ZEE 6 (1962), 44–48.

Graf, Friedrich Wilhelm, Die «antihistorische Revolution» in der protestantischen Theologie der zwanziger Jahre, in: Rohls, Jan/Wenz, Gunther (Hgg.), Vernunft des Glaubens. Wissenschaftliche Theologie und kirchliche Lehre, Göttingen 1988, 377–405.

—, Die Freiheit der Entsprechung zu Gott. Bemerkung zum theozentrischen Ansatz der Anthropologie Karl Barths, in: Rendtorff, Trutz (Hg.), Die Realisierung der Freiheit. Beiträge zur Kritik der Theologie Karl Barths, Gütersloh 1975, 76–118.

—, Vom Munus Propheticum Christi zum prophetischen Wächteramt der Kirche. Erwägungen zum Verhältnis von Christologie und Ekklesiologie, ZEE 32 (1988), 88–106.

Habermas, Jürgen, Theorie des kommunikativen Handelns, Frankfurt a.M. 1981.

Hammelsbeck, Oskar, Art. Verantwortung, in: ESL (1963), 1277–1282.

Hauerwas, Stanley, Selig sind die Friedfertigen. Ein Entwurf christlicher Ethik (Evangelium und Ethik 4), Neukirchen-Vluyn 1995.

Hermelink, Jan, Kirchliche Organisation und das Jenseits des Glaubens. Eine praktisch-theologische Theorie der evangelischen Kirche, Gütersloh 2011.

Herrmann, Wilhelm, Ethik, hg. v. Hartmut Kreß, Waltrop 2002.

Hitzler, Ronald/Honer, Anne, Bastelexistenz. Über subjektive Konsequenzen der Individualisierung, in: Beck, Ulrich/Beck-Gernsheim, Elisabeth (Hgg.), Riskante Freiheiten. Individualisierung in modernen Gesellschaften (Edition Suhrkamp 1816), Frankfurt a.M. 1994, 307–315.

Höffe, Otfried, Kants kategorischer Imperativ als Kriterium des Sittlichen, in: Ders., Ethik und Politik. Grundmodelle und -probleme der praktischen Philosophie (stw 266), Frankfurt a.M. 1979, 84–119.

Hofmann, Hasso, Art. Dezisionismus, in: HWPh, Bd. 2 (1972), 159–161.

Holtmann, Stefan, Karl Barth als Theologe der Neuzeit. Studien zur kritischen Deutung seiner Theologie (FSÖTh 118), Göttingen 2007.

Honecker, Martin, Evangelische Theologie vor dem Staatsproblem (RhWAW.G 254), Opladen 1981.

—, Das Problem des theologischen Konstruktivismus, ZEE 24 (1980), 97-111.

Honneth, Axel, Aspekte der Individualisierung, in: Ders., Desintegration. Bruchstücke einer soziologischen Zeitdiagnose, Frankfurt a.M. 1994, 20–28.

Honneth, Axel, Das Recht der Freiheit. Grundriß einer demokratischen Sittlichkeit, Berlin 2011.

Honneth, Axel/Joas, Hans (Hgg.), Kommunikatives Handeln. Beiträge zu Jürgen Habermas' «Theorie des kommunikativen Handelns» (stw 625), Frankfurt a.M. 1986.

Huber, Wolfgang, Prophetische Kritik und demokratischer Konsens, in: Rendtorff, Trutz (Hg.), Charisma und Institution (Veröffentlichungen der Wissenschaftlichen Gesellschaft für Theologie 4), Gütersloh 1985, 110–127.

James, William, Was will der Pragmatismus? Zweite Vorlesung, in: Ders., Der Pragmatismus. Ein neuer Name für alte Denkmethoden. Volkstümliche philosophische Vorlesungen (Philosophisch-soziologische Bücherei 1), Leipzig 1908, 26–51.

Jehle, Frank, Emil Brunner. Theologe im 20. Jahrhundert, Zürich 2006.

—, Lieber unangenehm laut als angenehm leise. Der Theologe Karl Barth und die Politik 1906-1968, 2. rev. Aufl., Zürich 2002.

Joas, Hans, Das Risiko der Gegenwartsdiagnose, Soziologische Revue 11 (1988), 1–6.

—, Die Entstehung der Werte (stw 1416), Frankfurt a.M. 1999.

—, Die Kreativität des Handelns (stw 1248), Frankfurt a.M. 1996.

Joas, Hans/Knöbl, Wolfgang (Hgg.), Sozialtheorie. Zwanzig einführende Vorlesungen (stw 1669), Frankfurt a.M. 2004.

—, Zehnte Vorlesung. Habermas' ‹Theorie des kommunikativen Handelns›, in: Dies., Sozialtheorie. Zwanzig einführende Vorlesungen (stw 1669), Frankfurt a.M. 2004, 315–350.
—, Elfte Vorlesung. Niklas Luhmanns Radikalisierung des Funktionalismus, in: Dies., Sozialtheorie. Zwanzig einführende Vorlesungen (stw 1669), Frankfurt a.M. 2004, 351–392.
—, Neunzehnte Vorlesung. Neopragmatismus, in: Ders., Sozialtheorie. Zwanzig einführende Vorlesungen (stw 1669), Frankfurt a.M. 2004, 687–725.
Jüngel, Eberhard, Evangelium und Gesetz. Zugleich zum Verhältnis von Dogmatik und Ethik, in: Dies., Barth-Studien, Zürich/Köln 1982, 180–209.
—, Karl Barths Lehre von der Taufe, in: Ders., Barth-Studien, Zürich/Köln 1982, 246–290.
Kant, Immanuel, Grundlegung zur Metaphysik der Sitten (Werkausgabe 7, hg. v. Wilhelm Weischedel), Frankfurt a.M. 1974.
Kneer, Georg/Nassehi, Armin, Niklas Luhmanns Theorie sozialer Systeme. Eine Einführung (UTB 1751), München [4]2000.
Kohler-Weiß, Christiane, Schutz der Menschwerdung (Öffentliche Theologie 17), Gütersloh 2003.
Kohli, Martin/Robert, Günther (Hgg.), Biographie und soziale Wirklichkeit. Neue Beiträge und Forschungsperspektiven, Stuttgart 1984.
Kron, Thomas/Horáček, Martin, Individualisierung, Bielefeld 2009.
Krötke, Wolf, Gott und Mensch als «Partner». Zur Bedeutung einer zentralen Kategorie in Karl Barths Kirchlicher Dogmatik, ZThK.B 6 (1986), 158–175.
Lange, Dietz, Ethik in evangelischer Perspektive. Grundfragen christlicher Lebenspraxis (UTB 2293), Göttingen [2]2002.
Laube, Martin, Tätige Freiheit. Zur Aktualität des reformierten Freiheitsverständnisses, ZThK 109 (2012), 337–359.
—, Theologie und neuzeitliches Christentum. Studien zu Genese und Profil der Christentumstheorie Trutz Rendtorffs (BHTh 139), Tübingen 2006.
Lessing, Eckhard, Geschichte der deutschsprachigen evangelischen Theologie von Albrecht Ritschl bis zur Gegenwart. Band 3: 1945-1965, Göttingen 2009.
Ley, Katharina, Von der Normal- zur Wahlbiographie? Interpretationen erzählter Lebensgeschichten von Frauen, in: Kohli, Martin/Robert, Günther (Hgg.), Biographie und soziale Wirklichkeit. Neue Beiträge und Forschungsperspektiven, Stuttgart 1984, 239–260.
Lienemann, Wolfgang, Das Gebot Gottes als «Ereignis». Bibelgebrauch und freie Verantwortlichkeit in der Ethik Karl Barths, ZDTh 15 (1999), 155–177.

Lindenlauf, Herbert, Karl Barth und die Lehre von der «Königsherrschaft Christi». Eine Untersuchung zum christozentrischen Ansatz der Ethik des Politischen im deutschsprachigen Protestantismus nach 1934, Spardorf 1988.
Link, Christian, Die Herausforderung der Ethik durch die Humangenetik, ZEE 25 (1981), 84–101.
Luhmann, Niklas, Soziale Systeme. Grundriß einer allgemeinen Theorie (stw 666), Frankfurt a.M. 1984.
Luther, Martin, Von der Freiheit eines Christenmenschen (1520), in: Aland, Kurt (Hg.), Der Reformator (Luther Deutsch 2), Göttingen [2]1981, 251–274.
MacIntyre, Alasdair, Der Verlust der Tugend. Zur moralischen Krise der Gegenwart (stw 1193), Frankfurt a.M. 1995.
Marquard, Odo, Ende des Schicksals? Einige Bemerkungen über die Unvermeidlichkeit des Unverfügbaren, in: Schicksal? Grenzen der Machbarkeit. Ein Symposium, München 1977, 7–25.
Marquardt, Friedrich-Wilhelm, Theologie und Sozialismus. Das Beispiel Karl Barths (GT.S 7), München 1972.
Marsch, Wolf-Dieter, Das Institutionen-Gespräch in der evangelischen Kirche. Rückblickender Bericht über die Entwicklung eines interdisziplinären Problems, in: Schelsky, Helmut (Hg.), Zur Theorie der Institution (Interdisziplinäre Studien 1), Düsseldorf [2]1973, 128–139.
Maßmann, Alexander, Bürgerrecht im Himmel und auf Erden. Karl Barths Ethik (Öffentliche Theologie 27), Leipzig 2011.
Mayer, Karl Ulrich, Soziale Ungleichheit und die Differenzierung von Lebensverläufen, in: Zapf, Wolfgang (Hg.), Die Modernisierung moderner Gesellschaften. Verhandlungen des 25. Deutschen Soziologentages in Frankfurt am Main 1990, Frankfurt a.M./New York 1991, 667–687.
McCormack, Bruce L., Theologische Dialektik und kritischer Realismus. Entstehung und Entwicklung von Karl Barths Theologie 1909-1936, Zürich 2006.
Meireis, Torsten, Tätigkeit und Erfüllung. Protestantische Ethik im Umbruch der Arbeitsgesellschaft, Tübingen 2008.
Mooser, Josef, Auflösung proletarischen Milieus. Klassenbildung und Individualisierung in der Arbeiterschaft vom Kaiserreich bis in die Bundesrepublik Deutschland, Soziale Welt 34 (1983), 270–306.
Murrmann-Kahl, Michael, «Mysterium trinitatis»? Fallstudien zur Trinitätslehre in der evangelischen Dogmatik des 20. Jahrhunderts (TBT 79), Berlin/New York 1997.
Niemöller, Martin, Vom U-Boot zur Kanzel, Berlin 1934.
Nimmo, Paul T., Being in Action. The Theological Shape of Barth's Ethical Vision, London/New York 2007.

Oyen, Hendrik van, Antwort auf die kritischen Bemerkungen von G. Stratenwerth zum Aufsatz über die «Grenzfälle in der medizinischen Ethik», ZEE 4 (1960), 365–367.

—, Evangelische Ethik, I, Grundlagen. Die Anwaltschaft des Geistes, Basel 1952.

—, Evangelische Ethik, II, Liebe und Ehe, Basel 1957.

—, Gibt es eine evangelische Ethik der Grenzfälle?, ZEE 1 (1957), 2–17.

—, Grenzfälle in der medizinischen Ethik, ZEE 4 (1960), 193–206.

Pfleiderer, Georg, Protestantische Individualitätsreligion?, in: Gräb, Wilhelm/Charbonnier, Lars (Hgg.), Individualität. Genese und Konzeption einer Leitkategorie humaner Selbstdeutung, Berlin 2012, 372–404.

Plasger, Georg, Kirche als ökumenisches Ereignis. Die Einheit der Kirchen in der einen Kirche Jesu Christi, in: Beintker, Michael/Link, Christian/Trowitzsch, Michael (Hgg.), Karl Barth im europäischen Zeitgeschehen (1935-1950). Widerstand – Bewährung – Orientierung, Zürich 2010, 471–483.

Quervain, Alfred de, Ehe und Haus. Ethik, Bd. II/2, Zollikon-Zürich 1953.

Rendtorff, Trutz, Das Offenbarungsproblem im Kirchenbegriff, in: Pannenberg, Wolfhart/Rendtorff, Rolf/Ders./Wilckens, Ulrich (Hgg.), Offenbarung als Geschichte (KuD.B 1), Göttingen 21963, 115–131.

—, Der ethische Sinn der Dogmatik. Zur Reformulierung des Verhältnisses von Dogmatik und Ethik bei Karl Barth, in: Ders., Die Realisierung der Freiheit. Beiträge zur Kritik der Theologie Karl Barths, Gütersloh 1975, 119–134.

—, Ethik. Grundelemente, Methodologie und Konkretionen einer ethischen Theologie, hg. v. Reiner Anselm und Stephan Schleissing, 3. durchges. Aufl., Tübingen 2011.

Rosenau, Hartmut, Allversöhnung. Ein transzendentaltheologischer Grundlegungsversuch (TBT 57), Berlin/New York 1993.

Rössler, Dietrich, Grundriß der Praktischen Theologie, Berlin/New York 21994.

—, Die Institutionalisierung der Religion, in: Lohff, Wenzel/Mohaupt, Lutz (Hgg.), Volkskirche – Kirche der Zukunft? Leitlinien der Augsburgischen Konfession für das Kirchenverständnis heute (Zur Sache – Kirchliche Aspekte heute 12/13), Hamburg 1977, 41–69.

Schäfer, Rolf, Ritschl. Grundlinien eines fast verschollenen dogmatischen Systems (BHTh 41), Tübingen 1968.

Schleiermacher, Friedrich, Der christliche Glaube nach den Grundsätzen der Evangelischen Kirche im Zusammenhange dargestellt (1830/31), hg. v. Martin Redeker, Berlin/New York 71999.

Schroer, Markus, Das Individuum der Gesellschaft. Synchrone und diachrone Theorieperspektiven (stw 1509), Frankfurt a.M. 2001.

—, Individualisierung, in: Baur, Nina/Korte, Hermann/Löw, Martina/Ders. (Hgg.), Handbuch Soziologie, Wiesbaden 2008, 139–161.

Schumann, Friedrich Karl, Art. Gehorsam. 2. Pädagogisch-ethisch, in: RGG³, Bd. 2 (1958), 1264–1265.

Sparn, Walter, «Extra internum». Die christologische Revision der Prädestinationslehre in Karl Barths Erwählungslehre, in: Rendtorff, Trutz (Hg.), Die Realisierung der Freiheit. Beiträge zur Kritik der Theologie Karl Barths, Gütersloh 1975, 44–75.

Stacey, Judith, Zurück zur postmodernen Familie. Geschlechterverhältnisse, Verwandtschaft und soziale Schicht im Silicon Valley, Soziale Welt 42 (1991), 300–322.

Statistisches Bundesamt, Registrierte Arbeitslose. Arbeitslosenquote nach Gebietsstand. Statistik der Bundesagentur für Arbeit, Arbeitslosigkeit im Zeitverlauf, online abrufbar unter https://www.destatis.de/DE/Zahlen-Fakten/Indikatoren/Lange Reihen/Arbeitsmarkt/lrarb003.html [Stand: 15.09.2013].

Stratenwerth, Gerhard, Kritische Bemerkungen zu dem Beitrag von H. van Oyen über «Grenzfälle in der medizinischen Ethik», ZEE 4 (1960), 244–247.

Taylor, Charles, Quellen des Selbst. Die Entstehung der neuzeitlichen Identität (stw 1233), Frankfurt a.M. 1996.

Thielicke, Helmut, Theologische Ethik, I, Dogmatische, philosophische und kontroverstheologische Grundlegung, Tübingen 1951.

—, Theologische Ethik, II, Entfaltung, 1. Teil, Mensch und Welt, Tübingen 1955.

—, Theologische Ethik, II, Entfaltung, 2. Teil, Ethik des Politischen, Tübingen 1958.

Tillich, Paul, Auf der Grenze, in: Ders., Begegnungen. Paul Tillich über sich selbst und andere (Paul Tillich – Gesammelte Werke 12, hg. v. Renate Albrecht), Stuttgart 1971, 13–77.

Trillhaas, Wolfgang, Ethik (STö.T 4), Berlin 1959.

Troeltsch, Ernst, Grundprobleme der Ethik. Erörtert aus Anlaß von Herrmanns Ethik (aus: ZThK 1902), in: Ders., Zur religiösen Lage, Religionsphilosophie und Ethik (Gesammelte Schriften 2), 2. Neudruck der 2. Aufl. von 1922, Aalen 1981, 552–672.

Ulrich, Hans G., Karl Barths Darstellung theologischer Ethik. Forum für die gegenwärtige Verständigung über Ethik im englischsprachigen Kontext, ThLZ 138 (2013), 279–294.

Viering, Fritz/Beckmann, Joachim/Jüngel, Eberhard, Zu Karl Barths Lehre von der Taufe. Veröffentlichung des Taufausschusses der Evangelischen Kirche der Union, Gütersloh 1971.

Vossenkuhl, Wilhelm/Sellmaier, Stephan, Situative Ethik, moralische Identität und Moralkonflikte, in: Beck, Ulrich/Bonß, Wolfgang (Hgg.), Die

Modernisierung der Moderne (stw 1508), Frankfurt a.M. 2001, 137–143.
Wagner, Falk, Christologie als exemplarische Theorie des Selbstbewusstseins. Anhang, in: Rendtorff, Trutz (Hg.), Die Realisierung der Freiheit. Beiträge zur Kritik der Theologie Karl Barths, Gütersloh 1975, 135–167.
—, Theologische Gleichschaltung. Zur Christologie bei Karl Barth, in: Rendtorff, Trutz (Hg.), Die Realisierung der Freiheit. Beiträge zur Kritik der Theologie Karl Barths, Gütersloh 1975, 10–43.
—, Was ist Religion? Studien zu ihrem Begriff und Thema in Geschichte und Gegenwart, Gütersloh ²1991.
Wolf, Ernst, Königsherrschaft Christi und lutherische Zweireichelehre (1964), in: Peregrinatio, Bd. 2, Studien zur reformatorischen Theolgie, zum Kirchenrecht und zur Sozialethik, München 1965, 207–229.
—, Sozialethik. Theologische Grundfragen (GTL), Göttingen 1975.
—, Zum Normencharakter der Institutionen, in: Dombois, Hans (Hg.), Recht und Institutionen 2. F. (FBESG 24), Stuttgart 1969, 83–108.
Zarnow, Christopher, Identität und Religion. Philosophische, soziologische, religionspsychologische und theologische Dimensionen des Identitätsbegriffs (Religion in philosophy and theology 48), Tübingen 2010.